教育部人文社科重大基地重点项目
"当前我国传媒消费主义文化现象研究"
最终成果

湖南省第十三届哲学社会科学优秀著作
出版资助

M · E · D · I · A

传媒消费文化景观

CONSUMERISM

徐小立 著

人民出版社

责任编辑:洪　琼

图书在版编目(CIP)数据

传媒消费文化景观/徐小立 著. -北京:人民出版社,2010.8
ISBN 978-7-01-009132-7

Ⅰ.①传…　Ⅱ.①徐…　Ⅲ.①消费-文化-研究-中国　Ⅳ.①D669.3

中国版本图书馆 CIP 数据核字(2010)第 136344 号

传媒消费文化景观
CHUANMEI XIAOFEI WENHUA JINGGUAN

徐小立　著

人民出版社 出版发行
(100706　北京朝阳门内大街 166 号)

北京新魏印刷厂印刷　新华书店经销

2010 年 8 月第 1 版　2010 年 8 月北京第 1 次印刷
开本:710 毫米×1000 毫米 1/16　印张:19.5
字数:300 千字　印数:0,001-3,000 册

ISBN 978-7-01-009132-7　定价:48.00 元

邮购地址 100706　北京朝阳门内大街 166 号
人民东方图书销售中心　电话 (010)65250042　65289539

序

秦志希

　　如果要用一个词语来概括当前中国媒介文化的基本特点,抑或指出中国媒介文化的基本走向,"消费文化"无疑是最符合我国媒介文化发展实际情况的一种表述。本书作者敏锐地抓住了中国传媒市场进程中媒介文化变迁的基本轨迹,第一次系统地对20世纪90年代以来中国媒介文化的演变进行了全面的梳理和细致的剖析,是改革开放以来我国媒介文化研究领域的一次系统概括的成功尝试。

　　在传媒消费文化研究领域,有两种研究并行不悖。一种把传媒消费文化理解为关于媒介消费的文化,从整体或个体上探讨媒介的消费市场、消费行为特点、消费趋势、受众消费心理等与媒介产品的消费行为、消费过程直接相关的问题,实际上是媒介生产链条中的一环,即消费环节。这种研究秉承传播学传统学派研究的基本价值取向,分析和探讨传媒生产中的具体问题,直接服务于传媒生产过程,更多的是一种功利的研究(人类学和文化学角度的受众媒介接触行为特征差异研究除外)。另一种研究把传媒消费文化理解为传媒文化的消费主义特征,探讨的是媒介内容作为一种文化产品的消费主义特征。也就是说,这个角度研究的是媒介文化本身的特征,也就是通过媒介的内容而呈现出来的媒介文化的基本面貌。概括媒介文化的整体特性,从近些年的走向来看,不断增强的大众化、参与性等,都可以作为符合实际情况的表述来使用。而本书抓住了大众化、参与性等表象特征下的消费主义实质,用"消费文化"(消费主义文化)一词来概括媒介文化的基本走向,揭示了全球消费主义价值观念渗透之下媒介文化的消费文化走向的必然性及其基本表现。由此,本书是批判学派取向的媒介文化研究,揭示的是商业化大潮下媒介文化的必然走向与现实表现,并结合我国媒介和社会发展的现实状况作出了自己的基本价值判断。这对于我国媒介的健康发展,对于中国媒介改革的基本进程与具体路径,乃至对于中国文化和社会建设的基本方向与重点关注,都有重要的启示意义。

从以上角度研究媒介文化,也就是对媒介文化的消费主义特征的阐释,始于知识分子和关注传媒及其在社会中的地位、作用与影响的有识之士。他们可以是哲学、社会学、人类学、文化学等领域的学者,在他们的研究中经意不经意地关注到传媒在市场社会中的现实表现;也可以是大量专业和非专业的文艺和文化批评者,从文化成长的角度对以媒介文化为代表的大众文化作出审视与反省。无论是西方早期的法兰克福学派还是现在的文化研究学派,抑或中国现当代市场发展背景下涌现出的大量文化批判,他们都有两个共同特点:其一是对传媒社会使命的期待。也就是说,他们对传媒有着与一般社会民众更深入的角色认知:传媒不仅仅是一种普通的文化消费品,更是公共领域建构、文化成长的一个核心地带。由此带来他们的第二个共同特点:非常关注传媒现实社会作用的发挥,尤其是市场背景下传媒的各种表现。为此,他们分析传媒在变化的政治、经济和文化环境下,尤其是在变化的经济环境下的传播内容和行为方式,深入研究这些变化对社会民主进程和文化发展的现实和长远影响。究其实,这是一种"精英取向"的研究,承接了中国传统知识分子心忧天下的情怀。与文化民粹主义的乐观态度不同的是,这些人从不同的角度揭示了商业对民主和文化的影响,大多是负面的影响,期望能够引起社会的注意,从而带来相关力量"疗救"的努力。

文化到底有无高下之分?这个问题暂且存而不论。因为关于文化精英主义与文化民粹主义的争论已经为数不少,却从来没有结论,他们之间谁也无法说服谁。本书作者认为,文化的理想状态应该是平等的,在理念中,人们应该尊重各民族、各阶层自己的文化选择,这是文化与文化之间求同存异的基础。然而在现实中,文化势能却不可避免地存在高下之分,从而导致一种文化的影响力大过另一种文化,二者之间作用力与反作用力的悬殊,有时候甚至是相当大的。当今文化全球化被一些激进人士抨击为实质上是美国文化的全球扩张,就是文化影响力量不均衡的一种明证。当然,此处的文化影响还限于民族与民族之间、国家与国家、社会与社会之间的影响。本书谈论的文化,则是在一个社会内部文化的各种形态。大众文化与精英文化、主流文化的关系如何? 通俗文化与高雅文化各自在社会中的地位与作用如何? 在市场背景下各种文化的生存状态如何? 各种文化之间的博弈有没有带来文化的危机? 在当前的中国,对市场背景下文化大众化的忧虑由来已久,虽然被文化民粹主义者抨击为精英的立场,被归入所谓文化精英指手画脚的傲慢而难以理直气壮,然而,实事求是地说,绝大部分文化批评者,所忧非为文化的大众化,而是文化的市场犬儒主义。因而对他们站在精英的反动立场的批评是不得要领也不甚公平的。真正的文化民粹主义应该关注现实,而不仅仅停留于文化平等的理念和口号。着力于现实中文化的进步,各种文化在健康的环境下自由成长,这才是文化发展的光明大道,也是文化精英主义者(如果硬要这么把他们归类的话)和文化民粹主义者的殊途同归。因为如本书作者这样的所谓文化精英主义者,关注的是文化成长的环境对一种文化的压制和对另一种文化的偏爱——尽管这种压制和偏爱除了利益(主要是经济利益)驱动之外没有别的更险恶的用心,因而这种压制和偏爱实际上也只是一种结果而不是大众文化生产者最初的故意。不过话又说回来,对于文化影响而言,重要的可能是这个结果而不是讨论有无这种故意。也正因为如此,我们才认为,包括本书在内的各种关于市场环境下文化表现的洞察都是有意义的,更难能可贵的是,本书还从传媒文化的运作机制入手,深入到了文化生产的环节,这与早期的许多只关注文化现象的研究相比,又深入了一步。而且,从传媒文化生产和消费的角度来探讨文化的市场表现,是一个容易见到深度和系统的研究,不比常见的文化批评中的一鳞半爪那样零碎而浮光掠影。再加之当前我国乃至世界文化都已进入媒介为中心的时代,文化的主体都是以大众传媒为代表的大众文化,由此,对媒介文化的探讨可以说是深入文化探讨的一个最佳切入角度。

　　文化市场的取向无疑就是消费的取向。在市场环境中发展的大众媒介文化,其消费取向带来了什么? 使媒介的内容、消费产生何种变化? 使媒介的运作产生何种转向? 从中我们可以窥见市场消费文化对精英文化、主流文化产生了何种影响? 对文化发展的健康生态环境又有何影响? 这些问题,作者都在现象描述、机制分析、理性思辨中给出了自己的答案。从这个答案中,我们不难看出,保持文化平等理念的作者如何在市场机制不健全、精英文化和主流文化的发展道路不明确、社会文化大环境的影响等因素的共同作用下,对文化消费主义主宰下的大众文化下行的趋向,以及它对其他两种文化造成的事实上的压制,进行了细致的揭露,表达了深深的忧虑。这种文化的自觉与反省应该是有意义的,因为我们已经说过,文化平等、各种文化协调发展的理念,不能仅仅停留于理念这一层面。千百年来主流文化和精英文化对通俗文化的压抑是不公平的,是专制文化的典型表现。然而,在市场环境下,大众文化在市场消费主义的影响下正在造成的对其他文化的事实上的压制,也是不容忽视的。如果说市场本身是不容怀疑的,那么,对于那些由市场的不充分、不健全而造成的问题,对于那些市场本身解决不了的文化协调发展的问题,应该有更多的人来探讨对策,有更多的力量来投入到文化协调发展的事业中去,我想这也是本书作者随后的研究中应该更多地考虑的问题。文化平等不能仅仅停留于理念,文化不协调发展的探讨也不能仅仅停留于现象论证,甚至不能继续停留于病灶的研究(运作机制),市场环境和文化发展进程到了今天这一步,更有价值、更需要迫切研究的,应该是文化产品的商业价值与文化价值如何协调发展这个课题了。

是为序。

自　序

消费至上，把消费者奉为"上帝"来膜拜，昭告着消费社会的来临。

人们膜拜上帝，是因为上帝是人们的一种信仰，一种精神支柱；"膜拜"消费者，根源却是经济利益的驱动。

在市场经济体制下的当代中国，虽然在整体上仍属于发展中的国家，但又带有消费社会的特征，社会生产与消费的关系正在发生结构性的转变，这种转变使消费者有了成为"上帝"的可能。情形正如社会学者王宁在他的《消费的欲望》一书（南方日报出版社 2005 年版）中所描绘的：

> 中国的城市社会正由"生产者社会"，逐步转化为"消费者社会"。简单地说，所谓"生产者社会"，主要就是以"产品匮乏"为特征的社会，在这种社会中，人们的身份认同和显现，主要来自生产者的角色，而不是消费者的角色，与此同时，社会活动主要是围绕生产来组织和安排的。所谓"消费者社会"，主要就是以"产品过剩"为特征的社会，在这种社会中，人们的身份认同和显现，除了生产者角色以外，还新增了消费者的角色，不仅如此，后者的重要性还在不断加大。与此同时，由于消费需求成为经济增长的主要动力之一，消费也因此成为组织社会生活和活动的主导力量之一。

可以看出，"消费者社会"是消费者在社会经济发展中地位和作用凸显的社会。一方面，消费的重要性使培育消费者、引导消费行为成为经济主体的首要关注点。另一方面，对于社会个体自身而言，一边是消费自主性的大大增强，这种消费自主来源于许多因素，主要包括"产品过剩"社会的出现、消费管制政策的解除、改革开放大潮中西方消费主义文化的示范作用，以及国家退出对私人生活的干预带来的生活方式意识形态色彩的淡化；另一边则是社会阶层的重组使一些人的身份认同和表达的需要变得突出。这部分人是以伴随市场经济而出现的中产阶级为主的新的精英阶层。他们正更多地通过消费生活方式来证明自己的身份,告诉社会"我是谁"。他们的消费生活方式对其他阶层起着示范作用,从而成为城市消费文化的主要依托。如此,社会个体的主体身份由过去的"生产者"逐渐让位于真正的"消费者"。消费在社会发展和个人生活中的中心地位得以确立。

谁能承担培育消费者、引导消费行为这一为所有经济主体高度关注的任务?在大众传媒高度发展,传播技术突飞猛进的媒介时代,这一任务在很大程度上落到了大众传媒身上。这也是全球传媒发展的规律,几乎是市场经济时代大众传媒的宿命。传媒与商业的结盟由来已久,并日益引起关注。这一结盟一方面体现为传媒通过消费信息的传递、消费生活方式的传播,尤其是对商品符号价值的创造来为市场培育合格的消费者;另一方面还包括在传媒市场改革背景下,传媒自身作为一个经济主体如何为自己培育消费者,促进自身生产的文化产品的消费。

这两个方面,正是本书所探讨的主要问题,也是我们所说的传媒消费主义文化的基本含义。我们关注传媒是如何以消费为中心来组织生产,关注它们如何为社会经济主体生产出践行消费主义生活方式的消费者,同时如何围绕自身产品的"可消费性"来组织生产,并且达到这二者的完美结合。我们认为,传媒是消费社会运行的重要机制,在传媒消费主义文化视野中,受众并非一般意义的信息接受者,更不是享有知情权、参与权的公民,而是消费主义生活方式的体现者,也是传媒信息产品的消费者。由此我们所指出的传媒消费主义包括这样两个方面:一方面是把受众视为消费社会的消费者,向其灌输消费主义的价值观念和生活方式(正如大量广告、时尚杂志、明星报道等所表现的那样),使其成为社会商品的积极消费者;另一方面又把受众视为传媒信息和文化产品的消费者,力图使向他们推销的媒介产品具有可消费性(如电视娱乐节目、新闻软化、故事化叙事、视觉图像等),从而诱发受众对传媒产品的积极消费。

问题在于,传媒不仅仅是一个大众文化消费的载体,它的社会功能和社会使命远不止于此。在满足大众文化消费需求的同时,由于具备成为最广泛、最有效的"公共论坛"的潜力,传媒同时还承载了实现民主讨论的公共领域职能;作为当代社会文化的主体,要促进社会文化进步,传媒自然是首当其冲,因此,文化传承与发展的职责首先落到了传媒身上。传媒的各种职能,何种能得到最大的发挥,这些职能又以何种形态和方式被发挥,都是不同方向的力量博弈的结果。由此,传媒是一个复杂的权力角斗场。作为当代文化的基本载体,我国大众传媒同时承载了代表国家意识形态的主流文化、代表了知识分子的理性启蒙的精英文化和代表了社会普通民众信息和文化消费需求的大众文化。而在当今文化生存环境下,文化生产主体的身份已经和正在发生巨大的变化,由以前的事业单位变成了企业单位,由计划经济下的配给制变成了向市场求生存谋发展的市场主体。这一生存环境的变更使传媒积极与市场结盟,从而使媒介文化的消费主义特征日益凸显。市场文化也就是消费文化——围绕消费而生产,以消费为主要目的的文化。传媒与市场的结盟正使市场消费文化蓬勃发展,大众传媒的"大数生存"法则不可避免地对主流文化和知识分子精英文化的空间产生了挤压。在生产成本的考量和生产风险的规避下,大众传媒的生产重点发生转移,这种消费文化的霸权使市场条件下刚刚成为可能的一部分公共话语空间让位于消费话语和为吸引消费者而传播的消遣娱乐,从而削弱了传媒原本有限的公共职能,这正是我们首要关注的问题。此外,相比以往传媒内容单一的时代,传媒为吸引大多数受众而造成的文化快餐泛滥也使主流意识形态的传播受到不小的影响。文化是社会的黏合剂,主流意识形态的弱化对于当前中国社会的凝聚力与和谐社会的建设无疑是不利的,由此,下行的大众消费文化对文化生态的影响同时也应该引起上层的更多关注(我们无意偏袒任何一种形态的文化,但反对一种文化对任何另一种文化的有意或无意的压制)。总之,我们无意拔高传媒在社会发展中的地位和作用,但也无法忽略市场犬儒主义对传媒社会功能的异化和对社会文化良好生态的破坏。

除此之外,我们关注传媒消费主义文化的话题,还出于传媒自身的使命和责任、文化协调发展以外更为广泛的人文关怀。首先是消费文化的全球传播所带来的环境问题和人类社会的可持续发展问题。消费主义生活方式的不可持续性已是全球有识之士共同呼吁的问题,在此无须赘述。更重要的是,我们关注生命个体的生存状态,关心人的全面发展、人的幸福感、人生的意义与价值,以及社会的价值体系等终极命题。消费主义的生活方式,以消费作为生活的中心,把消费作为身份认同和表达的主要手段,并没有给人类带来长久的幸福与满足,这已经是社会学、社会心理学和哲学等领域已经证实了的问题;而对于社会经济主体来说,市场经济的良性发展,也需要对以经济利益为第一甚至唯一关注的价值追求实施纠偏。消费,尤其是物质消费、欲望消费成为社会和个人生活的中心,没有更高的价值追求和精神关注为前提的社会是成问题的,历史正在而且还将继续证明这一点。最后,更为重要的一点是,对于社会和人类的健康发展而言,我们对于"人"的定义或塑造,更适合的是把人定义或塑造成为能够对推动社会向前发展贡献一份力量的公民,他是一个自觉的权利主体,而不仅仅是一个消费者,尤其是那种以消费为生活的中心意义、偏向于沉浸在快感文化消费中的物欲主义和感官享乐主义色彩浓厚的消费者。

我们不抹杀消费解放的积极意义,包括社会物质产品的消费和对传媒文化产品的消费。但是,我们仍然认为,如果本书对匡正市场经济环境下(尤其是市场机制不够健全的市场环境下)传媒、社会和文化已经和将要继续出现的某些弊病有所提醒,甚至有所帮助,则将是作者最大的欣慰。

目　录

前　言

一

　　不少社会学者认为,我国社会正在快速消费主义化:消费主义的价值观念和生活方式正在成为国民(尤其是市民)普遍接受的价值观念和广泛践行的生活方式。曾有社会学者对京津两地居民的消费观念和消费方式等与消费主义相关的因素进行了抽样调查,结果表明,两地居民中具有"消费主义倾向"的占了总人数的 77.3%。① 而且,这种消费主义的生活方式不仅在中国的城市比较普遍,它还正通过大众传媒及接触城市较多的"舆论领袖"在农村传播开来。另有学者的田野调查表明,即使在生活远不够富裕的农业村落,观念性和现实的消费主义生活方式都很常见,比如表现在住房、汽车、家电、装修等方面的炫耀性和攀比性消费就非常明显。② 2005 年,根据中国社会科学院的一项统计,北京、上海两大城市的居民,家庭整体负债率高于欧美家庭。上海、北京两地居民的整体家庭负债率分别达到 155% 和122%,青岛、杭州和深圳等中等城市的居民家庭负债率平均也达到了 90% 左右。而在美国这样的高收入国家,2003 年的个人平均负债率则只有 115%。③

---

　　① 　参见陈昕:《救赎与消费——当代中国日常生活中的消费主义》,江苏人民出版社2003 年版,第 137 页。
　　② 　参见谭华:《现代传媒与村落中的消费主义——以鄂西南的一个民族村落为参照》,《湖北民族学院学报》(哲学社会科学版)2005 年第 3 期。
　　③ 　参见《聚集中国负翁:北京上海家庭负债率已高于欧美》,新浪网,2005 年 5 月 18 日。

因此有人断言:"当代中国社会正面临着一场消费主义文化的侵袭。"①

　　著名学者于光远曾经说过,在经济发展水平比较低的社会中,人们更多地"受生活所迫",消费者行为更多的是一种"经济行为"。而在经济发展水平有了提高的情况下,在人们的基本生活需要得到满足之外,还可以满足一部分享受和发展需要的时候,消费行为就会逐渐演变成为一种"经济—文化行为"。② 这一方面说明,消费主义的蔓延与经济发展水平是有一定关系的,我们不能否认消费主义在中国的蔓延与中国二十余年来经济发展的关系。另一方面也说明,在温饱问题解决之后,消费主义倾向的存在与人们的经济收入没有必然的直接联系。事实上,从传统消费生活方式向消费主义生活方式的转变,是中国传统消费价值和生活伦理的衰落与所谓现代消费生活观念逐渐深入人心的过程,这种转变绝不单纯是因为经济条件的改变:"富裕从来不是奢靡的立法者,尤其不是消费主义生活方式的直接原因。只有文化才能为一种生活方式提供价值、观念、知识以及道德上的合法性。"③因此,考察当代社会日常生活中的消费主义倾向,我们有必要把目光投向当代文化的变迁,尤其是 20 世纪 90 年代以来西方消费主义文化在中国的扩散。

　　所谓消费主义文化,主要是指以美国为代表的,在当代西方发达国家普遍存在的一种文化态度、价值观念和生活方式。它的突出特点是消费在个人生活中占据中心位置,消费成为生活的主要意义和目的。同时,在消费主义文化中,人们的消费行为并不仅仅是为了满足基本的生理需要,更多的还是被人为制造的欲望所支配。换言之,人们所消费的,主要不是商品和服务的使用价值,而是它们的符号象征意义(比如特定商品象征着某种地位、身份、品位、个性、情感等——笔者注)。④ 消费主义使现代消费由过去的对商品本身的崇拜转向了对商品形象和意义的崇拜,并被看做是自我表达和社

---

① 桂勇:《论当代文化的消费主义化》,《复旦学报》(社会科学版)1995 年第 5 期。
② 参见唐未兵、尹向东:《消费文化要全面地发展——著名经济学家于光远谈消费文化问题》,《消费经济》1994 年第 6 期。
③ 陈昕:《救赎与消费——当代中国日常生活中的消费主义》,江苏人民出版社 2003 年版,"导言"部分第 16 页。
④ 参见陈昕、黄平:《消费主义文化在中国社会的出现》,中国社会学网,2007 年 2 月 25 日。

会认同的主要形式。

　　西方社会对于消费主义文化的认识和评价,存在两种截然不同的态度。这种不同主要是由人们对消费主义的不同认识路径造成的。一种观点是从生产者的角度,探讨资本和市场,甚至包括市场导向的政府是如何合谋把消费主义作为一种主导的文化价值观念生产出来并传播开来,以影响人们的消费行为,促进产品和服务的销售。从这个意义上说,消费主义文化是一种消费操纵的手段,是对人的一种无形的控制,它和意识形态是同源的。另一种观点则从消费者的角度,认为消费主义对消费的重视是对生活本身的重视,它代表消费民主化和消费自由,给人们提供了身份认同和自我表达的空间,与消费民主和差异政治相关,因而可以认为是进步和积极的。必须看到的是,消费行为固然可以成为消费民主的体现和差异政治的一种表达手段,但它们还是需要以经济基础为前提的,消费民主的实现和消费这种自我表达空间的大小,最终取决于物质基础的厚薄。因此,从根本上来说,消费民主还只是一种理论而非实际的民主,消费表达的自由也还是一种“富人的自由”——这就大大地限制了消费解放和消费表达的积极意义。此外,尽管消费主义使国民摆脱泛政治意识形态的控制,从形而上为主的状态回归到形而下的生活本身,体现出对于世俗人生和现实生活的关注,在客观上释放了人的欲望,并且能够刺激消费和促进社会再生产,有助于人们生活质量的提高,但是,我们同时不能忘记,现代社会诸如生态环境破坏、资源紧缺以及人的精神迷失、信仰缺失、身份认同混乱、消费能力悬殊带来的社会不稳定等诸多严峻的问题,都是与消费主义文化的盛行密切相关的。事实上,西方社会对消费主义的反对和反省与其扩散一直是相伴而行的。尤其是自20 世纪 80 年代末以来,对消费主义的拒绝和批判日趋广泛与深刻。在消费主义文化特色最明显的美国,至少在 1992 年年初,其舆论已经转向反对极度的物质主义。[①] 事实上,从人类精神生存的角度来看,正如美国纽约世界观察研究所资深研究员艾伦·杜宁(Alan Durning)在其名作《多少算够? ——消费社会与地球的未来》一书中所说的:“消费者社会不能兑现他

――――――――――

　　① 　参见艾伦·杜宁:《多少算够? ——消费社会与地球的未来》,毕聿译,吉林人民出版社 1997 年版,第 111 页。

的通过物质舒适而达到满足的诺言,因为人类的欲望是不能被满足的。"①
同时,从生态的角度来看,"即使假设在稳定人口数量方面和使用清洁高效
技术方面取得了巨大进展,除非人们从物质的一端转向非物质的一端,否则
人类的欲望也将会超越生物圈的承受限度"②。

　　众所周知,中国自古就是一个以勤俭节约为传统美德的社会,"崇俭"
是中国传统民间社会家庭消费规范的核心,奢侈和浪费被认为是不合道德
的。然而,在全球化的时代,西方消费主义文化的全球传播已经成为不容抗
拒的事实。消费主义文化经由文化交流的途径和大众传媒的传播已经成为
资本全球扩张的主要文化动力,成为为跨国商品销售开路的"先遣部队",
因此消费主义即是全球资本主义的文化—意识形态。③ 由于消费主义价值
观主导下的消费具有鲜明的符号化特征,所以媒体的符号化宣传、诱导就成
为消费主义得以大众化的关键,大众传媒也就成为消费社会、消费主义的主
要推行者和建构者。在文化全球化的背景下,我国大众传媒直接或间接地
受到西方消费主义文化的影响。特别是 20 世纪 90 年代以来,随着社会经
济由计划经济向市场经济的转型,整个社会的转型也随之展开。在这种社
会转型的大环境下,伴随着传媒市场改革的逐步深入,媒介文化的变迁也日
益明显:从整体上看,媒介报道重点正从昔日的"生产方式报道"转移到"消
费生活方式报道";媒介主体形象由"生产英雄"逐渐转换为由各类明星充
当的"消费偶像";传媒主功能从实用逐渐转为消遣,从宣教走向娱乐;传媒
的主要传播符号从文字转化为图像。从媒体内容种类来看,各种广告不断
地对受众实施消费的诱导;时尚生活类杂志成为人们时尚消费生活方式的
引领者;电子媒体的娱乐和互动节目着意进行"欢乐总动员",诱导感官消
费……与此同时,传媒娱乐化、新闻软化、故事化叙事、传播符号的"视觉转
向"都在发行量、收视收听率的追逐中发生……这一切都在客观上营造着
消费主义的文化氛围。正是在传媒以及其他相关因素的共同作用下,中国

---

　　①　艾伦·杜宁:《多少算够?——消费社会与地球的未来》,毕聿译,吉林人民出版社
1997 年版,第 26 页。
　　②　同上书,第 37 页。
　　③　See L. Sklair, *Sociology of the Global System*, London: Prentice Hall/Harvester Wheatsheaf,
1995:95.

作为一个发展中国家,虽然其整体物质与经济能力依然处于"生产社会",但消费主义文化已经在我国城乡(尤其是城市)日常生活中迅速蔓延。可以说,文化的物化现象超过了历史上的任何一个时期,相当一部分人生存的意义和价值已不再是由他"是什么",而是由他"有什么",即对物质财富的拥有和消费来得到衡量。拜金主义、享乐主义、超前消费、符号消费等行为在普通民众中已较为流行;畸形的符号消费如奢侈消费、炫耀性消费和浪费现象在富裕阶层中变得越来越普遍。总之,消费主义文化正有力地影响着当代中国社会的日常生活和文化走向,这无论是从人的精神文化生存还是从社会的可持续发展来说,都是应该引起注意的。

正如英国学者迈克·费瑟斯通(Mike Featherstone)所指出的那样,"有关文化工业、异化、商品拜物教和世界的工具理性化的种种讨论,将人们的兴趣从生产领域转向了消费和文化变迁的过程"[①]。不可否认,大众传媒在当代文化生产和传播中占据重要位置,消费主义文化的传播和散布,与作为社会文化的主要生产机制的大众传媒之间,有着不容忽视的联系。英国学者科林·坎贝尔(Colin Campell)早在 1987 年就注意到了大众传媒对消费主义的推波助澜的作用。美国学者道格拉斯·凯尔纳(Douglas Kellner)也指出,在新的千年,媒体文化仍然是联结人类经济、政治、文化和日常生活的轴心势力。他认为,媒体文化在推动经济发展的同时,也"将高消费生活方式的种种符号迅速扩散,促进消费社会的产生和在全球各地的复制"[②]。而且,在日常生活领域,媒体文化也被用来"推销体现高消费理念的名人符码、消费快感、高技术和种种崭新的身份形式"[③]。可以说,大众传媒与消费主义一起构成了当代社会的重要特征,要求文化研究者迅速作出回应。[④]大众传媒对消费主义文化的传播,对社会和其中的每一个个体意味着什么?

---

① 迈克·费瑟斯通:《消费文化与后现代主义》,刘精明译,译林出版社 2000 年版,"前言"部分第 1 页。

② 道格拉斯·凯尔纳:《媒体奇观——当代美国社会文化透视》,史安斌译,清华大学出版社 2003 年版,"前言"部分第 8 页。

③ 同上。

④ 参见肖剑:《安吉拉·默克罗比与伯明翰文化研究》,北京语言大学 2004 年硕士论文。

大众消费文化带给社会的,更多的是一种社会知识差距的抹平,还是社会压力的一种有益的宣泄? 抑或更多的是一种潜移默化的同化,使消费主义的价值观念和生活方式在媒体日积月累的浸淫下深入人心,从而改变着社会文化和人的生存状态? 传媒的消费主义化对传媒本身又意味着什么,它在怎样改变着媒体的生存状态和运作方式,从而影响着媒体的长远发展? 正是基于这样一些问题意识,本书将思考和分析的目光投向了当代中国变迁中的媒介文化,探讨消费主义文化的变化路径和形态,并把它和媒体的生存发展状态、社会文化现状及精神再生产联系起来进行思考,以期对国家的媒体政策和整体文化决策起到一个启示和参考的作用。

<h1 style="text-align:center">二</h1>

　　客观地说,由于广大不发达农村地区的存在,今天的中国社会仍然是个以传统为主的社会。然而,不均衡的发展使前现代、现代和后现代三种状态在此纠结,呈现一派复杂的文化景观。在这一色彩斑斓的文化景观中,我们还是不难看到一条清晰的线索,那就是后现代消费社会特征的日益凸显,尤其是在大的城市,正呈现出消费社会的全部特征。消费社会是一个物质丰裕的社会,社会产品供过于求,给人们提供了自由选择的机会;消费社会是一个以消费为中心运转的社会,经济主体的命运主要取决于消费市场的规模,社会个体则以消费作为生活的中心内容与人生的主要目的,更多地通过消费来彰显社会地位和自我认同。经济学和社会学领域的研究已经证明,这些经济和消费文化特征,在我国的城市甚至经济发展的农村,都已经很明显地显示出来。这样才有了我们的在消费社会的语境下来理解传媒消费主义。我们认为,传媒是消费社会运行的重要机制。正因为消费社会的中心问题是消费而不是生产,因此传媒顺应资本的要求,极力推销传媒消费主义的生活方式,着眼于把受众培养成消费社会中积极的"消费者"。由此,在传媒消费主义看来,受众并非一般意义的信息接受者,更不是享有知情权和参与权的公民,而是消费主义生活方式的践行者,同时也是传媒自身信息产品的消费者。由此,我们所探讨的传媒消费主义也应该包括这样两个方面:

一是把受众视为消费社会的消费者,向其灌输消费主义的价值观念和生活方式(如广告、时尚杂志、明星报道等),承担为社会经济主体培育合格"消费者"的任务;二是把受众视为传媒自身信息和文化产品的消费者,向他们推销具有消费性强的媒介产品(如娱乐节目、网络游戏、软化新闻、故事化叙事、视觉图像等),服务于传媒自身这个经济主体,为自己创造更广阔的消费市场。正是在这样一种追求下,传媒领域遂由以前的生产决定消费一变而为消费决定生产,从而改变了传媒生产的逻辑,使传媒的运作机制顺应服务于促进自身产品"可消费性"的需要而改变,从运作理念、内部制度安排到具体生产流程都有了不容忽视的变化。这种变化对传媒的公共领域职能和文化传承功能等更高的价值追求会产生什么样的影响?这不能不成为我们深入思考的问题。

三

本书是在关注中国当代社会日益明显的消费主义倾向中引发对消费主义文化的思考的,进而将分析的目光投向作为当代社会文化核心构件的大众传媒。研究中发现,大众传媒对消费主义文化的扩散起到了不可忽视的推波助澜的作用,是消费主义文化传播的主要途径之一。中国大众传媒对消费主义文化的渲染是文化全球化进程中的必然,它既是中国自身市场经济发展的必然,也是美国等发达国家消费主义文化影响的结果。进一步地研究发现,媒介文化的这种变化和当代中国日常生活中消费主义的兴起之间,有着时间上的接近性,即都是20世纪90年代以后突出的社会和文化现象。因此,本书把关注的重点放在90年代以来的大众传媒,并把它和90年代以来中国社会的整体转型结合起来分析,从中观照社会转型,尤其是经济转型对文化的重要影响。对大众传媒来说,可以透视市场走向以来变化了的媒介生存环境,以及在这种变化了的环境下媒介运作的相应变化。应该说,这是媒介文化变迁的主因。在此基础上,本书同时关注政治和社会、文化的整体转型,揭示媒介文化演变中的多种合力,分析这种合力作用下媒介文化发展的必然方向,从而揭示传媒消费主义文化对我国当代社会文化走向的整体影响,体现本书应有的现实关怀与社会担当。

本书的主要目标是:通过探讨文化全球化进程中,在美国等发达国家消费主义文化的影响以及国内传媒市场化改革进程中,我国传媒文化的变迁及其对社会文化精神的巨大影响,力图在新闻传播学、社会学、文化学等多学科的融合中实现理论的综合与创新,同时思考全球化时代我国传媒及社会文化的战略选择,实现理论研究的价值负载。

四

鉴于媒体及中国社会发展的复杂性,在论及传媒消费主义时,我们首先需要对如下几个问题有所说明。

首先,传媒消费主义文化的兴起与传媒的市场化息息相关,消费主义文化也是市场运作的媒体突出的文化现象。因此,本书的研究对象就限定在市场运作为主的媒体范围之内。尽管市场改变了媒介的整体生存环境,市场竞争和消费主义也会对传统的党委机关报等非市场性质或不以市场运作为主的媒体产生一定的影响,但因为政治性党报和其他公共性、公益性媒体的特殊性质,使它们暂时还不具备消费主义的典型特征,故不是本书重点考察的对象。此外,因专业的关怀,本书中所讨论的传媒,是新闻传播领域的大众传媒,即包括电视、报纸、广播、杂志和网络,而不包括电影、书籍等非新闻传播领域的大众传媒。还需要说明的是,我国市场化运作的媒体数量繁多,市场化程度不一样,消费主义文化在不同媒体及媒体不同内容中的表现也不尽相同,如何通过典型媒体及典型内容的选择全面反映我国传媒消费主义文化传播的实际状况,具有相当的难度,因此,本书在研究和分析的过程中只能尽量做到兼顾各类媒体及媒体内容,并尽量借用已有的相关统计数据和资料来佐证一些理论和观点,故本书对传媒消费主义文化的考察可能存在片面性和不严密性,有待在今后的研究中进一步改进。

其次,必须指出,由于中国社会的转型及多元分化,使当代中国传媒文化呈现复杂的景观,各种文化形式都可以在大众传媒中找到。就拿央视电影频道——CCTV6 来说,它就同时涵盖了通俗文化、大众文化、流行文化、主流文化、精英文化甚至先锋文化的因子。它的《动作90分》栏目专门播映国产及港产动作片,是"通俗文化的饕餮";《流金岁月》栏目播放老电影并在电影播出前让与电影密切相关的人物相聚,被定位为"大众文化经典的再现";《今日影视》栏目主要讨论最近的电影文化现象,以主持人+电影专业评论家+影迷的三人行谈话节目制造"流行文化的佳肴",以"吸引时尚的心";《佳片有约》作为一档融电影剧场和评论访谈为一体的介绍国外优秀影片的栏目,为"主流观众的盛宴",以该栏目为龙头的整个《22 点剧场》可以看做主流文化的一个典型代表;《世界电影之旅》是一档以报道世界各国电影全貌为重心的国际性电影文化专题栏目,作为"精英文化的协奏",其受众主要是高级白领和文化层次较高的观众;《探索影厅》主要播映国内外带有实验性质的非主流影片,作为所有电影频道的一块异质空间,它是"先锋文化的强音"①。因此,中国当代传媒体现出了多样的文化特征和文化属性。本书讨论的传媒消费主义文化,只是市场运作的媒体近十多年来出现的一种新的文化现象。它与另外一些一直用来描绘媒体文化的概念既有交叉又有区别,比如它与一般人所称谓的大众文化、通俗文化、流行文化等既相交融又不等同,消费主义文化本身就是大众的、通俗的,因而也是流行的,同时它也是大众文化、通俗文化、流行文化中新近出现的一种文化现象。此外,除了新近出现的大众消费主义文化特征,主流文化、精英文化甚至先锋文化仍然是当今传媒文化的一部分,本书专注于传媒消费主义文化的探讨,并不意味着当今媒介文化仅仅是消费主义文化,而是专门揭示这种文化现象在媒体的产生和发展趋势,从而透视我国媒介文化的未来走向。

此外,消费主义在特定社会的滋生和发展,与社会本身的经济发展、制度安排、文化特色等都直接相关,也就是说,是社会首先为消费主义的滋生提供了合适的土壤。因而,必须说明的是,作为社会文化的"后视镜",媒体首先是反映了消费文化,其次才是推进了这种文化。也就是

---

① 参见中国传媒影响力报告之《电影频道—CCTV6:中国电影文化消费的领跑者》,《现代广告副刊》2006 年第 3 期。

说，我们固然不能忽视媒体在消费主义文化传播和扩散中的作用，但是也不能把传媒影响作为消费主义文化产生的根源，传媒只能说是反映、放大和促进了社会上的消费主义文化。此外，就消费主义文化的传播和扩散而言，传媒固然是其主要载体，尤其是在传媒高度发达，人们更多地通过传媒来获取信息的现时代，没有人可以忽视消费主义文化传播中大众传播媒体的核心作用。但是，消费主义文化的传播和扩散同时也离不开人际交流的影响、社会的行为示范作用和各种异域商品的涌入、展示与推销商品的新技术和手段以及跨国跨文化交流、旅游影响等多方面的原因。因此，本书探讨传媒在消费主义文化传播和扩散中的作用，并不意味着传媒就是消费主义滋生的根源，也不意味着传媒就是消费主义传播和扩散的全部途径。

再次，要相对客观和准确地衡量传媒消费主义文化的社会影响，除了要研究传媒消费主义文化的生产，同时还必须研究传媒消费主义文化的消费。事实上，要完整地理解任何一种文化现象的产生、面貌及其社会影响，必须同时用生产和消费这两种视角来观照它。因为任何一种文化都不会被受众完全按照它被生产出来的情形进行消费，接受美学的"作者之死"揭示的就是受众对传播内容解读的积极性的一面。正如文化研究学派代表人物之一的霍尔（Stuart Hall）所指出的那样，受众对信息的读解方式既有顺从性的，又有协商性的和对抗性的。文化研究学派认为，大众文化在生产宰制阶级的意识形态的同时，也生产出了各种抵制的可能。文化研究学派重视研究大众文化的消费，在受众的消费实践中分析和揭示受众对大众文化的多种读解，尤其关注受众的抵抗性读解，即从大众文化产品和大众休闲方式中生产出自己的意义。它的另一位代表人物费斯克（John Fisker）一方面承认大众文化与商品、利益之间的关系难以捉摸；另一方面又强调指出消费者不仅仅是被动地消费商品，他们积极改造它来建构他们的自我意义、社会属性和社会关系。① 因此，完整地分析和解读一种文化，不能忽视文化研究学派的研究方法和研究视角。在本书的研究计划中，也有用系统问卷、访谈、民族

---

① 参见约翰·多克：《后现代主义与大众文化》，吴松江译，辽宁教育出版社 2001 年版，第 224 页。

志等方法对传媒消费主义文化在受众中的实际消费状况的考察,但限于时间和精力,本书除了面向特定人群的(大学生)问卷调查(在东部、中西部和沿海地区各抽取一个普通高等院校,然后根据分层和随机抽样的原则从每个学校抽取200个样本进行调查)之外,基本上只是从文化本身和文化生产的角度对传媒消费主义文化进行了研究,分析这种文化的具体形态及其生产机制乃至生存环境等问题。传媒消费主义文化到底是如何被消费的,它所蕴涵的文化价值在受众中的接受程度和接受状态究竟如何,还有待本书的后续研究来做深入分析和解答。但这并不说明本书的研究就没有价值,因为,本书的研究主要着眼于媒介产品内容的生产阶段和静态的文本层面,就研究方法而言乃是质化分析的方法。这样的研究当然是很有必要的,如果没有这种研究基础,传媒消费主义文化消费的研究就会失落前提,也同样无法准确衡量消费主义文化在社会的真实接受程度和接受状态,也就难于对其文化影响作出准确的判断。

　　最后,笔者对于传媒消费主义文化的考察,是从20世纪90年代开始的。这首先是因为,中国传媒的消费主义文化现象,是从90年代开始比较普遍地出现的;其次,中国传媒的消费主义文化现象产生的主要内部和外部条件,如中国传媒的市场化改革和文化全球化的现象,也是从90年代开始或自90年代以来变得突出的;最后,中国社会日常生活中的消费主义的价值观念和生活方式,也是从90年代开始迅速蔓延的。总之,90年代对于中国来说,是一个大转型、大变革的时代,中国传媒在90年代开始明显呈现出的消费主义文化现象,与90年代以来中国社会的转型与传媒的市场化改革息息相关,故本书对传媒消费主义文化的分析就从90年代这个特殊的时代开始的。

第一章　西方消费主义文化
及其全球扩散

　　20世纪90年代以来,随着我国社会的转型以及传媒的市场化改革,我国的大众传播领域发生了令人瞩目的变化,这种变化在传媒文化方面的表现之一就是媒介文化消费主义倾向的日益明显。媒介文化的消费主义化正是我国媒介文化变迁的主导方向,同时也是世界范围内市场转型社会文化领域的共同特点。然而,传媒消费主义文化在我国的兴起,在与我国的社会转型所带来的社会文化消费主义化以及传媒的市场化发展有着紧密联系的同时,西方"消费社会"中消费主义文化的蔓延、西方市场化传媒消费主义文化的兴起与扩散,还直接给我国开始在市场中求生存的传媒提供了一个可资借鉴的"榜样"。因此,在谈到我国传媒的消费主义文化时,我们不得不先把目光投向传媒消费主义的源头——西方市场体制背景下的消费主义及传媒消费主义文化。

第一节　西方消费主义文化及其兴起

　　媒介文化的发展变化根植于社会文化的变迁。在大众传播技术高度发展、各种大众传播方式广泛普及的当代社会,我们首先必须充分认识到现代传媒对社会的重大影响,时刻关注它们与社会、政治、经济、文化等各方面的紧密联系,同时更要保持清醒的头脑,避免对传媒作用的片面理解,造成对传媒力量的不合理夸大。就传媒与社会发展各方面的关系而言,我们反对一对一的简单因果推断,而秉持这样一个基本观点:传媒首先是反映社会,其次才是推动或影响社会。传媒首先是社会的一个影像,其次才是这个影像的校正者、涂改者。对传媒力量的理解,我们看到了一个框架,在框架之内近视传媒,它的作用确实非常巨大,可以说传媒更多地在改变和影响社会;然而在框架之外远观社会中的传媒,我们认为,传媒更多的是受框架外社会发展各因素的广泛影响,因而更多的是反映这些因素而不是影响它们。

有鉴于此,要探讨传媒消费主义文化,我们首先必须对当代市场体制下传媒生存的基本文化环境——消费主义文化本身有一个深入的了解。

一、消费主义文化的内涵

在西方当代学术研究中,"消费主义"是一个近五十年来,尤其是近二十年来广受关注的社会和文化现象。在中国,则是近二十年尤其是 21 世纪以来越来越多地被探讨的问题。究其实,对消费主义的关注,从时间跨度来看,与市场经济的高度发展是一脉相承的。从研究领域来看,对消费主义的探讨,首先主要集中在哲学和关注环境保护与人类发展问题的人类学、环境学的研究中,研究者主要提出消费主义生活方式对人类的可持续发展、人的幸福感等的影响;其次是在社会学、文化学、社会心理学、市场营销学等领域的研究中,经常会提到消费主义文化的问题,主要探讨消费主义所带来的社会生活方式的发展变化,尤其是消费生活方式的发展变化,并提出如何运用这种变化来把握消费者心理,引导抑或操纵消费行为。从整体上来看,目前,消费主义已经成为人文社会科学研究领域共同关注的现象,研究者们把消费主义这种市场体制发展到当今时代而形成的主导文化纳入各自的研究视野,从不同的角度去理解和分析它,探讨它与各自研究对象之间的相互联系与相互影响,对传媒消费主义的研究就是这样的一种探讨。然而在以上种种研究中,研究者通常同时提到消费社会、消费文化和消费主义这三个纠结不清的概念,有时是在相同的意义上、有时却又是在不同的意义上使用它们,并没有对它们进行应有的辨析,从而造成认识上的混乱,影响了人们对消费社会、消费主义及消费文化的完整了解。因此,在对消费主义的内涵进行深入分析之前,对消费社会、消费文化及其与消费主义之间的关系加以分辨,是非常必要的。

　　"消费社会"（The Comsuption Society）是社会学领域最经常运用的概念,这一概念是相对于"生产社会"（The Production Society）的（有时为了强调消费社会中"消费者"与"生产者"地位和作用的不同,人们会把它们分别翻译成"消费者社会"和"生产者社会"）,社会学者用这一概念来描述现代社会中生产领域和消费领域、生产者和消费者之间关系的变化。根据《新牛津英语词典》的解释,消费社会指买卖（即消费）在经济活动中起最重要作用的社会。众所周知,在生产力不够发达的前现代社会,物质的匮乏是影响社会发展和人们生活水平提高的首要障碍,经济和社会发展的首要任务是生产出更多的产品以满足社会的需要,社会也就因生产的重要性而被命名为"生产社会"。在"生产社会",人们的身份以"生产者"为主,"生产者"的重要性也显得格外突出,因而确实可以说是"生产者社会"。而随着科技的进步、生产力的提高和新的生产方式的出现,社会产品变得极大丰富,就像波德里亚所说的那样:"今天,在我们的周围,存在着一种由不断增长的物、服务和物质财富所构成的惊人的消费和丰盛现象","富裕的人们不再像过去那样受到人的包围,而是受到物的包围"①。因此,消费社会是产品供过于求的社会,在这种社会中,消费取代生产成为经济和社会发展的首要任务。消费的重要性使得把社会成员培育成"消费者"的意义相当重大,正因为如此,消费社会也被称为"消费者社会"（The Consumer Society 的直译）,强调这个社会对个人作为"消费者"身份的吁求,显示从某种程度上说,"消费者"对社会经济发展的推动作用大于"生产者",因为在消费社会,导致经济阻滞的不是生产的不足,而是消费需求的不够旺盛。

　　在不少研究中,消费文化（Consumer Culture）通常与消费主义文化（Consumerism）等同使用。其实,只有在把消费文化作狭义的理解时,我们才可以等同这两个概念。因为如果把"文化"广义地理解为人们的所有生活方式,消费文化也有其对应的广义的理解,这时消费文化指的就是关于消费的文化。就像我们平时提到的饮食文化、服饰文化一样,它是和特定对象相关的文化。在这个意义上理解消费文化,那么一切消费行为、消费习俗、消费方式都是消费文化的一部分。如中国人端午吃粽子以纪念屈原、汉人

---

① 让·波德里亚:《消费社会》,刘成富、全志钢译,南京大学出版社 2001 年版,第 1 页。

吃猪肉而在回族人那里则是禁忌等,就是消费文化的具体体现。从理论上说,根据消费文化学和消费社会学的观点,一切消费行为都不单纯是一种经济行为,它同时也是一种文化行为,其中都体现或包含着某种文化,"消费本身就是文化"①。消费本身就是一种文化,不仅是因为消费受到文化的影响、驱动和制约(节俭的与奢靡的文化氛围,带来的必定是不同的消费生活状态——笔者注),也不仅因为文化本身离不开消费,依赖于消费,要以消费为工具和载体,而且也是说,消费本质上就是文化,因为消费及其消费品均是表达意义的符号体系和象征体系(比如我们的服装,就是一套复杂符号体系,可以告诉别人你的品位、个性甚至教育背景和职业身份等)。②

必须说明的是,本书所提到的消费文化,所指为狭义的消费文化,狭义的消费文化就是指的消费主义文化。一般来说,当代探讨消费文化的文献,其所指的消费文化通常也就是消费主义文化,即以消费主义为特征的文化。因为消费主义和消费文化同是当代消费社会的显著特征。具体来说,从社会学的角度来看,西方现代社会是物质产品极大丰富、消费在社会和人们生活中地位相当重要的"消费社会";而从文化学的角度来看,当代西方社会是以消费文化(消费主义文化)为主导文化形态的社会,在这样的社会里,消费远远超出了传统意义上的基本生理需要的满足,因而普遍具有符号象征意义,是人们赖以标示地位、名誉、声望和个性、品位等的主要途径。在这样的文化状态里,社会的主导文化形态也是以消费主义为特征的。此外,必须说明的是,消费社会和消费主义的联系在于,消费社会是消费主义文化为主导的社会,在这样的社会中,人们的消费行为具有强烈的消费主义特征,他们把消费看做是生活中最重要的内容,并从中获取身份认同和意义确认。正如波德里亚及其老师列斐伏尔(Henri Lefevre)以及情景主义的代表德波(Guy Debord)等人所描述的那样,在消费社会中,以符号消费为首要特征的消费(消费主义特征的消费)成为社会的普遍追求。

在当代西方经济领域,消费主义(consumerism)最初是一个描绘生产者

---

① 王宁:《消费社会学》,社会科学文献出版社 2001 年版,第 143 页。
② 同上。

特征的概念,指的是生产者为了增进产品的"可消费性"而对消费者需求和权利的重视,可翻译为"用户至上主义",因此也附带指商品的消费和销售性服务,包括一些吸引和满足消费者的技巧和策略。这里的消费主义,其精髓就是充分意识到消费者在自身兴衰存亡中的重要作用从而充分重视了解和满足消费者的需求。因此,把消费者奉为"上帝",就是消费主义使然。这就是消费主义的第一层含义,这一含义的存在是市场营销领域越来越热衷于研究消费者及其需求心理的基本缘由。至今,消费主义的这一层意义仍然和我们下面要说的消费主义的另一层意义——把消费视为生活的目的和意义,通过消费来展示自己、标榜自己的身份、地位、品位和个性等这一含义上的消费主义——同时存在。所不同的是,随着人文和社会科学领域对消费主义与社会发展、环境保护、人类心智和健康的全面发展等问题的日益广泛的关注,以及大众消费社会中人们消费行为的符号意义的日益凸显,人们越来越多地开始从消费者的角度来剖析消费主义,把它看做是消费者的一种消费价值观念和意识形态,并强调它的符号消费和过度消费的特征,这就是现代意义上的消费主义。

对现代消费主义内涵的界定,存在多种说法。彼得·N. 司登认为,"消费主义描述的是这样一个社会,在这个社会中,人们部分地以获取明显非生存所需或传统陈设所需的物品作为他们的人生目标。"① (Consumerism describes a society in which many people formulate their goods in life partly through acquiring goods that they clearly do not need for subsistence or for traditional display.)有人认为,消费主义不容易定义,但是,一个好的、有解释力的定义可能应该是这样:消费主义是人们生活与交往的一种方式。至少在实践中,它使消费物品成为人们欲望的中心;也就是说,消费物品成为人们认同的源泉和他们生活的目标指向。② 我国的社会学者认为,消费主义"是指这样一种生活方式:消费的目的不是为了实际需要的满足,而是不断追求被制造出来、被刺激起来的欲望的满足。换句话说,人们所消费的,

① Stearns,Peter N. , *Consumerism in World History*: *the Global Transformation of Desire*, London; New York:Routledge,2001:1(Perface).

② See Raymond J. de Souza:John Paul and the Problem of Consumerism,http:www. acton. org/publicat/rarticle. php?id=321.

不是商品和服务的使用价值,而是它们的符号象征意义。"①由此看来,不管人们对消费主义如何定义,它至少必须同时包括一个前提两个要素。这一个前提就是消费对于社会经济发展的意义远大于生产,也就是说,消费取代生产成为社会生活的中心。细究起来,这个前提更多地是从社会生产的角度、从社会经济主体的角度来分析的。而对于社会个体及其社会生活来说,则应当包括这样两个方面的要素:其一,消费在人们生活中占据重要地位。也就是说,人们对商品消费(包括服务消费)的痴迷程度是生产社会所不能比拟的,消费成为人们生活的中心,是生活的主要目的,是人们为之奋斗的目标所在。其二,消费的符号特征明显,即通常消费的使用价值的重要性已经让位于其符号价值,消费的自我表达和自我认同作用非常突出。

在我们看来,消费主义代表的是一种生活方式,也是一种价值观念和文化现象,更是一种意识形态。作为一种价值观念,它使人们倾向于把形而下的商品和物质而不是形而上的精神超越视为生活中值得追求的东西,并以此来定义和表达自己;作为一种生活方式,它使人们的日常生活沉溺于物质享受和感官享乐,尤其是热衷于用消费来表征自己的身份、地位、个性、品位等的符号消费,而忽视理想信仰、道德修为等精神性存在;作为一种文化现象,它使享乐主义和及时行乐的思想在社会蔓延,淡化对社会责任,尤其是文化和环境责任的担当。而为资本所赞许和大力推崇的消费主义,不仅仅是一种生活方式和价值观念,更是一种意识形态。因为,消费主义的产生与资本主义市场经济的发展是紧密相关的,它是资本主义经济由短缺经济走向过剩经济的结果。短缺经济下实现资本增值的重心在生产,这时提高生产率是资本的首要任务。而在过剩经济中,资本增值就更多地受制于消费而不是生产,因此,消费就成了资本增值的重心。此时,对资本来说,刺激消费、创造新的消费欲望就成了首要的任务。因此,消费主义在西方的产生与发展,固然与经济发展所创造的可能性及自古就有的享乐主义观念的自身演进有关,但它能在社会上占据统治地位,成为各阶层人们争相仿效的生活模式,与现实的社会经济制度和市场营销术的推广(比如信贷消费、超市和

---

① 陈昕:《救赎与消费——当代中国日常生活中的消费主义》,江苏人民出版社 2003 年版,第 7 页。

商业广场的商品展示术、整合营销传播等)有着密切的联系。消费主义的盛行是资本机器运转的链条，它是资本增值的一种必然结果，也是资本增值的一种主动的文化策略。① 从这个意义上说，消费主义也是一种意识形态。

二、消费主义文化的扩散

在论及消费主义文化时,不少学者把它看做是西方近代资本主义社会的产物。波德里亚的名著《消费社会》,就是对当代西方社会的深入剖析,他认为,消费世纪"是资本符号下整个加速了的生产力进程的历史结果"。② 而斯克莱尔(Lesslie Sklair)则把消费主义看做是资本主义体系向全球扩张中的文化—意识形态。③ 也就是说,当代学者习惯于把消费主义看做一种全球性的文化,是资本主义社会的文化现象,并且关注它的全球传播以及因此形成的在推进经济全球化进程中的力量,认为它是应资本扩张、市场拓展的需要而出现的,在很大程度上应该说是被操纵出来的一种市场文化。这样看来,消费主义文化似乎是资本主义社会的独有产物,并且在全球化趋势出现以前这种文化并不存在。然而,事实上,当消费主义文化作为一种地方性的文化存在时,它的出现有其早期历史,也就是说,在每一种文化中都存在消费主义的原始因子。美国历史学者彼德·N.司登的《世界历史中的消费主义:欲望的全球转型》一书,就对世界各地的消费主义文化最初的形式及其发展做了深入的分析。彼德认为,尽管大众化的消费主义是一种现代产物,它产生于18世纪初的西欧,但在此之前,远在16世纪的社会,最早的典型如亚洲和非洲,就都有过明显的消费主义迹象,诸如贵族的奢侈消费和炫耀性消费、商人模仿贵族的消费等。而且,尽管美国最后在许多方面发展成消费社会的典型,它却只是西欧消费社会的一个模仿者,现代意义上的消费主义和消费社会最早是在西欧产生的,并在西方的影响下传播开来,到

① 参见李金蓉:《消费主义与资本主义文明》,《当代思潮》2003年第1期。
② 让·波德里亚:《消费社会》,刘成富、全志钢译,南京大学出版社2001年版,第43页。
③ See Lesslie. Sklair, *Sociology of the Global System*, London：Prentice Hall/Harvester Wheatsheaf,1995：95.

19世纪末,它开始扩散到世界各地。① 因此,总结起来可以说,消费主义文化的因子自剩余产品出现就已存在,只是它的广泛发展是近现代资本主义和市场经济高度发展的结果,其间有文化自身的发展变化使然,亦不无资本和市场扩张需求所操纵的结果。

如前所述,现代意义上的消费主义产生于西欧,并在西方发达国家,尤其是"后起之秀"的美国的影响下传播开来,并在19世纪末几乎扩散到了世界各地。那么这种扩散是如何可能的?

人们一般认为,作为当代西方发达社会主导意识形态的消费主义,是以商业企业为主导,在经济全球化过程中通过商品、广告、传媒等途径向世界其他地区传播的。也就是说,对于消费主义文化的全球扩散,人们往往认为它是一种外来文化,是外来影响的结果。然而,如前所说,彼得·N.司登的研究已经说明,消费主义的种子深藏于任何社会、任何文化。一旦社会财富有了剩余,消费主义特征就会出现,只不过最初主要是在贵族和商人群体中出现。② 而只有当消费主义价值观念和生活方式为社会上一般人所拥有和向往时,我们才认为它是现代意义上的消费主义。因为,尽管由于人的价值观念和宗教信仰等的作用,消费主义在人们生活中的出现并不完全取决于其经济状况和社会地位,也就是说,经济等条件只是为消费主义提供一种可能而不是必然。但是,消费主义与经济发展的关系却是不容忽视的。消费主义文化现象比较普遍的国家,都是经济发达国家,这就是一种佐证。然而,当经济发展到一定的程度,消费主义产生的基本物质条件具备以后,一个社会的消费主义文化会发展到何种程度,则更多地与这个社会长期积淀的文化有关,尤其是传统的主导文化价值和宗教观念有关,然后才是在外在影响比如政策导向和外来文化的影响等因素共同作用的结果。

就我国的情形而言,传统的文化体系并不支持消费主义,因此,除了经济发展提供的必要条件之外,20世纪90年代以来消费主义在我国的迅速

---

① See Stearns, Peter N, *Consumerism in World History: the Global Transformation of Desire*, London; New York: Routledge, 2001:1.

② Ibid..

扩散更多地来自外来文化的影响,主要是在中国融入全球化的过程中,西方消费文化扩张的结果。如前所述,在这种文化扩张的诸种途径中,大众传媒起了最重要、最广泛的作用。

第二节　西方传媒消费主义文化及其兴盛

传媒,尤其是大众传媒在对消费主义生活方式和价值观念的宣导中,自身也成为消费主义文化征象的一部分。从对传媒消费主义文化的全面解读中,传媒消费主义文化兴盛的缘起及其深入影响渐渐浮出水面。

一、传媒消费主义文化的内涵

顾名思义,传媒消费主义文化,指的就是消费主义文化在传媒的体现。我们前面所提到的消费主义文化,所指主要为人们的物质生活领域,即物质消费领域的消费主义文化。而正如有的学者所指出的,在消费主义全面渗透的市场经济社会,文化也被消费主义化了,文化的消费主义主要表现在文化本身的商品化和文化对消费主义价值观念与生活方式的认同甚至宣扬。由此,当代文化正在发生着质变,简言之,就是各种文化形式向可消费性的靠拢和文化精神向消费主义价值观的转变。① 文化的消费主义化与人们日常生活中的消费主义以及文学、艺术等的消费主义有一个共同的内核,那就是文化生产围绕消费而旋转。但消费主义在各种不同的主体和领域的产生、表现、影响等,各有其特殊性。对于传媒而言,消费主义文化的出现是社会生活中消费主义文化扩张的必然结果,因为归根结底,传媒文化是社会文化的一种反映。正如有人说:"消费主义现在已成为大众文化的背景。"②作为一种影响社会的各个领域和生活的各个层面的文化形态,消费主义文化必然在大众传播媒介得到反映。而世界范围内传媒的商业化趋势,使全球

---

① 参见桂勇:《论当代文化的消费主义化》,《复旦学报》(社会科学版)1995 年第 5 期。

② Yunxiang Yan:《受管理的全球化——中国的国家力量和文化传统》,载[美]塞缪尔·亨廷顿、彼得·伯杰主编:《全球化的文化动力——当今世界的文化多样性》,康敬贻、林振熙、柯雄译,新华出版社 2004 年版,第 10 页。

传媒文化正在趋向消费主义化,它和所有文化的消费主义化一样,表现为文化的拜金主义,即文化为利润而生产,以"可消费性"作为内容生产所追求的目标和奉行的原则。这种传媒以经济利益为主要乃至根本的奋斗目标,内容生产以能被目标受众消费为着力点的现象,就是传媒自身的消费主义化。因此,本书所说的传媒消费主义文化,既包括传媒自身的消费主义化,即受赢利动机的驱使,传媒在传播理念上和传播实践中对传播内容的"可消费性"的高度重视,也就是对传播内容被受众欢迎和接受程度的首要关注;同时它还包括传媒为社会其他经济主体所生产的产品的"可消费性"而传播,主要是通过对消费主义的价值观念和生活方式的宣扬,尤其是建立商品与符号价值的联系来促进社会产品的消费,因此,它体现的是传播内容的消费主义文化特征,即传媒的各种具体文本中如何包含着消费主义的价值观念和意识形态。究其实,我们所说的传媒消费主义文化,探讨的是传媒生产如何为消费所牵制,即传媒生产如何服从于消费社会中"消费决定生产"的逻辑,从而如何以消费(包括社会产品和自身产品的消费)为指归,改变生产逻辑,生产出与以往不同的文化产品,进而探讨这种变化的深层意味,体现我们的现实关怀。正如有的学者分析的那样,文化的消费主义现象的产生,正是在文化领域与经济领域的结合部上。它首先是精神生产部门的商业化,这导致了各种文化形式成为用来谋利的工具,成为一种纯粹的消费品;然后是整个经济领域为一种特定的文化精神气质所笼罩,这也就是劝诱人们拼命消费、尽力享受的享乐主义价值观……①由此,本书所要研究的传媒消费主义文化现象,其一,就是剖析传媒内容(文本)中的消费主义文化,它需要从具体的媒体传播内容来看,各种媒体形式、栏目和节目如何传播了消费主义的生活方式、包含了消费主义的价值观念和意识形态。它考察各种典型媒体形式、节目和栏目是怎样传播和诱导消费主义,比如广告是怎样生产欲望、诱导符号消费;电视肥皂剧是怎样形象展示消费主义的生活方式;电视娱乐节目是怎样"生产快乐",刺激感官欲望和满足感官享受;明星报道是如何塑造消费偶像,提供仿效的榜样和羡慕的对象;时尚杂志如何创造时尚与流行,引领消费主义的生活方式;等等。这里将揭示媒体助长消费

---

① 参见桂勇:《论当代文化的消费主义化》,《复旦学报》(社会科学版)1995 年第 5 期。

主义文化的种种方式:建立物质消费与幸福之间的联结,用物质消费来定义生活;为物质商品和服务赋予符号价值,从而完成消费欲望的循环;对超前消费、炫耀性消费、攀比性消费等消费主义色彩浓厚的消费观念和行为的传播与肯定,甚至宣扬、加速消费主义的扩散;对感官消费的认同和吹捧,使物质和文化的消费主义同行;等等。其二,就是考察传媒如何围绕自身产品的可消费性来组织生产,包括顺应大众娱乐的需求“生产快乐”,从而出现传媒娱乐化与新闻软化等现象;迎合受众对视觉的偏爱造成视觉传播的霸权;用讲故事的方式抓住受众的注意力、刺激信息接受中的快感产生;等等。同时,它还需要深入消费主义文化的运作机制,关注传媒自身的生产过程如何围绕消费而改变,即传媒在对利润的追求中,如何围绕传播内容的“可消费性”(吸引力)改变观念、安排制度、组织生产和开展传播,也就是传媒自身的消费主义化。

从逻辑上看,传媒自身的消费主义化与传媒传播消费主义文化这两者之间,有一种直接的因果关系。因为,正是对利润的追求,一方面使传媒适应广告商和赞助商的需要大量发布广告、在各种内容中传播便于扩大商品消费的消费主义的价值观念和生活方式;另一方面使传媒更多地生产低成本、低风险、高收益并且为受众所偏爱的娱乐性和消费性内容,从而使媒介文化呈现浓厚的消费主义色彩。

传媒的这种消费文化特色,首先勃兴于率先进入消费社会的西方发达国家,尤其是媒体市场化程度很高的美国。

二、西方传媒消费主义文化的兴盛

西方传媒中最早的消费主义文化,从市场报业时代伊始就依稀可以看到痕迹。最早应当可以上溯到16世纪的新闻小册子。因为当时民间出现的新闻小册子就是为了赢利而生产的。当时的社会战争频仍,经贸往来也在增加,一些人看到传播商品行情、船期和交通信息以及报道政局变化、战争消息和灾害事件有利可图,就开始制作和出售各种手抄小报,到17世纪初开始有了印刷版本。这些新闻小册子为了吸引受众,在战争、政局变化、突发性事件和日常的商品行情、船期和交通信息之外,后来也逐渐开始发掘社会新闻和花边新闻等来促销,这里面已经有了为促进消费而生产的影子。

但是因为当时的新闻小册子发行范围非常小，还不是真正意义上的大众传媒，当时的社会和文化环境以及传媒竞争的态势也不足以产生现代意义上的传媒消费主义，因此只能说是传媒消费主义的雏形。到了以政治追求为主的政党报纸时期，则消费主义的特征日益淡薄。从整体上说，大众化报业和广播电视等电子媒体时代来临之前，传媒消费主义的影子时浓时淡，这种变化主要取决于报业市场运作程度的深浅。

到了19世纪30年代的大众化报纸时期，则是传媒消费主义开始普遍发展的年代。随着西方报业党派报纸时代的结束，市场模式开始广泛运用于报业，以普利策和赫斯特为首的报业竞争开启了世界新闻史上的大众新闻事业时代，两大报系的激烈竞争带动了"煽情主义"的发展，使"煽情主义"在当时走向了极端，被学者们指责为黑暗的"黄色新闻时代"，"黄色新闻时代"正是传媒消费主义特征初显的时代，除了为促进自身产品的消费而生产耸人听闻的内容，报纸上广告从质到量都有了一个大的提升。尽管这一时期的报业表现引起了社会的广泛关注，从而促使关于新闻传播的社会责任理论的诞生。但是，从整体上看，传媒与商业的结盟一经开始就没有结束，只是随着时势的变化而有所调整。

西方传媒消费主义文化的真正兴起，是随着电视时代出现的。第二次世界大战以前就已经开始试播的电视技术，由于战争的中断，直到第二次世界大战结束后才开始慢慢恢复，但在20世纪60年代开始的十年中，这种恢复和发展的速度超乎想象。可以说，只用了仅仅十年的时间，电视就实现了它在美、英等发达国家的迅速普及，而报纸走到大众化时代，前后经历了近400年的时间。真正意义上的传媒消费主义文化为何伴随电视而来？这首先应当归功于社会经济的发展。电视出现和发展的年代，也是西方资本主义发展的黄金时期，随着社会生产的复苏，资本主义社会开始全面进入"物质丰裕的社会"，社会产品的大幅增加实现了由"生产消费"向"消费社会"的转型，消费社会的来临是传媒消费主义产生的前提，正是它生产了经济主体的激烈竞争，从而促进了广告等各种市场推销术的推广。此外，消费社会的来临还为消费主义生活方式的普及提供了经济和物质基础。最后，战争结束后物质的丰裕还伴随人们精神的空虚。战争的残酷使人们看到生命的渺小无力、命运的不可掌握，第二次世界大战后空虚、迷惘和颓废的一代开始沉醉于世俗享乐,个人主义、物质主义和享乐主义高涨。现实的可能与实际的需要相结合,辅之以政府为拉动经济而制定的各项鼓励消费的政策如消费信贷等(在当时的美国,高消费、信贷消费、分期付款等提前消费经常被鼓吹为"爱国"的行为),使社会的消费主义特征迅速凸显。在传媒这一方面,则是传媒作为经济主体的身份随着其社会消费的普及而日益显现出来。如果说,之前的传媒由于赢利能力有限而并不特别被社会关注的话,那么,到了电视时代,媒体赢利的现状和前景则是吸引了全球资本的目光,媒体一度乃至今天仍然被不少人称之为"朝阳产业",甚至被誉为"21世纪最后一个暴利行业",从而导致了媒体数量和种类的大发展,由此也产生了媒体产业的激烈竞争,媒体经济主体意识比以往任何时候都要强烈。现代社会的西方媒体,营利来源主要是广告,而收视率和发行量与广告收入直接相关,因此媒体对其内容的"可消费性"也就格外关注,围绕消费而生产也就成为必然。

电视时代与传媒消费主义时代的联结还源于电视传播自身的独特性。研究电视的学者无不指出,由于电视的视觉图像化存在,使它成为消费主义文化的最佳载体和传播工具,正如罗伯特·邓恩(Robert Dunn,1986)所提出的:"首先,电视的视觉形式例证了文化的商品化……(电视)是符号系统中的一套符号,它像镜子一样反映了消费主义的主要符码,在深层的逻辑和心理层面上强化了它的意义。"①在后面的论述中,我们将继续深入谈到这个观点。

最近二十年来,当代西方发达社会和它的传媒都在继续发生变化。从社会来看,是消费社会特征的全面显现,后现代消费社会的商品逻辑开始向社会生活领域全面渗透。当然,在此之前,由于消费主义生活方式的广泛发展,也带来了全球环保主义者等一些有识之士的质疑与反抗,但全社会的消费主义潮流却没有得到真正的遏制;从传媒来看,则是19世纪80年代后期到90年代的私有化浪潮和放松管制政策的进一步发展。典型的例子是英国和法国电视的私有化程度的增加。私有化的发展加大了媒体经营竞争,

---

① 转引自[英]罗杰·西尔弗斯通(Roger Silverstone):《电视与日常生活》,陶庆梅译,江苏人民出版社2004年版,第160页。

更有甚者,在公共传播领域,市场运作也开始渗透,比如围绕英国公共电视的某些市场消费倾向而出现的争论就是典型的佐证。市场逻辑的发展与渗透使传媒市场竞争日趋激烈,进而走进垄断和跨国发展的阶段。社会发展和媒介变迁两个方面都在促使西方传媒走向消费主义化。因为,社会向消费社会的转变一方面使开拓新的市场和培育"消费者"成为资本的重要诉求,从而不可避免地驱使传媒服务于资本所需要的"消费培训",这种"消费培训"还随着跨国公司和跨国媒体的发展而成为世界性的行为。另一方面,消费社会的到来,使西方社会的文化弥散着浓厚的消费主义特色,甚至成为西方社会的主导文化形态,而这一文化形态必然在作为社会文化载体的传媒中有所反映,这也促使传媒进行消费主义文化的传播。对于传媒自身而言,由于私有化进程的加速,市场竞争的加剧,在经济利益的追逐下对传播内容"可消费性"的关注就日渐加深,传媒自身的消费主义化也就不断发展。

具体来说,传媒消费主义在西方的兴盛最突出的表现就是其娱乐路线。娱乐内容由于深受受众的普遍欢迎,并且成本低、风险小而受到各媒体的青睐,它正在不断增加并侵占着传统的媒体新闻报道空间。这一娱乐化倾向的集中表现可以说始于英国的《太阳报》。1969 年,默多克低价购进《每日先驱报》,易名《太阳报》,为了吸引工人阶级和普通大众,《太阳报》普及娱乐路线,其内容"不扮高深,只求传真",追击城市丑闻、秘闻,再加插令人哗然的"第三页女郎",向读者保证每天必有惊艳,从而成为了当时全英最畅销的报纸。它"混合了享乐主义与道德主义;看似普及民主,但政治倾向极权;言论保守,但却摆出激进开放的姿态"①,它还将新闻政治化,被认为是破坏游戏规则的报界顽童。它藐视中立客观的传统,打破新闻类型与娱乐类型的界限,充满软性色情,且不尊重隐私,品位低俗,让你很难清楚它是在发掘新闻,还是在炮制娱乐。《太阳报》背后反映出的新闻娱乐化趋势,随后遍及全球各个市场传媒国家。到了 20 世纪 90 年代,在美国的各大媒介帝国,"充其量,新闻只是这些帝国的一小部分,在最糟糕的情况下,新闻看

---

① 马杰伟:《英国〈太阳报〉反映新闻娱乐化倾向》,载汪琪编:《世界传播媒介白皮书 1995》,(台北)远流出版公司 1995 年版,第 167 页。

起来成了他们娱乐业的延伸和提升的一种手法"。① 犯罪新闻、名人的风流逸事、两性纠葛等娱乐化信息正占据越来越多的版面和节目时段。根据美国新闻工作者协会对美国16家重要媒体的对比研究,发现1977年传统的硬新闻与娱乐性新闻比例为32%比15%,而1997年则颠倒过来,成为25%比40%。② 警匪新闻、两性关系新闻已经成了美国新闻节目中每天不可或缺的题材,国际新闻已很难挤上头版位置,三家著名的新闻周刊报道国际事务的篇幅在逐年下降。③ 非但如此,传媒与娱乐的合流已经成为西方市场传媒的普遍特征,英语世界新名词 infortainment(娱讯)的出现,就生动地诠释了这种合流趋势,它使无关紧要的家长里短成为媒体传播的主要内容。在美国,十年前就有人指出,电视新闻提供信息的功能正在减弱,而提供娱乐的功能正在增强。④ 正如 CBS 晚间新闻主持人丹·拉瑟所说:"新闻已经成了娱乐和消息混在一起的浓汤,我们做了许多东西都是为了娱乐的目的,我们把这些东西和还可以称做是新闻的信息掺合在一起。"⑤

在日益加剧的市场竞争中,西方传媒自身也被消费主义化了。20世纪80年代以来,西方市场化传媒运作中的拜金主义现象越来越普遍,利润最大化已经成为西方市场化传媒运作的指导性原则。这一原则使媒介的首要关注变成了媒介传播内容的"可消费性"而不是别的什么社会责任或公共利益,因为广告和发行(收视)是媒体赢利的两大重要支柱,这两方面的成功都需要依靠吸引尽可能多的目标受众来保证。这就促使西方市场化传媒从经营管理到新闻运作都发生了消费主义化的变化。在经营管理方面,为了保证赢利目标的实现,媒体提升了经营管理部门的位置和作用,经营部门地位的上升和编辑部门地位的相对下降已经成为二十余年来西方市场化传

①　伦纳德·小唐尼、罗伯特·G.凯泽:《美国人和他们的新闻》,党生翠、金梅、郭青译,中信出版社、辽宁教育出版社2003年版,第28页。
②　参见李良荣:《娱乐化,本土化——美国新闻传媒的两大潮流》,《新闻记者》2000年第10期。
③　参见上文。
④　参见马杰伟:《美国电视新闻的娱乐化倾向》,载汪琪编:《世界传播媒介白皮书1995》,(台北)远流出版公司1995年版,第171页。
⑤　伦纳德·小唐尼、罗伯特·G.凯泽:《美国人和他们的新闻》,党生翠、金梅、郭青译,中信出版社、辽宁教育出版社2003年版,第152页。

媒运作的最重要的变化。对编辑部门的尊崇是19世纪80年代以前美国新闻界的普遍作风，而20世纪80年代以来美国新闻业中报纸经营管理人员的地位空前提高，总编辑这一曾经与公司总裁平起平坐的职位失去了光彩，它成了一个部门领导的代名词。① 出于对利润的追求，大量取得MBA（工商管理硕士）学位的经营者开始入主西方新闻业，这些人员用整合营销的制度和观念来经营新闻业，在他们看来，以最小的成本制作出吸引最多的对广告商有价值的目标受众的新闻就是好的新闻，为公司股东获得最大范围的商业利润是他们首要的目标。他们公开将市场策略运用于新闻采编部门，发明了"整合新闻纸"（Total Newspaper）的概念，即要将编辑、广告、发行、市场研究、促销全面统一在利润最大化的目标之下，使报纸最大限度地获得利润。② 这一概念的提出和执行始于《洛杉矶时报》。马克·威利斯（Mark Willes）于1995年担任时报—镜报公司的CEO和时报发行人之后，对时报作了向"整合新闻纸"方向发展的改革，编辑被要求与经营人员充分沟通和合作，树立起团队意识，为新闻业的成功营销而努力。那些头脑中只装着新闻理念的编辑被认为是不合时宜的。整合营销观念渗透进了新闻产品设计的整个流程。在推出一个新的版面之前，时报从广告、制作、促销、营销等各个部门抽调人员与编辑人员一起组成跨部门团队（Cross Divisional Team），又称为"营销委员会"（Marketing Committes）。团队在每星期定期开会，经过协商讨论后共同定出版面的整体规划和初样，然后在此基础上对读者和广告商进行焦点群体访谈（Focus Group），根据访谈结果修改版面规划。再加上"目标管理"（MBO, Marketing by Objective）向新闻业的引入，则更进一步让编辑自觉地由一个传统的坚守新闻理念的从业者，转化为同时兼顾市场理念和新闻理念的"编辑经营者"（Editor Managers）。③ 这种做法使原先隔断"国家"与"教堂"的围墙被打破了（美国新闻业将经营部门比喻为"国家"，编辑部门比喻为"教堂"，强调两者相对独立以免受经济利益影

① 参见秦志希、岳璐：《制度变迁视野中的美国新闻娱乐化现象初探》，《武汉大学学报》（哲学社会科学版）2004年第4期。
② 参见上文。
③ 参见沈浩：《新闻理念与市场理念：两种新闻制作理念在美国的交锋》，《新闻大学》2002年夏之卷。

响和干涉,维持新闻的客观公正原则)。

由于市场驱动模式成为主宰媒介的主要理念,市场理念进入到新闻制作过程,在传播内容选择和处理方面,刺激、轰动、离奇等容易吸引人的眼球的因素成了媒体取舍的重要标准。与此同时,媒体运作对利润与成本对比的计算日益关注,使市场化的传媒格外注意减少传播成本、降低传播风险。这就使媒介运作中的公众利益经常不得不让位于媒介所有者的政治和经济利益,新闻工作者正失去独立报道和评论的自由。此外,集中化潮流中的跨行业联合使得许多有影响力的媒介成为其他产业的俘虏,其后果之一就是独立的媒介正在消失。像 CNN、ABC、CBS、FOX、NBC 和 UPI 这些著名的新闻媒介都已成为大型企业的一个部分。① 企业的运作方式和理念使它们在面临困难时,不是裁减耗费巨大的管理层冗员,而是在采编一线工作的人员,尤其是那些喜欢对采访对象提出尖锐问题、努力挖掘相关背景的记者。同时,抓什么样的题材,报道能不能问世,不在于有没有新闻价值或是否会引起司法纠纷,而是取决于公司的利害关系。最受关心的问题是某些报道会不会得罪广告商,有助于还是妨碍大股东的有关利益。受利益集团控制的媒介,失去了实质意义上的言论和新闻自由,它们难以公正地再现和解释世界。在国际事物中,媒介顺从政治需要,有意识地回避有损政治经济精英阶层利益的事实,对普通民众的利益缺乏关注。在国内事物中,媒介往往把民众的注意力从重要的事物上转移开来,有关劳动权利、医疗、环境和行业危机的问题很少受关注,纵然有这方面的报道,也是被淹没在潮水般的诸如性和暴力犯罪这样的煽情故事中。② 一贯以严肃著称的美国《时代周刊》,曾以"叙事性的表述和人性化的关照"作为操作准则,为严肃问题的大众化阅读提供了成功的范例。然而,不是所有的媒体都能把商业逻辑和文化逻辑这么好地结合起来——即使是在市场比较成熟和纯粹的美国。《时代周刊》的前主编、克林顿政府时期的国务卿塔尔伯特认为,记者有责任以最合适的方式告诉公众真相,比如《时代周刊》的揭秘性报道以其包容、多元化

① See Cheryle Seal,*A Sorry Excuse for News:the Making of the Corporate*.
② 参见李春:《公众利益遭遇威胁——近年来美国新闻业的变化》,《新闻大学》2002 年冬季卷。

的价值观、独立的声音赢得了美国的主流话语权。西方发达国家的权威话语也都是掌握在那些以严肃时政报道著称的媒体手中，譬如英国的《泰晤士报》，美国的《纽约时报》、《华盛顿邮报》，德国的《明镜》周刊等。然而美国的媒体整体上并不是这样，这位前主编在反思美国媒体的竞争现状时就说过，美国媒体现在处于一种十分危险的境地。因为一方面，为了追求利润，他们总是去寻求那些刺激、煽情的故事进行报道，而这对人民无益；另一方面，在重大政治事件中，媒体疯狂地抢新闻，但实际上，他们考虑更多的是吸引眼球，却没有为公众的长远利益考虑，也忽视了国家战略。此外，市场竞争还促使媒体想方设法服务受众的日常生活，各种向读者反映生活方式状况并提供专家分析和指导意见的信息的"生活方式报道"大量出现，有关休闲、时尚、服饰、美容、健身、宠物、旅游等方面内容的媒体和专栏专版不断出现和花样翻新，使人眼花缭乱。西方市场化媒体的这些变化使其传播内容的消费主义色彩浓厚，在无形中进行着消费主义价值观念和消费主义生活方式的诱导与推介，在客观上营造着浓厚的消费主义氛围。

由于消费主义与市场的天然联系，西方传媒消费主义文化兴起于市场化媒体占主导地位的国家，比如美国和英国。但是，伴随着全球经济的私有化风潮，越来越多的西方国家媒体走向了私有化，从而促进了传媒消费主义文化在西方社会的兴盛。本来，西方各国只有报纸杂志绝大多数是私营的（多为股份合作制），广播电视则是公营（比如法国）或私营、国营和公营并存的，但是，20世纪80年代以后，广播电视也越来越多地被私有化，法国的电视就分化成私有和公营两部分。私有化浪潮还使越来越多的媒体走向了商业化运作，在当代西方广播电视界，不但私营台，而且公营台（公共台）都在转向商业化运作，从追求社会效益为主变成追求经济效益为主，收视率成为各台的生命线。此外，为了开拓更广阔的市场，势力强大的媒体公司开始走上跨国发展的道路，从90年代开始，西方传媒的兼并、联合高潮迭起，尤其是在美国，传媒间的兼并、联合更是风起云涌。90年代以来，西方发达国家传媒企业的海外扩张加速，以跨国媒体为开路先锋，他们直接在别的国家建立了商业媒体样本，提供了可资仿效的传播模式。从而使传媒消费主义文化在全球广泛传播开来。

第二章　我国传媒消费主义
文化的产生

　　当谈到20世纪90年代以来中国传媒消费主义文化的产生这个话题时,我们所强调的是面对文化全球化和我国经济的市场转型这样一种崭新的社会背景,以及在这种社会背景下的传媒文化变迁。因为,事实上,中国传媒的消费主义文化现象在新中国成立以前的民营媒体中已经有所体现,尤其是在20个世纪的20—30年代,一些媒体比如上海的《良友》画报、《申报》和《新闻报》等,它们已经开始刊载明星广告,并且有不少关于休闲和消费生活的副刊、专刊等。当时的《良友》在传播新文艺的同时,也引领了时装、电影等大众文化的潮流:它不定期刊登国际和上海时装发布会的消息,经常发表兼任"服装设计师"的画家们的时装画作品,此外,20—30年代上海时期的《良友》,除了1938年那段特殊时期外,从创刊号上款款柔情的影星胡蝶开始,它的封面无一例外的是时尚的年轻女郎。① 这些封面女郎向读者展示了开风气之先的潮流时尚,成为当时社会的"时尚宝典";它对当年正值萌芽阶段的中国电影工业非常关注,报道的电影专题包罗万象,兼容并蓄。因而《良友》在推介新生活、新时尚上的努力和影响都非常明显。《申报》和《新闻报》的广告和发行大战则促使它们针对传播内容的"可消费性"各施高招,从而使它们具有比较明显的消费主义色彩。但是,当时的中国社会还非常落后和贫困,是一个地道的生产社会,消费主义的价值观念和生活方式甚至在少有的富裕阶层也还没有像今天这样流行;国家对外开放的程度极为有限,全球强势文化也没有今天这样明显,因此文化的全球影响

---

　　① 参见杨春晓:《解读〈良友〉画报的封面》,《新闻大学》2004年冬之卷。

也还非常微弱;媒体还不够发达,离"信息社会"还有一段遥远的距离,报纸等传播媒体还没有成为真正意义上的大众文化,对全社会的影响相对较小。因此,当时传媒的消费主义文化现象只产生了局部的有限影响,并且一度被后来的战争所基本中止。

新中国成立以后,与高度集中的计划经济体制相适应,文化领域的生产方式是整齐划一的事业性文化生产,文化生产手段几乎全部为国家所掌握,报纸、电台、电视台、电影厂、出版社、图书馆等,一律由国家统一实行事业管理,其生产和传播不以赢利为目的,关注的不是其消费,而是国家意志的贯彻,主流意识形态的宣传。此时的传媒生产是由上而下的指导性传播,以宣传党和国家的基本理论、路线、方针、政策,引导社会舆论、指导具体工作为基本任务。是从传者出发的传播而不是"为受众"的传播,因而不存在赢利目标和压力,也不存在为吸引受众、迎合受众而生产。传媒也曾有过传播形式上的生动活泼、短小精悍等方面的努力,但这一切都是服务于宣传效果的需要,而不是受经济利益的驱动。

而随着1978年以来的改革开放,我国逐步向市场经济转型,尤其是随着20世纪90年代初以来市场经济体制的基本建成,我国也正在走向消费对国民经济增长起关键作用的消费社会。至少在各大中城市,"消费社会"的特征已经比较明显,在这里,物质产品相对丰富,供过于求已经取代改革开放前的匮乏状态,市场的资源配置作用得到很好的发挥,从而使刺激消费欲望、培育新的消费需要成为经济发展的普遍追求。就传媒方面而言,90年代以来,由于国家政策的调整,我国的传媒也开始走向市场,特别是90年代中期以来,市场的资源配置作用越来越明显。市场促进了传媒经济的快速发展,调动了传媒的生产积极性,也引发了传媒日益激烈的竞争。在全球消费主义文化和传媒市场化直接或间接的影响下,传媒大众消费文化浮出水面并逐渐升温。

20世纪90年代以来,我国传媒的消费主义倾向正日益明显:传媒与消费的结盟已经开始,使传媒对消费主义文化的传播日益凸显;传媒生产的消费意识日益增强,对传播内容的"可消费性"、"可售卖性"的关注日益增多,传媒自身的消费主义化现象日益显现。90年代以来媒介文化的消费主义转向,从整体上看,可以归结为四个方面:其一,媒介内容的重点从社会"生产"逐渐转向社会"消费",更多地传播消费生活领域的信息,注重对消费生活方式的宣传。如 80 年代中后期开始经济类电台、电视台、报纸的出现;综合性媒体经济类专栏、专版的大量增加;广告越来越多地占据了媒体的版面和时段;新闻报道中有关消费生活的增加;人物报道中改变了着力于生产者身份的描绘的一贯做法,更多地在人物的消费生活及生活方式方面增加笔墨;影视剧越来越多地表现各领域的消费生活,尤其是都市消费生活等。其二,与此相应,活跃在媒介的主体人物形象从改革开放前在社会生产的各个领域涌现的"生产英雄"过渡到以各种明星为重点的"消费偶像","三星一家"(歌星、影星、球星、畅销书作家)和企业界名人成为媒体更多关注的对象而不是传统的活跃在生产领域的精英如王进喜、雷锋、焦裕禄等人,对这些人的表现,也更多的是其生活领域而非工作领域。其三,媒介的主要功能从以往的"宣传教育"向娱乐消遣转移。媒体内容的转变无疑使媒体的主功能悄悄地发生变化,在传统的宣传功能之外,娱乐功能已成为传媒最突出的功能。而在市场化运作的大量媒体,其宣传主功能实际上已经让位于娱乐功能。其四,媒介符号正发生从文字语言主导到视觉形象主导的转换。视觉图像顺应了受众感官享乐的需要,也为消费主义文化的传播提供了最形象、最生动从而也最有效的传播符号。以上种种,都是顺应消费社会的娱乐文化潮流,迎合受众趣味的结果。

媒介文化的这些变迁客观上有利于消费主义生活方式和价值观念的展示与张扬,同时,它们本身也是社会消费主义文化影响的结果。更重要的是,以上种种变化的产生,与传媒自身的消费主义化不无关系,从某种程度上可以说是传媒对其传播内容的"可消费性"极度关注的结果,因而这种变化本身又使传媒传播的内容具有更明显的消费主义色彩。如今,媒介文化的消费主义化趋势还在持续中,并且正在加速。传媒的这种消费主义倾向既与全球传播时代西方发达国家传媒消费主义文化的影响有关,从国内来说,也是 20 世纪 90 年代以来媒介生态变化的结果。这种媒介生态变化包括外部的传媒生态变化,也包括传媒内部的竞争环境与媒介组织文化的变化。媒介外部环境主要指中国社会整体环境的变迁,即 90 年代以来中国的社会转型;内部环境即走向市场的媒介内部生存环境的变化,主要是媒介组织之间竞争生态的变化,以及由此引起的媒介自身组织文化的变化及其导致的媒介传播理念和运作的相应变化。

第一节 我国传媒消费主义文化的产生背景

我国传媒的消费主义文化,经历了从解放前的消费主义萌芽,到解放后消费主义被主流意识形态全面覆盖,再到 20 世纪 80 年代末 90 年代初的重新萌生这样一个曲折的过程。这个复杂过程的出现,与新中国成立前后的社会制度和经济发展程度密切相关。而消费主义文化在中国的蔓延,都与经济全球化,尤其是与经济全球化伴生的文化全球化趋势有关。

一、文化全球化的影响

全球化的本质就是消费主义文化的全球化。西方传媒消费主义文化的兴盛,既是消费主义文化的扩散器,又是消费主义文化的典型体现。在今天这样的信息社会,全球消费主义文化对中国的影响不能跨越中国的大众传播媒介,它必然在中国的大众传媒上有所体现。因此,西方传媒的消费主义文化就成为中国传媒效仿的一个重要来源。事实表明,伴随经济全球化的进程与全球通信业的发展,世界范围内文化的交流和趋同成为一种不可抗拒的趋势。一系列的迹象表明,高度工业化的国家控制了文化全球化的过程。比如,大型西方通信社一直垄断着绝大部分国际新闻的传播。约翰·加尔通(John Callton)在其《帝国主义的结构理论》一书中甚至把西方大众传播媒介的这种影响描述为文化与通信帝国主义的联合(加尔通,1972)。① 西方国家许多媒体的创办模式或节目栏目创意,一旦取得成功,很快就会被我国敏感的市场化传媒所效仿。从媒体创办模式来看,业内人士都知道开播于 1995 年的美国历史频道对阳光卫视的影响。这个频道在 1999 年后利

---

① 转引自凯·哈菲斯:《传播媒介—通讯—文化:全球化讨论的歧途与前景》,载赖纳·特茨拉夫主编:《全球化压力下的世界文化》,吴志成、韦苏等译,江西人民出版社 2001 年版,第 54 页。

润超过了最大的四家电视网络中的两家,阳光卫视就是它的直接拷贝。尽管由于本土经营环境的不同而导致后来阳光卫视的转型,但它在整体上仍然带着浓厚的国外专业化频道的特色。如果说这种媒体历史文化纪录片频道的模式并不具备明显的消费主义色彩的话(但它对高端人群文化消费心理的把握和满足仍然是值得研究的,包括它那吸引力强的历史事件和人物的叙事模式),那么,对国外时尚生活类杂志的模仿就是典型的消费主义文化的本土化移植。从国内创办于1993年的《时尚》,不难看出国际时尚杂志《世界时装之苑》和《瑞丽》的影子。把广告糅合于信息和服务中,通过美容化妆、服饰装扮、健身、保健、减肥等技巧的传授推销特定商品,通过名人(尤其是影视明星)报道和访谈宣扬消费主义的价值观念和生活方式,已经成为时尚生活类杂志的基本传播模式。

传媒消费主义文化的扩散,和商业媒体运作模式的扩散一样,更多走的是一条从西方到港台,再从港台到大陆的迁徙路径。具体来说,西方的媒介理念和运作实践首先是通过那些"对西方文化有更大包容性的国家和地区",通过它们的转换和吸收,再流向我国的传媒市场。有人以电视为例分析了西方媒介理念对中国传媒影响的三种主要途径:渠道一,直接输入。西方媒介通过直接输入电视节目到大陆,如节目的出售、交换以及卫星转播将电视节目直接呈现在大陆荧屏,从而影响中国的新闻理念和运作模式。如美国CBS(美国哥伦比亚广播公司)的高收视栏目《生存者》在中央电视台的引进播出,就带动了大量"极限挑战"类节目如《生存大挑战》(广东卫视)、《非常6+1》(央视)、《峡谷生存营》(贵州卫视)、《完美假期》(湖南卫视)、《夺宝奇兵》(浙江卫视)等的萌生。渠道二,通过港台媒介作为传播中介。通过港台媒体对西方电视节目的引进或是对节目形态的吸收、模仿、转化,同时借助地缘、文化优势,将电视理念置于易于接受的外壳之下,更容易对大陆的电视制作产生影响。如湖南卫视曾经名噪一时的《玫瑰之约》大型婚恋速配节目,不能说没有对之前台湾的同类节目《非常男女》的借鉴和吸收。从电视实践的现实来看,通过港台这个中介所产生的传播效果往往大于西方媒介直接影响所产生的效果。渠道三,通过大陆个别媒介作为传播中介。比如通过东部发达省市电视台或者几个业界有广泛影响的电视台(如湖南卫视)对于西方电视理念的借鉴吸收和应用,进而产生对国内电视业的启发式影响。①

　　必须指出的是,西方传媒消费主义文化对中国传媒的影响,不是一个模式照搬的过程,而是经过既有文化体系的打磨和消化之后借鉴的结果。西方传媒的消费主义文化只是中国传媒消费主义文化产生和流行的一个影响来源,却并不完全等同于西方传媒的消费主义文化。国内传媒对西方媒体的传播模式并不是单纯的模仿,而是经过了本土化的改造,有自己的创新,模仿加创新是许多媒体的基本运作模式。然而,话又必须说回来,因为模仿与创新的基础是模仿,所谓创新仅仅是根据本土文化和审美趣味作适当的改良。比如“真人秀”节目《老大哥》先是始于荷兰,然后被澳大利亚、德国、丹麦等18个国家广泛实行本土化移植,接着,美国 CBS 的《生存者》、FOX电视公司的《诱惑岛》、法国的《阁楼故事》、德国的《硬汉》等相继出笼,各有特点而基本模式不变,即基本元素都是隐私、残酷竞争和博彩。成为西方世界最火暴的电视节目后,这种融合了纪录片、电视剧和竞赛节目等多种要素的“真人秀”节目在全世界范围内迅速兴起,吸引了全球亿万观众的眼球。在西方,“真人秀”节目往往着力“真实展现”现实生活中的性、隐私、残酷的竞争、博彩等内容,满足人们的“窥私欲”。《生存者》中有全裸的镜头;《老大哥》和《阁楼故事》不仅有厕所和浴室的全景式记录,而且还有床上性爱的直接展示。而在我国,道德与善恶观被业内人戏称为中国“真人秀”节目的“镣铐”,许多人认为“真人秀”节目强调对抗和竞争,过多地展示人性的阴暗面,荧屏中的钩心斗角、互相倾轧、弱肉强食等行为,既不符合我国传统的道德伦理标准,也不符合我国观众的欣赏心理。所以《走进香格里拉》才将重点放在行走与探险上,与天斗与地斗而不与人斗,名为真人秀却更像一部纪实主题片;而此前的《生存大挑战》的规则设置,也倡导在做贤者与强者的同时,鼓励帮扶弱者,展示真挚友情。但是,改造之后的节目在性、隐私和竞争、博彩等方面的探索与西方类似节目只有程度的区别而没有本质的差异,而且可以预见,随着文化全球化进程的进一步加快,人们的文化接受心理会越来越接近,就像已经和正在进行的都市人饮食习惯的改变一样,

---

　　① 参见孙旭培、滕朋:《论西方娱乐节目理念在我国的“中介性扩散”》,《现代传播》2005 年第 4 期。

对传媒文化的接受趣味也会越来越接近,因而我们可以说,西方传媒文化扩散中消费主义的影响不仅客观存在而且将越来越大。

二、中国社会的转型

媒介文化是社会文化的一种表征,20世纪90年代是我国社会的转型促成了生活方式的变化,从根本上规定了反映社会生活的媒介的文化转向。因此,媒介文化的这种转型是建立在社会转型的基础上的。

20世纪90年代以来是我国社会的大转折时期:在经济领域,市场经济取代计划经济,经济体制大幅转轨;在文化领域,大众文化取代精英文化和主流文化成为社会的主要文化形态;在社会生活领域,价值观念和生活方式迅速变化,社会的流动性大大加强,"地位竞争"日益激烈;在政治生活领域,泛政治意识形态进一步瓦解,人们生活的自主性增强。正如有人所判断的,90年代以来的社会转型,"不仅是现代化的历史总体性赋予市场经济与消费社会以合法化地位的社会结构转型,而且也是文化知识谱系的全面转型"。① 在这里,经济转型是最根本的社会转型,因为正是它的市场转型使市场法则主导社会运转,从而引发了其他社会生活领域的相应变化。市场法则与资本逻辑渐渐成为主宰性的霸权话语以后,消费社会性质的享乐主义商业氛围开始笼罩社会,而这必将在媒介内容中有所体现,并因此反作用于社会。

(一)经济转型

经济体制从计划经济到市场经济的全面转轨,是20世纪90年代以来中国社会最根本和最重大的变化。市场经济对传媒消费主义的影响是不容置疑的。市场经济对传媒消费主义的生成作用,首先表现为市场产品的推广和销售,包括企业形象的宣传和推广对传媒传播资源的迫切需要和主动利用,从而促成市场经济社会里消费与传媒的结合。传媒成为市场的"发动机",各种生产和销售商家都需要传媒或者通过广告,或者通过策划性新闻(软广告)来实现自己的商业目的,同时,配合商业社会产品销售的需要,传媒还在把特定消费生活观念和生活方式的诱导糅合在服务性信息中。因此,

---

① 蔡志诚:《九十年代批评与现代性话语实践》,《理论与创作》2005年第4期。

正如笔者在前文中所分析过的那样,传媒对消费主义文化的传播成为必然。

市场经济对传媒消费主义的影响还体现为交换价值观念对文化生产的渗透。社会的经济转型确立了社会的元结构,市场经济的基本理念、原则、运作模式等必然向包括新闻生产在内的文化生产渗透,从而影响媒介运作的目标追求和基本原则。文化生产进入市场以后,在市场利润的巨大诱惑下,文化产品不再能以精神超越和美学提升作为主要的或根本的追求目标,而是转而追求经济利润。如果说文化产品在精神超越和美学趣味上也有一定的追求,那也更多的是一种赢利的手段和工具,而不是文化投资商和文化生产者的终极追求。更重要的是,由于我国文化产品的赢利模式主要是广告和发行,这两种模式的成功都需要受众的广度来支撑。因此,在“大数原则”的支配下,这些产品的文化品位和美学格调往往难以上升,许多时候甚至是不升反降。情形正如霍克海默和阿多诺所说的:生产领域中广为人知的商品逻辑和工具理性,在消费领域同样引人注目。闲暇消遣、艺术作品与一般意义上的文化,为文化工业所过滤;随着文化的高雅目标与价值屈从于生产过程与市场的逻辑,交往价值开始主宰人们对文化的接受。高雅文化所奋力追求的最佳产物,如家庭与私人生活的传统结合形式、幸福与满足的允诺、对完全不同的他者的渴望等,让位于孤立的、受人操纵的大众。而正是这样的大众,参与着具有最低共同点的可替代性的大众商品文化。① 当文化生产瞄准的是受众的钱包而不是他们的精神和灵魂,文化的消费主义就出现了。“可消费性”成为文化生产的指挥棒,对利润的追逐成为文化消费主义化的直接原因。

对于社会主体来说,市场经济是鼓励个人主义而不是集体主义的体制,它强调的是个人奋斗和个人成功。而这种成功标准的重心不在于对他人、对社会的贡献,而是个人财富的增长;它强调的成功是物质的而不是精神的,重要的不在于个人在社会的精神风貌和道德超越上的成就,而是个人物质财富的增加。随着市场经济的全面建立,20 世纪 90 年代以来这种在西方发达资本主义流行的价值观念逐渐深入人心,给消费主义的流行提供了

---

① 参见迈克·费瑟斯通:《消费文化与后现代主义》,刘精明译,译林出版社 2000 年版,第 20 页。

思想基础。

市场促进了经济发展,使人民的生活水平提高,新富阶层增长。生活水平从温饱向小康的转变,使新富起来的那一部分人的消费标准由注重"吃饱、穿暖、够用、能住"变为"吃得好、穿得漂亮、用得高档、住得舒适",甚至"玩得刺激"。在他们的示范作用下,人们的消费心态越来越多地由"将就"变为"讲究",消费需求从内容到形式都发生了一系列的变化:从简单到复杂,从单一到多样,从稳定到多变,从清醒到模糊。这一方面给消费主义的生活方式和价值观念提供了生存的空间,使它的扩散有了现实的土壤;另一方面也给传媒的消费操纵提供了可能和便利。

（二）文化转型

20 世纪 90 年代以来的文化转型,总的来说最基本的特征就是文化的世俗化。文化的世俗化从文化本身来说,最根本的体现就是文化格局的变迁,即世俗化的大众文化由文化的边缘入主文化的中心。精英文化、大众文化和主流文化的力量对比在 90 年代发生了巨大的变化。90 年代以来,尤其是 90 年代中期以来,市场环境下的中国大众文化发生了剧变,正如学者朱大可所言:"如果说 80 年代精英文化是大众文化的罗盘,90 年代初期是精英文化和大众文化的博弈,那么 90 年代后期则开始了大众文化统领精英文化的年代。"①精英文化在市场经济中快速发展的大众文化的挤压下一片萧条,面临被排斥和被改造的尴尬处境;主流文化也陷入一定的困境,往往是"叫好不叫座"。只有大众文化被市场插上了飞翔的翅膀,越飞越高,越飞越远,到了 90 年代后期,大众文化和精英文化的博弈以大众文化全面占领中国的文化市场、分化瓦解精英文化而结束。学者尹鸿归纳了大众文化兴起的五个原因:第一,中国的经济体制改革是大众文化兴起的基本动力;第二,泛大众文化消费群体的形成为大众文化的兴起准备了必要条件;第三,电子媒介的迅速发展是大众文化兴起的文化背景;第四,对文化的意识形态控制标准走向宽松是大众文化兴起的政治条件;第五,消费社会的形成是中国大众文化迅速发展的社会条件。② 这种归纳不无道理。大众文化的

① 张柠:《文化的病症》,上海文艺出版社 2004 年版,"序言"部分第 1 页。
② 参见尹鸿:《世纪转型:当代中国的大众文化时代》,《电影艺术》1997 年第 1 期。

兴起与经济体制转轨、政治意识形态的放松、传播技术进步等因素密切相关,同时又跟文化的大众消费以及消费社会的兴起不无关系。因为,事实上,大众文化就是大众消费主义文化,它是面向大众的,为吸引大众消费而生产的文化。

20世纪90年代以来文化的世俗化转型在社会文化上的反映就是价值观念的变化。90年代以来,泛政治意识形态的束缚已经从根本上解除,然而,文化并没有提供新的价值和信仰来填补由泛意识形态控制的缺位而转让出来的精神空间,跟随市场而来的消费主义则乘虚而入,使国人关注的中心从精神超越的形而上变成了生活实际的形而下,从对社会的理性思考变成了对生活的感性体验,从社会的整体和秩序变成了个体的自我肯定和自我实现。"潇洒走一回"、"过把瘾就死"等欲望化的享乐主义和及时行乐的消费主义价值观念开始有了广阔的市场。

此外,文化的消费主义化在20世纪90年代加速了它传播欲望的进程。80年代中期从南方作家群里开始的文化的商业化,在1993年前后遍及全国,导致了私人经验的公众化,在对"窥私欲"的满足下吹响了大众文化向消费主义道路进军的号角。文化的审美意识形态本质从此逐渐转换为消费意象形态特性,消费意象形态化的文本世界在剥离掉了种种美学装潢之后只为作品输入了"刺激",只为读者留下了"反应"。结果,标准的消费阅读模式便应运而生了。消费阅读既不同于传统意义上的审美阅读,也不同于一般意义上的消遣性阅读。如果说审美阅读意味着灵魂在作品中的历险,意味着阅读之后读者心灵世界的道德增值和情感增值;那么,消遣性阅读意味着读者替代性欲望的直接满足,意味着读者获得了快乐、愤怒、厌恶、恐惧等情感反应和心理冲击[1],消费阅读给读者提供的却只是以情绪反应和生理欲望宣泄为其内容和运作机制的震惊体验、晕眩效果和高强度刺激下的无所适从。正如弗洛姆所说,文化工业下的消费:"在本质上仅仅是对人为的刺激所激起的怪诞的满足。"[2]这种消费阅读的培养又为文化消费主义的

---

①　参见钱谷融、鲁枢元主编:《文学心理学教程》,华东师范大学出版社1987年版,第376—377页。

②　陈学明等编:《痛苦中的安乐——马尔库塞、弗洛姆论消费主义》,云南人民出版社1997年版,第160页。

进一步扩张提供了现实的可能。

（三）社会生活转型

市场经济下社会生活的转型体现在生活的许多层面：生活环境变化、社会节奏加快；生活观念多元化，生活方式多样化；社会流动性增强；社会利益群体分化；等等。所有这些变化，都为消费主义文化的滋生提供了一定的土壤，然而，与传媒的消费主义走向最相关的，是社会流动性的增强和社会关系的变化。

社会流动性的增强是 20 世纪 90 年代以来的突出社会现象。社会学者把社会流动分成复制式社会流动和替代式社会流动两种，复制式社会流动具有代际传承的特点，"龙生龙，凤生凤，老鼠生儿打地洞"是对此的形象解释。替代式社会流动则是指代内的横向社会流动，只有从替代式社会流动才可能产生新的社会分层结构。① 中国自改革开放以来，替代式社会流动明显加快了，改变了过去那种一个人在同一个单位里，甚至在同一个工作岗位上工作一辈子的状况。这种社会运行机制使人们建立起一种信念，即每个人通过自己的知识学习、技能培养、工作努力和机会选择，都有可能改变自己的生命轨迹，实现自己的理想和抱负。按照"需要的层次理论"，人都有获取社会尊重和自我实现的需要，尤其是在温饱问题解决之后。社会流动性的增强，给人以希望，也给人以压力。因为，人的生活满足感更多的是从比较中得来的，有自己的过去和现在的纵向比较，更有人与人之间的横向比较。替代性流动的增长加强了人与人之间横向比较的倾向，所谓"人比人，气死人"，于是衍生了更多的攀爬社会等级阶梯的欲望。因此，社会流动的加快使社会变成一个荣誉与地位的竞技场：每个人都想爬向更高的位置。正如社会学者指出的，当代中国的社会分层是以职业分层作为基础的，而经济资源、权力资源和文化资源的占有量是以职业为基础的社会分层的主要标准。② 尽管由于当代中国社会分层形成的成员资格竞争条件和社会流动的路径依赖，使社会流动的不公平现象随处可见，比如农民工的社会流

---

① 参见李培林：《社会流动与中国梦》，《经济导刊》2005 年第 3 期。
② 参见樊平：《社会流动与社会资本——当代中国社会阶层分化的路径分析》，《江苏社会科学》2004 年第 1 期。

动就曾受到了来自各种歧视性政策,如户口、身份、工作岗位、子女上学、社会保障等方面的限制,但是,毕竟社会整体的流动水平是大大提升了,个人社会位置的变动也大大频繁了。

诚如吉登斯所言,现代性以前所未有的方式,把我们抛离了所有类型的社会秩序的轨道,从而形成了其生活形态。在外延和内涵两方面,现代性的变革比过往时代的绝大多数变迁特性都更加意义深远。在外延方面,它们确立了跨越全球的社会联系方式;在内涵方面,它们正在改变我们日常生活中最熟悉和最带个人色彩的领域。[①] 在人们的日常生活经验中,社会位阶的加剧变动引发了前所未有的"地位竞争",而正如社会学者的研究所表明的,在现代社会,传统的村落和社区正在瓦解,人们之间直接的社会联系和社会交往越来越少,尤其是在都市,人们之间的"陌生化"趋势日益严重。因此,就像凡勃伦在《有闲阶级论》一书中所揭示的那样,在人们无法通过人际交往等手段来了解彼此的身份、地位、职业和财产等情况的时候,消费就成为人们身份标示和个性表达的主要手段,成为社会关系再生产的主要途径,这就促使炫耀性消费等消费主义性质的消费行为的产生和普及,这种变化必然在传媒中体现出来。

现代社会生活节奏的加快,生活压力的加大,也促使人们对传媒的信息需求发生了变化。在对传媒内容的多样性提出要求的同时,传媒在人们生活中的地位和作用以及人们对传媒的期待正在发生变化。拿电视来说,根据 2002 年全国电视观众抽样调查的结果,人们的电视收视动机排在第一位的已经由之前几年的新闻信息变成了娱乐消遣,前三次的调查结果也是这样。[②] 对各种类别的节目的选择意向证明了这一点:在所有节目中,电视剧的选择意向排在首位,其次是国内新闻和电影;1998 年,由中国经济景气检测中心、新生代市场检测机构发布的《中国媒体与受众调查报告》也显示:对于受众而言,最重要的媒体排序是电视、报纸、电台、杂志,因特网还难以与四大媒体进行全方位竞争(如今情形已有改变——笔者注);电视节目的

---

① 参见安东尼·吉登斯:《现代性的后果》,田禾译,黄平校,译林出版社 2000 年版,第 4 页。

② 参见刘建鸣、徐瑞青、刘志忠、王京:《2002 年全国电视观众抽样调查分析报告》,《中国新闻年鉴·传媒调查卷 2003(下)》,社会科学文献出版社 2003 年版,第 427 页。

吸引力方面,除新闻类节目外(如前所述,这种状况随后得到了改变),居于第二位的多是娱乐性强的节目如港台连续剧、综艺节目和体育节目;报纸呈现消遣娱乐性强的晚报逐渐取代日报的趋势,娱乐和体育报道以及社会新闻的受众阅读率走高;通过对平均阅读率居前 25 位的杂志进行的分析表明,除《读者》为文摘类文化刊物外,家庭类杂志占有主导地位;广播电台的流行音乐、期刊的家庭生活主题和电视的连续剧已经成为最受广大受众欢迎的内容。① 受众的娱乐消遣需求的走强无疑是媒体消费主义道路选择的一个首要决定因素。而且,媒体的消费主义内容传播使受众浸染其中,也就形塑着受众的媒体接触兴趣和审美习惯,反过来又促进了受众对媒体内容选择的消费主义特征。

此外,值得一提的是,随着经济体制的转型,政治生活也开始有了变化。人们的日常生活不再有浓重的意识形态色彩,而是回到了个人生活的自由层面。因此,人们对自己的日常生活和行为的控制更加自主。这种自主和市场经济所带给人们的眼花缭乱的变化,使人们意识到,他们的地位和生活安全感、荣誉感来自个人经济状况、消费行为等因素,不再是至少不仅仅是来自政治行为、政治身份和政治地位。这就使人们的关注由政治意识形态的分界转向经济地位和消费生活,从而给消费主义价值观念的衍生和消费主义生活方式的践行提供了可能和背景。

三、传媒的市场化改革
(一)传媒市场化改革与媒介市场竞争的加剧

中国传媒消费主义最初的兴起,与中国传媒改革开放以后直到 20 世纪 80 年代末的大发展有关;更与这一段时期以来对市场的探索性前进有关,同时也是以 80 年代后期电视的迅速发展对报纸、广播、杂志的冲击为导火索的。1978 年党的十一届三中全会召开之时,我国公开发行的报纸还只有 253 家②,而且除了极少数专业和行业报纸以及面向特定人群的对象报如

---

① 以上数据见《中国媒体与受众调查报告》,载《中国新闻年鉴·1999》,中国新闻年鉴社 1999 年版,第 383—384 页。

② 参见安岗:《新闻事业的春天》,《中国新闻年鉴·1982》,中国社会科学出版社 1982 年版,"前言"部分第 1 页。

《市场报》、《法制报》、《旅游报》、《社队企业报》、《中国财贸报》以及英文《中国日报》、《中国农民报》等,几乎都是清一色的党委机关报,全是事业性质的定性,由国家财政拨款保证运转。当时的媒体性质和历史情景决定了业界和学界的主要关注是这样一些问题:什么是符合党的原则的宣传效果,如何对读者进行分析和研究,如何进行正确的表扬和批评,报纸的版面问题,编辑部工作的组成问题,报纸如何避免经常发生错误问题,如何正确评价新闻历史的各种问题,等等。① 1982 年开始的新闻改革,是对宣传规律的探索,最初也是出于对如何提高宣传效益的现实课题的关注,面向全国的大规模读者调查也因此开始兴起。但它客观上促进了媒体内容传播的进步,比如提倡新、短、多、广,开始改变过去那种新闻数量少、篇幅冗长、节奏拖沓、形式不活、报道不及时、报道面窄等不良状况。大约从 1983 年开始,新闻改革深化了一步,开始提高到对新闻规律本身的尊重和研究上,对当时正在发展中的经济报道,不同于机关党报的晚报的办报经验,并同时开始发展的特色专栏专版等有了更多的探索,媒体在配合党的宣传任务的同时开始注重如何为读者服务,由此开始有了向下的姿态。到 1984 年左右,对舆论监督的关注时有所闻,到 1986 年以后发展迅速,至 1988 年形成了一个高潮。1986 年的新闻改革也有了进一步的深化,对报社内部体制改革的探索进入传媒的议事日程,报社的经营管理开始受到重视。在我国报业的历史发展中,经营管理占有重要地位。但是在新中国成立以后的三十多年里,经营管理被长期忽视了。1978 年以后,在经济体制改革的推动下,报业经营管理发生了根本性的变化,开始从以往的报纸生产型向生产经营型转变,走事业单位企业化管理的道路。很多报社一改过去那种完全依赖国家供给、补贴的做法,积极开展经营管理工作,加强了对经营管理的领导,既抓好办报,又抓好经营管理,使报社的经营管理工作重点也逐步从报纸的印刷和后勤转向全面强化经营管理,开展多种经营,在经营中增强了创收能力。到 1988 年,报纸经营管理探索的热潮已经形成,据当年新闻出版总署对北京、湖北、广东、山西、青海等 15 个省、自治区、直辖

---

① 参见安岗:《新闻事业的春天》,《中国新闻年鉴·1982》,中国社会科学出版社 1982 年版,"前言"部分第 1 页。

市的 175 家报社的调查统计,已经开展多种经营的有 95 家,正在筹备开展经营活动的有 6 家。大部分报社的地方财政补贴加上多种经营收入后,做到了收支基本平衡。① 其时中国传媒依然是事业性质,但企业化经营已经开始,广告业务也成为传媒生存的来源之一,各媒体之间的竞争尽管远未有今天这样的全面和激烈,却也是存在的。1988 年机关党报 407 家,占全国公开发行报纸总数的 25%,期发总数占全国公开发行报纸期发总数的 17.33%。80 年代末 90 年代初报纸的发展趋势是一方面党委机关报在当代中国报纸事业中起着主导作用;另一方面是专业性报纸,特别是经济类报纸的迅猛发展,这是进入 80 年代以后的一大特点。此外,报纸的分工已经成为报纸发展的一种趋势,对象报、地区报蓬勃发展,最后是社会生活类报纸的出现,各种报纸的相继创办加大了市场竞争的压力。

市场竞争的压力在晚报的发展中可见一斑。晚报曾经是中国当代报业发展史上的一个奇迹,它们曾是党报、机关报的革命者,以贴近社会、贴近生活的内容和老百姓喜闻乐见的形式获得了广大人民群众的喜爱,也弥补了党委机关报的不足,成为人民群众生活中不可或缺的生活资料,社会效益和经济效益都非常显著。作为最成功的两大晚报《羊城晚报》和《新民晚报》一起连续多年雄踞中国报业发行排行榜和广告经营额排行榜的前列。然而,好景不长,在市场经济发展的情况下,省级机关报的经济效益和广告收入却开始下降,到 90 年代已经普遍比省会城市的市级机关报和晚报差,于是从 90 年代中期开始,为了与晚报竞争,各省委机关报纷纷创办与晚报相近、定位于城市居民的子报——都市报。"党报满足党的需要,都市报满足市民的需要",《南方都市报》就是这样出笼的。都市报从内容到叙事方式到传播形式都吸收了晚报的所有长处,同时引进新的新闻和经营理念,并利用党报的优势人才和技术资源以及社会资源与晚报展开竞争,其发行时间又早于晚报,故使自身体制机制开始僵化的晚报受到巨大冲击。1997 年,香港《新晚报》停刊,同时作为新中国成立以来的第一张大型综合性晚报的

① 参见贾培信:《新中国建立 40 年来的新闻事业发展概况》,《中国新闻年鉴·1990》,中国社会科学出版社 1990 年版,第 4 页。

《羊城晚报》,在《广州日报》和《南方都市报》的夹击下,市场占有率逐年下滑,最终失去广州地区媒体广告"老大"的地位。可以说,《羊城晚报》的压力,更多地来自市场竞争下报业自身格局的变化以及电视与后来的网络实时报道的冲击,这一冲击使晚报"比日报早半天报道上午的新闻"的优势也不复存在。最后,市场发展中的广告投放的区域性特征日益增强,《羊城晚报》原来覆盖全国的"三三三"发行模式(市内、省内、省外各占发行量的三分之一)也日益显露出不适应性。① 于是,《羊城晚报》开始提早出版,以晚报之名,行早报之实,促发了全国范围内"晚报早出"的现象。除《新民晚报》、《羊城晚报》、《今晚报》、《北京晚报》之外,全国各晚报从截稿到付印的时间都被压缩,编辑压力加大。《羊城晚报》原总编辑曹淳亮因此规定:"开机时间是法定时间",违者相关人员包括总编辑都要受罚。并开始抓当天新闻,像"昨夜今晨"这样的栏目开始创办,往深度报道方向发展,并越来越注重策划;办早报,以此与日报竞争,《新快报》的文艺与体育一直是《羊城晚报》苦心经营的竞争砝码。如今,《羊城晚报》和全国的其他晚报一样仍然在激烈竞争中艰难成长,只是往日风光不再。

　　市场竞争的加剧不仅仅体现在传媒生产环节上。在宣传推广和流通、销售环节,各种活动也是如火如荼地开展,从价格大战到发行大战,都是市场激烈竞争的体现。南京的价格大战甚至曾经使报纸价格降到 5 分钱一份。1993 年,报纸还是邮发为主,自办发行的还占少数,之后几年内,绝大多数报纸实现了自办发行,使发行大战硝烟四起。在广播电视方面,1993年各地开始突出经济新闻和经济领域的报道,纷纷建起了经济广播电台。不少地方增设文艺台、音乐台、交通台,并注重直播和受众的互动。1996 年左右,电视台多频道经营开始,经济频道、文艺频道、科教频道、生活频道、都市频道在各地不断出现,包括省级和地市级电视台,每个电视台平均拥有四五个频道,电视的竞争在 20 世纪末进入白热化阶段。激烈竞争和市场无序使竞争中各种违规现象层出不穷。以报纸为例,1996 年,内部报纸突破规定公开邮发或上街零售、刊发广告、盗用刊号、自制记者证;党报违规一号多

----

① 　参见朱学东、喻乐:《〈羊城晚报〉的中兴之路》,《传媒》2004 年第 7 期。

报,办脱离主报单独发行的周末休闲刊和副刊,其他报纸纷纷效仿,各印地版面不一致;发行大战有增无减,发红头文件以摊派发行,地方报纸与中央报纸抢发行,小报与大报抢发行。发行会抢先,给回扣竞赛,开发行会旅游,高档招待,行隐性贿赂……迫使国家有关部门不得不于1996年年初开始治散治滥,停止批办新的报纸,停止所有报纸的扩版、增期和转换主管部门,以遏制报业的数量猛增势头。

社会主义市场经济理应包括文化经济。改革开放20多年来,文化资源和文化生产的调节,已有相当部分从计划转向了市场。党的十六大明确提出,我国将于2010年基本建立比较完善的社会主义经济体制。这意味着文化生产和文化产业发展也将在市场经济的条件下,按照市场经济的要求,以市场经济的方式,来满足人民群众对精神文化产品的需求。市场对文化产业发展带来的潜力是不可估量的。1982年,全国广电系统总收入只有9.83亿元,而且基本属于财政拨款;而到了2002年,全国广电系统总收入已达514亿元,其中广告收入超过280亿元,财政拨款75.84亿元,仅占总收入的14.75%。当今世界经济文化发展的一个突出现象,就是文化产业的兴起和迅速发展,文化与经济紧密交融,其水平和实力已成为衡量当今一个国家综合实力的重要标志之一。在一些发达国家中,文化产业已经是重要的支柱产业,占整个国民经济的比重都很高。如今,我国人民的生活水平正在不断提高,恩格尔系数全国的平均水平已经降到0.5以下,城市降到0.4以下,人民因此有了更多的能力进行精神文化产品的消费,对文化产品需求的数量大大增加,对文化产品的质量、品种、样式等都提出了更高的要求,文化产品的消费方式也发生了深刻变化。也开始通过市场购买文化产品进行消费,市场的导向作用发挥得越来越明显。党的十六大从全面建设小康社会、加快推进改革开放和社会主义现代化的战略高度,从当前国际文化与经济和政治的相互交融发展的大趋势,突出强调了发展社会主义文化的重要地位和作用,明确提出要积极发展文化事业和文化产业,并在进一步强调国家支持和保障文化公益事业发展的同时,指出"发展文化事业是市场经济条件下繁荣社会主义文化、满足人民群众精神文化需求的重要途径"。此外,我们正面临高科技发展的新浪潮,尤其是广播影视科技发展很快,特别是数字技术、网络技术、信息技术等高科技的迅猛发展,使传媒的发展变化日新月异,可以用"革命性"来形容。比如卫星广播电视的发展,使广播电视的全球竞争更加激烈,目前在我国的天空就有 200 多套卫星电视节目,它们都千方百计想在我国落地。比如数字化使得广播电视的节目传输资源得到极大的膨胀,卫星通过数字压缩技术可以传输上百套高质量的电视节目,有线电视网通过数字技术、网络技术,可以提供 500 套左右的节目。数字化、网络化对广播影视来说不仅仅是一场技术革命,同时它也包括其功能性质、业务范围、组织结构、运行机制、管理模式、消费观念等各方面的变化。在这样的大背景下,对外开放步伐的加快使传媒面临新的竞争,随着世贸承诺的一步步兑现,我国将在更大的范围和更深程度上参与经济全球化,参与国际竞争。目前,我国的电影和音像已经部分地、有限地对外开放,国外部分大型传媒集团的电视频道已经有条件地进入我国局部地区。尽管坚持"四个不能变"和"一个确保",即坚持党和人民的喉舌的性质不能变、党管媒体不能变、党管干部不能变、正确的舆论导向不能变和确保政府增加投入不能变,但经营性广播影视产业主要由市场主导,要以市场为基础性手段来调节资源配置和利益分配,大胆进行产业化发展、集约化经营、企业化管理、市场化运作、现代化建设的探索。① 可以看出,20 世纪 90 年代以来的传媒改革,实际上是一个传媒逐步走向市场驱动的道路的过程。正如学者胡正荣所说:"中国的大众传播业正处于转型时期,一整套'市场话语体系'正逐渐纳入业界和理论界的头脑之中,和原有的'意识形态话语体系'一起,共同解释当前的各种媒介运作情况。"②胡正荣把我国传媒的这种市场转型称为"资本化"。它改变的是传媒资本的来源及其进入媒介业的种种方式。而此前的 80 年代初、中期,也进行过传媒改革的实践,但那些改革都只涉及媒介的运作层面,比如报道的重心和报道的方式等,90 年代以来的改革则逐步深入到了媒介管理体制和运营机制甚至资本运营层面,与 90 年代以前的媒介改革的内容改良不同,90 年代后的媒介改革才可以说是朝真正的改革的方向发展。

---

① 参见徐光春:《在文化体制改革试点工作会议上的发言》,载《中国新闻年鉴·2004》,中国新闻年鉴社 2004 年版,第 80 页。
② 胡正荣:《导读:新闻业的市场转型及其效应》,载约翰·H. 麦克马那斯:《市场新闻业:公民自行小心?》,新华出版社 2004 年版,第 3 页。

90 年代以来传媒的市场历程始于 1992 年 6 月中共中央、国务院发布的《关于加快发展第三产业的决定》，该决定明确把报刊、广播电视划出党政机关之外，归属第三产业的范围，我国新闻传播业开始实行产业化和市场运作。之后在 90 年代中期，在政府主导和推动下，图书和报纸出版开始向集团化方向发展。1996 年 5 月 29 日，中国首家报业集团——广州日报报业集团挂牌成立。2000 年 12 月 27 日，中国首家省级广播影视集团——湖南广播影视集团挂牌成立。在此之前的 1999 年 3 月，湖南电广传媒股份公司的社会公众股已经在深圳交易所上市，成为我国第一家带有传媒概念的上市公司。新闻传媒的产业化、市场化、集团化的浪潮随之席卷全国，以中央、省（自治区、直辖市）、地（市、州）三级党报和广播电视系统为龙头的报业集团、广电集团纷纷挂牌成立，并开始资本运作。

2003 年 6 月，新闻出版总署发出关于落实中办、国办《关于进一步治理党政部门报刊散滥和利用职权发行，减轻基层和农民负担的通知》的《实施细则》。经过此次报刊治理，除《人民日报》、《求是》杂志以及各省、地市机关报以外，其余的报刊都从事业单位变成企业，以企业法人身份独立运营。这实际上是确认了资本投资媒体的合法性。因此业内人士把这次改革称为中国报业史上影响最大的一次改革，报纸媒体的产业化和市场化时代已经正式来临。与此同时，中央文化体制改革试点工作会议在北京召开，明确提出文化事业可分为公益性文化事业和经营性文化产业两大类，并分别确定了改革试点单位。自此，传媒被正式区分为非经营性文化事业和经营性文化产业两种性质，从整体上实现了从"党办媒体"到"党管媒体"的彻底转变，为经营性传媒的市场化运作提供了广阔的空间。2004 年则是中国传媒市场化具有历史意义的一年，该年年底，中宣部特批的《北京青年报》在香港上市，这是中国媒体首次独立在海外上市，是媒介产业化的一个标志性事件。从此中国传媒的资本运营走进一个崭新的阶段。

从国家有关传媒的宏观政策以及近两年报业改革的动作来看，在未来的 5—10 年的时间内，报业的产业化市场化进程不可阻挡，而且资本的活跃程度将大大增加，私营资本将成为报纸传媒中最活跃的力量。可以预计，在纸质媒体之后，包括广播电视和互联网络的市场化进程也将在一定范围内逐步深入,经营性文化产业的类型和比重将进一步增加。

市场给传媒的发展带来了活力,也引发了激烈的竞争。经过治散治滥后,2003 年中国仍有报纸 2119 种,其中全国性报纸就有 213 种,日报 506 种。期刊杂志 9074 种,全国电视频道有 2094 个,广播电台 282 座(2004 年)。还有包括数以万计的网络,2004 年 10 月互联网用户达到了 9000 万人。此外,2003 年手机短信增值服务市场规模已经超过 200 亿元,它们都在争夺有限的广告和受众市场。从广告来看,由于我国还处于市场经济建立的探索期,社会市场化程度不高,因此企业经济实力不强,广告投放能力有限,2003 年报纸、电视、广播、杂志和网络的广告营业总额只有 558.8 亿元。① 加之 2000 年 5 月国家税务总局出台了《企业所得税税前扣除办法》,规定从 2001 年起企业只能拿出销售额的 2% 做广告,超出部分不计入成本,这就使得广告资源更加匮乏。尤其是近年来,广告增速正在减缓。从 1992 年起的恢复性增长到 1997 年已经结束,1996 年与前一年同比增长 34%,但到了 2000 年,增速就降到了 14.57%,2001 年则更只有 11.54%。此后广告增幅逐年下降,以略高于 GDP 的速度增长。② 而与此同时,网络多媒体的迅速发展及其不可忽视的发展前景更加剧了本来就"白热化"的传媒市场竞争。传媒作为"最后一个暴利行业"(喻国明语)正被各方资本所觊觎,一旦政策允许,各种新的竞争力量都会加入进来。中国加入 WTO 以后相关承诺的逐步兑现(比如书报刊分销市场就已经开放),海外传媒和资本如新闻集团、时代华纳、迪斯尼等的试探性进入,更是绷紧了传媒决策者的神经。市场道路给传媒提供了在市场一展身手的发展机遇,同时也给它们带来了巨大的竞争压力。

竞争加剧和市场发育的不成熟引发了无序竞争,促使一些传媒滑向不择手段招徕受众的混乱状态。比如电视剧的"戏说风"、"滥情风"成为近几年来的荧屏痼疾。2002 年央视的观众调查表明,观众对电视剧的主要意见是:(1)部分电视剧情与现实不符,或过多描绘多角恋情;(2)目前历史题材

---

① 以上数据均来自孙正一、柳婷婷:《2004 中国新闻业回望》(上),《新闻记者》2004 年第 12 期。

② 参见宋建武:《2001 年中国广告业情况综述》,《中国新闻年鉴·2002》,中国新闻年鉴社 2002 年版,第 58 页。

的"戏说片"多以娱乐为主,忽略了历史的真实性。① 广播电视的无序竞争带来的消极后果,从国家广播电视电视总局的相关整治要求中可见一斑。2002 年 5 月 22 日,国家广播电视电视总局发布了《关于印发净化荧屏检查项目的通知》,确定当年为"净化荧屏年",对省、市两级电视台自 2001 年 7 月 1 日以来播出的节目进行检查。其中提出的重点检查项目包括谈话节目、娱乐节目、法制节目、竞猜节目、广告节目和电视剧。谈话节目的话题猎奇、嘉宾对别人进行贬低等情况都在审查之列。娱乐节目的模仿港台的语言风格、主持人低俗的插科打诨现象、调侃搞笑严肃话题的现象、戏弄和惩罚嘉宾、戏弄儿童、以儿童的天真取乐、语言粗俗、贬低他人言行、恶作剧式的胡闹、胡编乱造、男女有伤风雅的举止、身体裸露、性挑逗的画面等;法制节目的渲染暴力和血腥场面、热衷暴露社会问题和阴暗面、靠猎奇提高收视率,追求轰动效应、热衷炒作大案、要案,报道尚未结案的刑事案件,可能干扰侦破工作,对法院的判决妄加评议,不恰当地探讨未结案的案件,以所谓"纪实"将破案的全过程拍摄下来播出,暴露刑事侦察手段;黄金时段播出的古装剧、情感、婚恋为主题的电视剧等所占比例也都在审查之例,说明这些问题确实存在而且有一定的严重性。②

　　总的来说,市场使传媒的消费主义文化走向成为可能和必然;成熟的商业社会里传媒消费主义文化传播模式的兴盛,又给走向市场的我国传媒一个学习的榜样,从而使消费主义文化在我国的媒体中得以扩散开来。

　　(二)市场竞争与媒介文化的消费主义倾向

　　美国学者麦克马那斯提出了一个独特的市场新闻业理论模式,他认为,一个按照市场规律运作的媒介企业,必须在四个市场上争夺必需的资源,这四种资源分别是:投资者、新闻来源、广告商以及新闻消费者(受众)。③ 麦克马那斯通过对多家电视媒体的实证调查研究发现,媒体在围绕每一个市场展开的竞争中,市场驱动模式都会影响到其"重构事件真相"的努力。因为,"拥有者/投资者是媒介企业的根本,他/她们的指令和利润要求通过母

---

　　① 参见《中国广播电视年鉴·2003》,中国广播电视年鉴社 2003 年版,第 260 页。
　　② 参见上书,第 156—157 页。
　　③ 参见约翰·H.麦克马那斯:《市场新闻业:公民自行小心?》,新华出版社 2004 年版,第 48 页。

公司以及媒介企业的经营管理来实现;组织文化是媒介企业的导航灯,它将商业原则与新闻原则合二为一,指导着新闻部门的日常活动。因此,新闻并非如它的生产者所宣扬的乃是'真实的反映',而不过是一种商品,满足由一系列特殊兴趣所引起的市场需求。"①在市场驱动的新闻模式下,媒体"一切精心设计不是为了提供信息,而是为了提高销路;消费者从中得到的东西也许是他/她们想要(want)的,但并非他/她们需要(need)的"②。

正如胡正荣所指出的,我国的媒体企业多半属于国有或公有,因此不涉及投资市场的运作,从而避免了利润的渴望把新闻引向背离社会公共利益的不归之路。但是,他也认为,随着整个市场经济的推进,广告商的力量日益壮大,各种新闻来源(政府、企业、社会团体等)也开始有意识地对新闻媒介施加影响……同时,媒介集团上市的呼声也日益高涨,因此,"没有人能够否决一种利润主导的可能前景",因为"'资本化'的进程从未放慢自己的步伐"。③ 事实上,20 世纪 90 年代以来,市场化的中国传媒围绕着利润旋转的趋势越来越明显,对受众注意力的争夺使传媒一方面把传播内容的"可消费性"摆在了首位,同时也加强了对传播成本(包括经济成本和风险成本)的算计,从而使以尽可能小的成本吸引尽可能多的受众成了市场性传媒的普遍追求。

市场竞争的加剧引发传媒激烈竞争是必然的趋势。在媒体完全市场化的美国,媒体竞争甚至引发了电视台的"现金大战"。为吸引观众,增强内容的刺激性,北卡罗来纳州的 WSOC 电视台,在电视新闻的广告间隔中打出观众的名字和驾驶执照号码,观众若看到自己的名字和驾照号码出现在屏幕上,就可打电话到电视台获得一千美元。其对手 WBTV 不甘示弱,就用网球抽奖,如果网球上数字和观众的生日相同,第十三个打进电话的观众就可获得三千美元。后来奖金甚至攀升到五千、一万美元。更有甚者,1993年,NBC 甚至不惜造假,在新闻节目中说 1973 年到 1987 年间通用生产的货

---

① 约翰·H. 麦克马那斯:《市场新闻业:公民自行小心?》,新华出版社 2004 年版,第 63 页。

② 同上书,第 125 页。

③ 胡正荣:《导读:新闻业的市场转型及其效应》,载约翰·H. 麦克马那斯:《市场新闻业:公民自行小心?》,新华出版社 2004 年版,第 56 页。

车,时速 30 公里时相撞就会发生爆炸。他们为此制造了爆炸场面:事先灌满油箱,松开油盖,在货车下面引爆。尽管事后好几名记者、包括新闻部主任都因此丢掉了饭碗,但市场竞争引发的恶性竞争可见一斑。①

我国的媒体市场化程度和传统传播理念有所不同,故在传媒的消费主义方向上还没有像美国的媒体走得这么远。但是,因为媒体在传播实践中发现,风险小、成本低而且吸引力大的内容,以娱乐为首。情形正如何舟所言:"由于在报道面上的种种限制,中国新闻界无法报道许多能够吸引读者的新闻,例如重大政治、社会新闻。同时,由于中国新闻报道制度的严格分工,抢夺独家新闻几乎毫无意义。这两种情况使得中国新闻界只好在软性新闻中进行竞争,以争取读者,而在这种竞争中,新闻很容易偏向'煽情'和娱乐性内容。"②

因此,在市场理念的指导下,我国的媒体也开始把受众定位为"消费者",强调满足受众消费新闻信息的欲望。由于消费者决策的内在驱动力是对于快乐的追求,因此,这些媒体认为有价值的新闻应当最大限度地满足个体追求快乐的欲望。这样,对新闻价值的评判权完全交付给了作为消费者的受众,受众的喜好决定了对新闻的选择。在传媒自身的这种利润主导的消费主义倾向下,对受众的迎合也就不可避免。这种倾向下对受众感官快乐的迎合使媒体传播内容的消费主义色彩日益浓厚,正如有的学者指出的那样,一般来说,中国的媒体在新闻类节目中也会更多地突出社会责任,但在广告和娱乐等节目中却代之以纯粹的商业价值观,其倾向往往随着经济利益飘忽不定,常常使媒体社会责任成为商业利益的牺牲品。③ 比如历史题材剧中的"戏说历史",以娱乐性和游戏性的态度,迎合民间心理期待中对"明君"、"清官"的呼唤,因而不顾历史真实,如:把暴虐的秦始皇塑造成具有促进人类和平与博大胸怀的圣君;把弑兄夺权、狠毒狡诈的雍正皇帝描绘成恭承圣旨、合法登基、忧国忧民、鞠躬尽瘁、死而后已的伟大政治家;

---

① 以上事例出自马杰伟:《美国电视新闻的娱乐化倾向》,载汪琪编:《世界传播媒介白皮书 1995》,(台北)远流出版公司 1995 年版。

② 何舟:《商业化不利中国新闻自由》,载汪琪编:《世界传播媒介白皮书 1995》,(台北)远流出版公司 1995 年版,第 155 页。

③ 参见孙正一、柳婷婷:《2004 中国新闻业回望》(下),《新闻记者》2005 年第 1 期。

把祸国殃民的慈禧描绘成开明、温婉的统治者；等等。即使在历史上和暴虐帝王相比，表现稍好的"乾隆"、"康熙"等所谓"明君"，其功绩被极度夸大，而其劣迹则被有意隐藏。"康乾盛世"被描绘成反腐倡廉的典范。《康熙微服私访》、《铁齿铜牙纪晓岚》、《宰相刘罗锅》等一系列戏说、虚构的剧作，由"明君"而"清官"，迎合消费需求的倾向明显。① 戏说电视剧就这样因受众对民主和法制、对反腐败的期待置换成了对"明君"、"清官"的期待，成为一种对社会稳定有益而无害的宣泄，一种安慰受众的麻醉品。而《孝庄秘史》、《皇太子秘史》、《太祖秘史》……一系列秘史构成的"历史"、"野史"，则在竭力煽情中消费历史的影子，以迎合观众的窥视欲。这种以受众的心理需求为导向而任意打扮历史的倾向，与媒体负责任的态度是相冲突的，而且除了提供一种虚假宣泄性的满足，无益于任何问题的解决。此外，对新闻节目的娱乐性和刺激性的追求也开始出现，在这方面，媒体也开始学习西方，比如在新闻节目中穿插有奖竞猜。在我国赴阿富汗工人遭遇武装分子袭击后，东方卫视竟然在节目中播出字幕，让观众有奖竞猜袭击者身份。央视四套《今日关注》栏目在 2004 年 9 月 4 日的俄罗斯别斯兰人质事件的报道中，也滚动播出有奖竞猜人质死亡人数。如果不是当年 9 月下旬有关管理部门严令禁止，此类为商业效应不顾社会影响的行为还会增加。90 年代初开始，甚至出现以创作或杜撰来代替新闻题材，以"A 君 B 君"、"A 城 B 城"的方式，不顾新闻的真实性，欺骗读者；用不同的方式搞"有偿新闻"，混淆新闻与广告的界线；不顾社会效益，放弃报纸的宣传教育功能，不惜以低品位、低格调和粗制滥造的文字及图片坑害群众；少数报纸在出版秩序和报刊市场上严重违反国家法规、规章，甚至在政治问题和舆论导向上出现错误。此外，导演新闻、旧闻翻新、把事过境迁或当时没有拍到的新闻事件用"扮演"、"模拟"的方式重现，追求情节的离奇和搞笑，片面追求节目、报道的卖点和轰动效应，重"编"轻"采"，等等，都是市场竞争下媒介文化消费主义化的表现。

---

① 参见秦勇：《中国当下历史消费主义的出场》，《社会科学》2005 年第 7 期。

第二节 传媒消费主义文化转向

一、从"生产"到"消费"——媒介内容的重点转移

1978 年拨乱反正以后,党的工作重心转移到了经济建设上来,新闻工作的重点也相应发生转移。新闻工作被要求"从以宣传政治活动为主扭转到以宣传经济建设为主上来",新闻事业"要成为促进生产力发展的开路先锋"。① 正因为如此,全国在此后的几年里,经济建设的报道在数量上占了优势。② 1993 年公开发行的 2039 种报纸中,经济类报纸就有近千家,约占全国类报纸总数的一半。③

改革开放初到现在,我国媒体的发展趋势是数量越来越多(除报纸有过两次治散治滥而有轻度起伏外),内容越来越丰富,报道面越来越广,信息量越来越大。一方面,适应发展经济的需要,生产领域的相关报道也在增加;另一方面,随着市场经济的深入发展,到了 20 世纪 90 年代,市场各种产品已经由紧缺到供过于求。适应这种变化的需要,传媒关于消费的内容(包括广告)越来越多,其传播重点正逐渐从促进社会生产变为促进社会消费。

改革开放初我国的报纸基本上是党委机关报,到了 20 世纪 90 年代,已经形成了以党报为主体,包括都市报、晚报、专业报和各种生活服务类报纸在内的,兼有政治、文化、科技、生活服务等各方面内容的多结构、多层次、多品种的报业体系。早在 1986 年,原来几乎一统天下的党委机关报的数量已经只占全国报纸的 15.97%,1986 年报纸发展的首要特点是经济报道占据报纸的重要地位,也开始提出要适当办一些生活类报纸。④ 此后生活服务

---

① 参见安岗:《新闻事业的春天》,载《中国新闻年鉴·1982》,中国社会科学出版社 1982 年版。

② 参见上书,第 22 页。

③ 参见徐耀魁:《1993 年中国新闻事业发展综述》,《中国新闻年鉴·1994》,中国社会科学出版社 1994 年版,第 9 页。

④ 参见贾培信:《1986 年我国报纸事业发展概况》,《中国新闻年鉴·1987》,中国社会科学出版社 1987 年版,第 4 页。

类和经济类报纸逐年增加。到了 90 年代中期,报纸在扩大"信息量"和"报道面"的旗帜下多次扩版,由原来全国一律的四版,增加到八版或更多,而新增的版面内容几乎全部集中于消费生活而不是生产,比如突出"娱乐"、"服务"和"特色"。甚至党委机关报为适应市场竞争的需要出版发行的辅助性小报、刊物、文摘报、周末版或周末报,基本上都是服务于受众的日常休闲和消费生活而不是生产。比如《羊城晚报》在 2003 年的改版也是周六压缩新闻版,从文化、娱乐、消费等方面打开周末版市场,其中娱乐版 4 个,"花地"和"晚会"两个副刊版面从 4 个变为 8 个。

2001 年,我国的期刊已经达到 8889 种,这些期刊除了其中的 545 种文学艺术类和 141 种少儿类期刊,大多是情感、家庭、婚姻类和生活服务类,服务于人们的消遣和日常生活消费,并且这类期刊还正呈现继续增长的势头,20 世纪 90 年代后期以来迅速增长的时尚生活类杂志(包括国际版权合作的和随后产生的本土生活类杂志)在大城市的登陆就是明证。

1986 年,电视覆盖率第一次超过广播,分别为广播的 70.2%,电视的 71.4%。[①] 由此电视在人们生活中的影响持续增加,到 20 世纪末已经成为我国的强势媒体。电视以其多媒体的形式拥有广告商品推销的特殊便利,因而被人们称为"商品销售的仓库"。如今,从整体上说,电视仍然是最受青睐的广告载体,从传统广告到近年出现的以新闻形式出现的"软广告",再到如今常见于荧屏的电视购物节目,各电视台的广告形式日益丰富,广告时段和时长常有违规突破法律法规底线的时候。此外,电视以其视觉感染力优势,在明星报道、电视剧等节目形式与消费观念形成、消费生活示范之间建立了最为有效的联系,从而成为消费主义传播的最佳载体。而电视明星报道的娱乐化,形象塑造的消费偶像化而非生产偶像的主要特征,以及大量电视剧以现代都市生活为背景的形象展示,均为消费梦想的萌生提供了适合的土壤。

20 世纪 50—70 年代,在电视还不是最强势的媒体的时候,广播在新闻报道方面因其比报纸杂志强得多的时效性曾经独领风骚,到了 80 年代,电

---

① 参见陈海峰:《1986 年我国农村广播电视事业发展概况》,《中国新闻年鉴·1987》,中国社会科学出版社 1987 年版,第6—7 页。

视发展起来以后,它的实时性和声画并茂使广播新闻传播的优势不再明显,适应变化了的媒体形势,广播把传播重点由新闻转向了信息服务,各种专业频道如经济频道、音乐频道、交通频道广泛创办,在生活服务和日常休闲方面开拓了自己的生存空间,因而在90年代中后期的短暂低迷之后迎来了新的春天,以消费和生活服务为主的广播呈现难得的上升趋势。

如果要仔细从媒体发展的一些阶段性进程中体现传播重点由生产向消费的转移,电视就是典型的个案。1986年元旦起,中央电视台开办第三套节目,以社会教育为主,兼播文艺、体育节目,三套节目平均播出时间28小时,此后各电视台都开始多样化办台的历程。这一时期开始到90年代初,甚至直到现在,一方面,在党的宣传路线的指导下,关于生产领域的宣传报道从未间断,比如1986年央视就选播了大批英雄模范人物的讲话和报告,包括介绍模范售票员王桂荣的"她像一棵小草";来自凉山前线的报告"理解万岁";体育战线的"拼搏之歌"报告会;中宣部等组织的"为了实现共同理想"报告会等。也包括影响大的专栏节目如"温州之路"介绍农民发展农村商品经济的经验。另一方面,对人们日常生活消遣和文化消费的需求也开始有所回应,如当年央视联合社会力量成功地举办了一些竞赛性节目,像面向青年的"蒲公英"电视公开赛、第二届全国青年歌手大奖赛,还有电视短剧、小品展播和喜剧展播都开始面向受众的文化消费需求。当年还播出电视剧493部,电视剧创作向注重艺术质量的方向发展,题材风格变得多样化,代表作有《新星》、《寻找回来的世界》、《诸葛亮》、《西游记》、《甄三》、《雪野》等。[①] 而在1979年以前,电视台除办有新闻和少量社会教育节目外,节目的主要来源是电影和社会上上演的各种文艺节目及体育比赛,而且数量少得可怜,内容也以为生产鼓劲为主。针对这种情况,中央广播事业局于当年6月召开第一次电视节目会议,提出大力发展自办节目的口号,到1981年前后,自办节目已占总播出量的80%以上。[②] 1981年央视办了25个定期和不定期的专题节目栏目,有《新闻联播》、《祖国各地》、《世界各

---

① 参见穆晓方:《1986年中央电视台发展概况》,《中国新闻年鉴·1987》,中国社会科学出版社1987年版,第9页。

② 参见上书,第23页。

地》、《世界见闻》、《外国文艺》、《文化生活》、《科学与技术》、《卫生与健康》、《为您服务》、《文学宝库》、《少儿节目》、《学科学》、《小试验》、《春芽》、《体育之窗》、《观察与思考》、《电视台的客人》、《交流》、《中学生智力测验》、《人民子弟兵》、《戏曲常识》等。这些节目,有的是发布新闻,传达政令,宣传党的路线、方针、政策,报道国内外重大事件和人们关心的问题;有的是反映祖国的新貌和世界一些国家的概况以及先进的科学技术;有的是专门对少年儿童进行启蒙教育的知识性、趣味性节目;有的则是反映了我国物质文明和精神文明建设的成就,同时对社会上存在的不正之风、坏人坏事和不良倾向开展电视评论。可以看出,这些节目的突出作用表现在政治宣传、经济建设和知识教育等方面。1981年体育节目对电视观众产生了很大的影响,实况转播了83场赛事。其中卫星实况转播和录播38场,包括世界杯女子排球锦标赛、亚太区世界杯足球预选赛、北京国际马拉松赛等赛事,社会反响很大,但它也是重在"激发民族自豪感和爱国热情",是出于"宣传体育"、"普及体育"的目的。① 1980年全国播出电视剧103部,1981年央视就播出118部,但其特点是"有时代气息和社会意义,人物真实可信,格调健康、富有艺术感染力"。② 代表作品及其特色非常有时代特点,如反映人们高尚情操、心灵美的《凡人小事》、《新岸》、《大地的深情》、《山道弯弯》、《矿工新曲》、《水乡一家人》等;反映党的干部形象的《你是共产党员吗》、《老兵》;反映儿童生活成长的《宁宁》、《责任》、《爸爸妈妈和孩子》、《我们都是好朋友》等;反映农村在三中全会后巨大变化的《一千八》、《小院恩仇》、《宝山》等,而且这些都是"以真人真事为基础,以报告文学式的手法,在电视屏幕上艺术地再现英雄模范人物的先进事迹和崇高品质",此外还有的是反映民族团结、军民关系、青年人如何对待恋爱、老人和家庭等电视剧。可以看出,此时的电视剧尽管题材比以前要广泛,也开始注重艺术性,还增加了点人情味,但其基本主旨还是很明确的,那就是宣传和教育,强调与纪录片相似的反映现实生活的功能。1982年的电视剧中塑造的引起社

---

① 参见穆晓方:《1986年中央电视台发展概况》,《中国新闻年鉴·1987》,中国社会科学出版社1987年版,第24页。

② 同上。

会强烈反响的人物形象,其共同特点是时代气息浓厚,人物的思想行为都促使人们去思考。如《新岸》中的刘艳华、高元刚,《山道弯弯》中的金竹、二猛,《老兵》中的老战,《萤火虫》中的刘宁,《能媳妇》中的李淑霞,《水乡一家人》中的二媳妇等。① 1981年央视录制各种类型的文艺节目168台,译制英国电视连续剧《卡斯特桥市长》7集、《达尔文》7集、《老古玩店》9集、《安娜·卡列尼娜》10集,法国电视剧《彼埃特》、法国儿童故事片《白鬃烈马》和《红气球》,巴基斯坦电视剧《古拉杜安》,印度故事片《阿南德》,南斯拉夫电视连续剧《在黑名单上的人》12集。1978年6月至1981年年底,和国外电视机构合作拍片《丝绸之路》、《鉴真大师像回国探亲》、《长江》、《中国人》,可以看得出重点是历史和文化。而到了90年代以后,媒体传播的文化消费性特征明显多了,就拿电视剧来说,首先是数量大增,比如2002年国产电视剧生产共119部2757集,引进剧(含动画片)266部2183集;合拍剧15部432集。② 其次,90年代以来电视剧热播的主要是古装剧(主要包括宫廷剧、历史剧和武侠剧)和情感偶像剧(也可细分为情感剧和偶像剧)。古装剧首当其冲,数不胜数,如《武则天》、《一代皇后大玉儿》、《孝庄秘史》、《太平公主》、《怀玉公主》、《汉武大帝》、《雍正王朝》、《康熙王朝》、《铁齿铜牙纪晓岚》、《末代皇妃》、《一帝幽梦》、《金粉世家》、《橘子红了》、《鹿鼎记》、《七剑下天山》、《射雕英雄传》、《天龙八部》、《萍踪侠影》、《雪山飞狐》、《书剑恩仇录》、《绝代双娇》等。这些电视剧都场面宏大、画面讲究、视觉冲击力强;色彩华丽、服饰华美;演员阵容强大;情节跌宕;内容上都有男女恋情作为重要内容甚至主要线索。各类情感偶像剧不管是内地的、港台的还是韩日的,在收视率上都有不俗的表现,比如《半生缘》、《欲望》、《情深深雨濛濛》、《中国式离婚》、《水晶之恋》、《粉红女郎》、《流星花园》、《男才女貌》、《都是天使惹的祸》、《十八岁的天空》、《白领公寓》等,这些电视剧的内容基本上都是消费性的而不是生产性的,其基本社会功能指向明显不是宣传教育和指导,而更多地停留于消遣娱乐。

① 参见张华山:《新兴的中国电视事业》,《中国新闻年鉴·1982》,中国社会科学出版社1982年版,第24页。
② 参见《中国广播电视年鉴·2003》,中国广播电视年鉴2003年版,第38页。

20世纪90年代以来,一方面关于消费和生活方式方面的内容有日益增加的趋势,表现在它们所占的媒体版面和时段越来越多;另一方面适应广告商的需要和对内容"可消费性"的追求,这类内容的传播重点也在发生改变。市场化传媒的四大主体内容即新闻报道、娱乐、信息服务和广告的传播着眼点都在发生重大变化:广告由商品信息的提供变得越来越多地进行商品与特定文化象征意义的建构,以诱导身份消费、个性消费等消费表达方式;新闻报道由监测社会环境、提供决策信息的功能关注转为更注重内容与形式的吸引力,其作用越来越接近软性娱乐消遣;比重日益扩张的传媒娱乐也正从最初的对日常生产生活的调剂、对文化生活的丰富和健康情趣的培养等转为朝着感官快乐生产的方向倾斜;为受众的日常生活提供的服务性信息正转向对受众消费生活方式的诱导,使之服从于商品生产者的要求。媒介传播内容的这些变化,体现出的正是典型的消费主义文化特征。

上文已经谈到,中国历来占主导地位的消费伦理是崇尚节约简朴而反对奢侈浪费的,而现在,事实证明,以炫耀性消费、超前消费、奢侈消费等"身份消费"、"符号消费"特征明显的消费主义价值观已经在中国扩散。这种变化源于何处? 文化人类学告诉我们,我们如何思考、如何行事,与我们对环境的感知直接相关。而我们对环境的感知,首先来自于家庭,其次来自于社会。我们无法摆脱家庭的影响,那是因为,家庭是我们成长的最初环境,而社会则是我们生活的外围环境。这个环境有多大,我们对它的感知程度和感知状态如何,首先取决于我们的社会生活接触面。然而,活动能力再强、活动范围再大的人,相对这丰富的社会和纷繁的人生,他的阅历也是极为有限的。世界太大,生活太复杂,远远超出个人凡事亲历亲为的能力。而信息社会里发达的媒体资讯,为我们深入了解和接触更广阔的世界提供了最好的帮手。因此,在资讯发达的信息时代,我们对社会这个外围环境的了解和感知,更多的是依赖当代大众传播媒体。大众传播媒体给我们提供了李普曼当年所描述的"拟态环境",我们在很大程度上生活在媒体世界里。这个媒体世界是现实世界的影子,它大体反映了现实世界的本来面目,却又并不等同于真实的世界。它只是"穴居人"身后那团火的光影——一个变了形的影子。

现在,这个媒体世界中更多的画面是人们在怎样生活着、消费着,而不是在怎样生产着,它告诉人们更多的是消费对于人的意义和重要性,而不是生产对于人生和社会的重要。浸染于这个媒体世界的人,无形中会知道财富对于人生的重要性,因为财富是自由消费的前提;人们同样从媒体中感知消费对人的重要性,因为人生的意义和价值正被消费时所体现的身份尊荣和自由快感所度量;媒体还在让人们感觉创造和积累财富不是最终的目的,消费才是目的,因为人生短暂、及时行乐是媒体世界所表达的思想。在笔者就此书的写作展开的抽样调查中,89%的调查对象(大学生)认为大众传媒对消费主义和消费理性主义、享乐主义和禁欲主义、利己主义和利他主义、个人主义和集体主义以及物质至上与精神至上这几组对立的价值观和生活方式,宣扬得更多的是前者,而且大多认为在他们的媒介接触经验中,媒体对消费观念的态度主要是鼓励消费和诱导消费而不是节制消费和倡导理性消费,并且认为媒体对超前消费、炫耀性消费和奢侈消费没有多少反对,甚至是提倡和诱导。重要的是,他们认为媒体倡导的消费观念肯定会影响受众,并且影响比较大。北京广播学院市场信息研究所(IMI)于1995年在北京和上海针对市民的消费行为和生活方式展开的问卷调查也表明,从总体来看,媒介接触与消费价值观存在统计意义上的显著关系。[①] 由此可见,媒体对消费生活的重视和关注确实影响了消费主义价值观的确立。这种影响与其说是劝服和诱导,不如说更是一种耳濡目染、潜移默化的"涵化"作用,使身处其中的人深切感知消费的无处不在和它与认同、身份、地位、成功等因素的关联,以及它对于人生的意义和重要性,从而促使人把消费作为人生的目的和生活的主要内容。

二、从"生产英雄"到"消费偶像"——媒介主体形象转换

　　与媒介传播的内容重点从"生产方式报道"到"生活方式报道"相适应,媒介传播的主体人物形象也从"生产英雄"过渡到了"消费偶像"。本书所指的媒介主体形象是媒介中最常见的、重点报道的,同时也给予受众更多印象的形象。

---

　　① 参见潘忠党、魏然:《大众传媒的内容丰富之后——传媒与价值观念之关系的实证研究》,《新闻与传播研究》1997年第4期。

　　媒介主体形象的这种变迁是一种世界性的媒体文化现象。洛文塔尔就曾经专门讨论过美国社会大众偶像的历史变迁及其相应的大众价值观念的变化。他对美国20世纪流行杂志中的人物传记进行的抽样调查与历史比较发现:20世纪初期的20年中,传记主人公绝大多数是生产偶像,他们来源于生产性的生活领域,如工业界与自然科学界,40年代后期则开始转向"消费偶像",主要是娱乐界人士,比如演艺界明星和体育明星。洛文塔尔认为,这个过程表明,在40年代的美国,消费已经取代生产成为人们日常生活兴趣的中心,也表明物质消费取代精神生活、追求享乐与舒适取代劳动与创业成为人的生活目标。①

　　20世纪90年代以来的我国媒介主体形象也是各类"消费偶像",首先是各种明星,尤其是文娱体育明星。其次是各类名人,包括政治名人和其他各领域的名流、与偶然发生的事件或重大事件相关的人物如登上"神舟六号"的宇航员费俊龙和聂海胜,因为与名人明星有着特殊关系而引起媒体关注的"类名流"如名人明星的情侣、情人或配偶等,以及各类与传统价值相悖甚至违法犯罪的"反英雄"如抢劫杀人犯罪集团头目张君等人。

　　之所以说媒介主体形象从"生产英雄"变成了"消费偶像",除了上面所说的明星等"消费偶像"在媒体的出现频率及其对受众的影响超过"生产英雄"之外,更重要的是这些人物形象塑造的目的诉求和实际影响力实现了从"生产"到"消费"的转变。目的诉求的转变表现为媒体生产这些形象主要是供受众消费的,因此媒体形象塑造的重点是如何使这些形象更具"可消费性",即引人关注和观看,而不是引导和教化的目的,不是出于对促进社会生产和人的道德发展等方面的关注,形象的主要功能也就相应地从"可资教化"变为了"可供消遣"。

　　媒体形象塑造的实际影响力从"生产"到"消费"的转变,指的是媒体生产出来的这些形象的客观作用是促进消费而不是促进生产。因为,一方面,如前所说,20世纪90年代以来媒介主体形象更多的是消费特征而不是生产特征更明显的人物形象,因为各种明星、名人等,其主体特征是消费的而不是生产的,其身份符号更多的是一个"消费者"而不是"生产者";另一方

---

　　①　参见黄芹:《洛文塔尔的消费偶像观》,《国外社会科学》1998年第1期。

面,对这些形象的塑造和描写,市场化媒体关注得更多的是形象的消费性特征而不是其生产性特征,形象的主要意义负载也就从"承载价值"过渡到了"娱乐消遣"或"生活示范";媒体形象塑造的基本目标也由"生产意义"变成了"刺激消费",针对他们的报道更多的是注重形象的"吸引力"而不是他们的"感化力"。这一点首先体现在文体明星形象的塑造上。文体明星在媒体的主要角色定位是消费性而不是生产性的角色,媒体对他们的塑造,重点关注的不是他们生产了什么,如何生产,生产中的艰辛与奋斗,而是他们如何生活,关注他们的衣食住行以及社会交往,等等,他们在媒体中的角色更多的是消费的而不是生产的。可以说,他们是作为消费偶像而被媒体推给社会大众的,从他们身上,更多的不是道德启示和人生目标等方面的教化,而是值得羡慕和引起效仿的生活样本、消费示范。

　　往深处看,从"生产英雄"到"消费偶像",体现了媒介对人的基本态度与价值取舍的变化。在"生产英雄"唱主角的时代,媒介强调的是人的社会性,重视的是个人的社会价值,它促进的是集体主义、集体英雄主义的价值观。对人的社会性的充分(很多时候是过度)开发,是媒介的基本做法。通过对雷锋、王进喜之类的"生产英雄"的充分宣传,通过对他们身上承载的舍己为人、奉献社会等种种社会意义的开掘与宣传,媒介利用这些人很好地突出了个人的社会价值,从而实现了媒介的社会动员、社会整合功能。而在"消费偶像"独领风骚的时代,偶像是高度个人化的偶像。如前所述,媒介对这些"消费偶像"的描述中,更多的是表现偶像的个人价值实现,从各类明星偶像个人到"超级女声"等造星运动,传诵的主调是"一举成名天下知"的个人价值实现,因而"消费偶像"时代强调的是个人价值的自我实现。它是立足自我而非立足社会的,促进的是个人主义、个人英雄主义的价值观。从过去意义上的英雄时代走到今天的"后英雄时代",就是从"无我"的"生产英雄"时代过渡到自我中心的"消费偶像"时代,不能不说是媒介文化乃至社会文化的一大转向。更有甚者,媒介偶像甚至还走进了"反英雄时代",前文所述"张君案"的实例,实为哗众取宠的"反英雄"调子的一种表现,对于社会价值观念的混乱难辞其咎。我们不能否认"生产英雄"时代媒介出于社会动员和社会整合的意识形态需要对人的社会性的过度开发,不能忽视其中专制文化的痕迹,但也并不能因此对"消费偶像"的遍地开花大唱赞歌,因为无论是对人的社会价值的过度开发,还是对人的个人价值和自我实现的过分渲染,对社会都是不利的,是从一个极端走向了另一个极端。也许正确的态度应该是:当人变成"神"的时候,我们要适当找回他的人性;而当人完全只有自己的时候,我们又需要回到适当地还人崇高的一面。其中的尺度很难把握,但永远值得我们去探索其中的艰难平衡。

三、从"宣教"到"娱乐"——媒介功能变化

宣传教育和娱乐一直同为我国媒体固有的功能之一,正如有的学者所说:"大众传播媒介的主要社会功能,是提供新闻和娱乐。"这位学者说,大学新闻系或大众传播系的教科书,会东抓西补,说大众传播媒介对个人和社会,有三种、四种、五种功能。但他认为这都不重要,重要的是:新闻和娱乐这两种"类型"却是大众文化的基本元素,它们决定了大众文化事业运作的"文法"。然而,这位学者问道:新闻什么时候变成了大众文化的一部分,与娱乐分庭抗礼? 这就对目前的新闻娱乐化现象提出了质疑。这位学者说,其实新闻本来是很严肃的东西,它相当于客观,几乎等于真理。翻开新闻史,可以知道许许多多的新闻工作者为新闻卖命,不亚于一个人为它所笃信的真理卖命一样。他认为若说新闻这东西不会激发从业人员真理般的热情,是绝难教人相信的。新闻事业这一行的"文法",就在历史长河的冲刷之下,逐渐成型。然而,"电视的出现,改变了新闻文法。是电视的'演艺'性格,使得新闻看起来更像演艺事业。"在这位学者看来,电视新闻主播看起来就像演艺事业明星,而新闻题材一波接着一波,就像高潮迭起的章回小说。"在以电视为主导的大众文化洪流里,新闻就是娱乐,娱乐就是新闻。"①从新中国成立以来媒体发展的历史轨迹,也可以清楚地看到我国媒体的娱乐化倾向,娱乐走强、新闻软化,媒体的宣教功能由强到弱、娱乐功能由弱渐强,并最终压过一度占优势地位的宣教功能(前文中的相关调查结论已经说明,对受众来说,至少电视的首要功能已经从获取新闻信息变成了娱乐消遣)。

---

①　以上引述皆出自 Arthur Asa Berger:《媒介分析方法》,黄新生译,(台北)远流出版公司 1994 年版,陈世敏序。

应该说,基于党对媒体的"喉舌"定位,我国媒体对宣传教育方面功能的注重从来没有停止过。党和政府要求媒介配合中心工作,宣传其方针、路线、政策,已经成为一种历史传统。但是,近些年来,在市场化媒体中,与迅猛增长的娱乐新闻和消遣性社会新闻相比,这类内容从篇幅、时段到传播效果都不及娱乐消遣性内容。拿报纸来说,目前,国内报纸娱乐新闻版数量繁多,以晚报为例,全国148家晚报(不包括台湾省),除《南昌晚报》、《锦州晚报》等极少数外,都有专门的娱乐新闻版;像《北京晚报》、《大连晚报》、《齐鲁晚报》、《沈阳晚报》等,其娱乐新闻都在两个版以上,且大多为彩版。相对来说,中央及各省(自治区)、市(直辖市)机关报开辟娱乐新闻版的较少,但广东还是个例外,以《南方日报》、《羊城晚报》、《广州日报》、《深圳特区报》为代表的几乎所有综合性报纸都辟有娱乐新闻版,娱乐新闻已经成为当地报纸新闻竞争的一个不可或缺的筹码。①

此外,与20世纪90年代以前的对宣传教育的过分重视不同,现在娱乐已经取得了它的合法性地位,人们不再把传媒的宣传教育和娱乐功能对立开来,重宣教轻娱乐,而是对传媒的娱乐提出了更多的要求。比如对电视来说,90年代中期的调查表明:资讯是受众观看电视的第一需求,因而新闻节目拥有最大的受众群;而90年代末的调查则显示,娱乐已经成为受众观看电视的第一需求。② 然而,改革开放后的较长一段时间,由于市场经济还没有真正确立,我国的媒体依然把自己定位为简单的宣传工具,从下面一则汇报材料中可见一斑:"四川省江津县电视台除了按时转播中央电视台、四川电视台、重庆电视台的节目外,结合当地实际,反复播出《曲啸电视录像讲话》和《自卫反击战英模报告》,受到观众热烈欢迎,县委、县政府也十分满意。在社会上刮香港片、武打片那阵风时,不少观众要求播放《上海滩》,江津县电视台硬着头皮顶住了。"③而到了90年代,尤其是邓小平南方谈话之后,媒体在完成"规定动作"的同时,更多地把重点转向了娱乐消遣和生活

---

① 参见孙朝方:《〈羊城晚报〉娱乐新闻初探》,广西大学2001年优秀硕士论文。
② 参见张冬林:《优化传播理念,增强社会新闻效果》,载《中国广播电视年·鉴2003》,中国广播电视年鉴社2003年版,第327—328页。
③ 陈玉清:《1986年我国地方广播事业发展概况》,《中国新闻年鉴·1986》,中国社会科学出版社1986年版,第6页。

服务,以取悦受众,获得经济收益。对前文所说的成本低、风险小、效益高的娱乐内容的重视使媒体长期受到压抑的娱乐功能爆发出来,在不成熟的市场的无序竞争下,甚至导致了低俗化、庸俗化、文化品位下降等问题,从而招致来自社会各方面的批评,也因此引起了国家相关部门的重视。比如,2002年以来,针对电视剧创作和生产中清宫戏、帝王戏过多,婚外情、多角恋过滥,"豪华风"、"煽情风"、"戏说风"以及美化封建大家庭等问题,国家广电总局建立了一套宣传管理制度对此进行整治,比如限制这类节目的生产和播放比例,加强对其内容的审定等。

　　20 世纪 90 年代以来我国媒体娱乐内容比重的持续增加以及娱乐媒体的兴盛是有目共睹的。进入 90 年代以来,作为电视娱乐的主要内容,我国的电视剧产量逐年猛增,1993 年尚不到 5000 集,1994 年超过 6000 集,1995年接近 8000 集,到 1996 年已经接近 10000 集。① 2003 年,作为电视业老大的 CCTV - 1 的改版,主要特征之一就是增加了娱乐板块的份额。它不仅增加了电视剧的播出时间,而且从 CCTV - 2 和 CCTV - 3 引进了几个娱乐性很强的栏目如《幸运52》、《开心词典》和《艺术人生》等。2003 年 8 月举行的中国广播影视博览会,与以往的历次会展相比,突出的特点是娱乐节目大增,已超过 100 个栏目,出品娱乐节目的民营机构就近 20 家,这说明全国性娱乐资讯节目制作已经进入爆发期。② 同年,京城娱乐周刊的增生势如雨后春笋:《中国广播影视报·明星》、《欢乐城市周刊》相继出现;北京娱乐信报社的娱乐周刊《戏剧电影周刊》全新亮相;《中国电视报》将自己的国际版改造成《娱乐周刊》……足见传媒对娱乐的青睐。

　　传媒娱乐的加强不仅仅指娱乐内容所占的比重越来越大,而且也是指"娱乐"因子对一切节目形态的渗透。如今,新闻、信息与娱乐界限正变得模糊,"新闻娱乐化"的主要表现:硬新闻的减少和软化,已经是有目共睹的事实。"被大部分人认定为是新闻的东西存在于大众娱乐节目之中——黄金时段的电视杂志,电视和广播的谈话节目,名人杂志,网上的闲话网站和

---

① 参见郑彩:《当代中国肥皂剧的文化研究》,湖南师范大学 2003 年度优秀硕士论文,第 14 页。

② 参见张小争:《娱乐还是宣教,中国传媒业改革与发展的突破》,新浪网,2003 年 8 月28 日。

聊天室——这是一个将事实、传闻、意见甚至小说等混在一起的地方。"①这话用在当今中国的媒体上也基本符合事实。比如如今的电视,不仅综艺"娱乐",谈话"娱乐",体育"娱乐",甚至新闻节目、纪录片也要"娱乐"。江苏电视台城市频道出的一档影响较大的晚间新闻纪实栏目:《南京零距离》,在凤凰卫视《纵横中国》总策划王鲁湘看来,也只是电视娱乐化倾向在新闻节目中的变种,是在受众对电视娱乐节目产生审美疲劳后,在新闻的旗帜下所进行的一次娱乐改良。② 与此类似的新闻节目还很多,比如湖南卫视广受赞誉的创新新闻栏目《乡村发现》和《晚间新闻》,其部分节目也有与此类似的地方。它们的选择标准更多的不是新闻本身的重要性和显著性,而是接近性和趣味性甚至反常和离奇的因素,强调新闻的消遣娱乐功能而不是实际指导意义和教育价值。电视剧"戏说热"也是泛娱乐化的一种表现。而在新闻节目中也出现了这种"戏说"的倾向,这种"戏说"表现在题材上就是选取奇闻趣事。表现在风格上主要是以一种轻松乃至调侃的态度看待周围世界发生的事件,不管是大事还是小情;表现在包装上则是镜头的夸张、音乐的跳跃、时空的错位等。③ 在这种背景下,各类新闻节目正把娱乐价值开掘到极致,如凤凰卫视的《有报天天读》,就是娱乐性很强的新闻节目。它是"信息与娱乐的合成",呈现出明显的媒介娱乐化和文化娱乐化倾向。这类节目努力通过各种手法、手段来强化媒介内容的"可售性",如捕捉或营造新闻卖点,在文本形式上作重大变革,节目采取灵活多样的叙述手法,以口语、俗语陈述新闻故事,等等,力图凸显媒介的感人魅力,以良好的心理效应唤起观众的收视行为,《锵锵三人行》和《时事开讲》等也是与此类似的节目形式。有鉴于如此种种,有人宣称,我们已经进入传媒娱乐的时代,"娱乐功能是大众传媒多种功能中最为显露的一种功能"。④ 对此,有人批评说,新闻,作为记录,它是历史的第一页草稿,它的价值不仅体现为对当

---

① 伦纳德·小唐尼、罗伯特·G.凯泽:《美国人和他们的新闻》,党生翠、金梅、郭青译,中信出版社、辽宁教育出版社2003年版,第31页。

② 参见李良荣:《媒介研究的进路》,新华出版社2004年版,第87页。

③ 参见张冬林:《优化传播理念,增强社会新闻效果》,载《中国广播电视年鉴·2003》,中国广播电视年鉴社2003年版,第327—328页。

④ 徐列:《文化还是娱乐,新闻报道的一个问题》,《采写编》2003年第2期。

下现实的关注,更表现为对现实中有价值的东西的记录。因此,文化自然应该成为它倾心打造的一块重地。但是,在市场化的今天,媒体作为一种特殊的商品正越来越多地被受众的口味所钳制,那些在可读性上具有先天优势的事件新闻和娱乐新闻占据着报纸的重要版面,而具有真正价值的文化新闻则被人们冷落了。在市场经济的初始阶段,夺取最大份额的市场空间是获取最大份额的广告空间的前提条件。而媒体报道的市场定位和读者定位也确立了他们对信息的取舍,走大众路线的偏重娱乐事件和明星人物的道路也就再正常不过了。①

　　传媒娱乐功能的凸显有其必然性。面对生活和工作的压力,唯有带来轻松和快乐体验的娱乐才能使人身心放松,这关系到人的再生产的问题,所以出现媒介娱乐化的趋势是必然的。此外,近年来电视诸多频道的同质化竞争反而使注意力稀缺,在激烈竞争的形势下,滑向更容易吸引人的娱乐也是一种必然。尤其值得指出的是,正如前文所说的,纯新闻道路的艰难更使传媒倾向于赢利的消费主义模式而不是新闻专业主义的赢利模式。因为无论是社会新闻还是时政新闻,一旦深入下去,就很容易触及宣传底线,就社会新闻而言,不管是批评还是揭露,其结果多是与事件本身的利害关系人发生纠葛,产生摩擦,严重的还会引发民事诉讼。时政新闻则更难深入,这一点前文中已有分析,在此不赘述。这就使传媒走通俗娱乐路线成为必然。这些消费主义特征明显的通俗娱乐,都是致力于受众的一次性消遣而不是精神超越和美学提升以及文化熏陶。以电视为例,除了《同一首歌》、《流金岁月》、《探索·发现》等相对具有较高品位的艺术娱乐外,不管是以湖南卫视的《快乐大本营》、《玫瑰之约》、《音乐不断》、《超级女声》等节目为代表的互动娱乐,还是以安徽卫视的《剧风行动》(包容了电视剧内容的综艺推介、电视剧的制作花絮、影视剧明星的星光大道与背后故事、影视剧歌曲、明星梦想、明星逸事等众多综艺元素并打造公众参与的娱乐栏目)为代表的所谓"电视剧的深度娱乐",以及东方卫视的《莱卡我型我 SHOW》为代表的都市化的时尚娱乐和旅游卫视为代表的白领化的休闲娱乐,更多的都是致力于受众的日常生活消遣,而且以节目的吸引力而不是品位为第一追求,是

---

① 　参见徐列:《文化还是娱乐,新闻报道的一个问题》,《采写编》2003 年第 2 期。

消费主义特征明显的电视娱乐节目。

消费主义的价值观念看重物欲的满足和感官的享乐。在这种价值观的指导下,媒介文化所提供的感官刺激适应了欲望宣泄的需要,也进一步激发了人们潜在的欲望。消费主义化的媒体在拜金主义的影响下,在"可消费性"的指挥棒下迎合市场,在娱乐化道路上越走越远,其对感官享乐的迎合使媒体在娱乐化道路上的低俗化和非道德化倾向十分明显。全球消费主义意识形态浸染下的中国市场化传媒正越来越倾向于把自己变成娱乐消遣的工具。色情、凶杀、暴力、吸毒等新闻,畸形婚恋、低俗甚至淫秽话题等"好卖的"东西越来越多地在媒体出现,网络社会新闻的"星、腥、性"特征相当明显。这些现象在市民类报纸、街头小报和杂志、网络上尤其突出,并有加剧的趋势。这一趋势类似于 20 世纪 20—30 年代美国黄色新闻泛滥的状况。值得注意的是,媒体对以上消极现象的批判和思考越来越少,而且有把它们正常化甚至美化的趋势。典型的表现是对于名人明星三角或多角恋、嗑药、露点等新闻的报道,少有善恶是非的评判和道德的审视。还有近几年流行于各市民报纸的所谓"情感专栏",经常登载一些真真假假的"情感故事",这些故事不少涉及"一夜情"、婚外恋或多角恋。而在对它们的叙述中,从场景到故事情节描绘都有把出格的感情故事甚至赤裸裸的欲望美化和浪漫化的倾向,道德评价和人伦是非多隐而不言。媒体这种对感官刺激的迎合和对欲望的渲染美化,正使它蜕变为感官快乐的生产者,离理性的社会思考越来越远。

四、从"文字"到"形象"——媒介符号重心转移

20 世纪 80 年代以来,世界范围内媒介文化的一个显著变化就是视觉形象(包括图像和活动影像)在媒介内容表达和受众吸引中起着越来越重要的作用。90 年代以来,我国印刷媒体的图像比重越来越大,而以视觉形象见长的电视也已经取代报纸和广播成为社会的强势媒体,这表明形象已经取代文字成为媒介传播的强势符号,实现了媒介文化的视觉转向。

媒介符号重心的转移具体体现在视觉媒体的兴盛、媒体对视觉图像的重视和传媒视觉技术的发展上。视觉媒体的兴盛首先表现在电视在当今大众传播媒介中不容置疑的优势地位。从受众的广度和忠诚度以及受众的平

均接触时间来说,都可以说明问题。各种调查的结论说明,90年代以来,随着电视机的普及,电视在这三方面的数据都是独占鳌头的。可以说,电视是当代中国最有大众性的大众传播媒体,这首先取决于它的视觉媒体的特性。作为以文字为重心的传统印刷媒体,报纸和杂志,尤其是杂志,对图像的运用越来越重视。首先是图像与文字比例的变化,从最初的文字占绝对优势很快过渡到了"图文并重、两翼齐飞"的状态,很多时尚生活类杂志的图片甚至早已远远超出文字的篇幅。此外,图像技术也越来越高,从摄影和绘画本身的设备、人力水平、图片水准到制版和印刷的水准,都已与此前不可同日而语。各平面媒体摄影记者人数的增加、摄影水准要求的提高和摄影记者地位的上升以及摄影方面理论研究的加强,都体现了平面媒体对视觉表现手段的重视。各媒体对视觉传播技术的改进体现了视觉在当代媒体传播中的重要地位。而现实社会中的种种消费文化现象正越来越多地通过广告中的视觉化内容得以形象化地呈现。

五、叙事模式的变更——内容推销的技巧

在题材和材料收集与选择之后,对传播内容的"可消费性"起关键作用的,就是传播内容的呈现方式了。事实证明,"讲故事"的方式是最能吸引受众的叙述模式。因此,对"可消费性"的追求正使传媒内容传播走向叙事化,强调尽可能地用叙事的方式来传达信息。在市场化的传媒中,各种节目和栏目处处充斥着叙事形式。大部分主要时段的电视节目形式:情景喜剧、动作影集、黄金时段的肥皂剧或连续剧、电视电影、剧情影片、卡通片等,都是叙事式的,就算是不属于娱乐而是带有如介绍、报道、劝诫、警世等其他目的的节目形态,也依然会夹杂叙事方式,来增强节目的吸引力。近年来大量以纪录片形式出现的法制节目、犯罪报道等,就是以叙事方式传播新闻信息的典型样本。《今日说法》的讲故事就是在屏幕上展示出公说公有理、婆说婆有理的法律事件过程。《拍案说法》(重庆卫视)、《文涛拍案》(凤凰卫视)等节目,叙事风格甚至更加明显。因为刑事案件本身就具备很好的现场感和冲击力,这就使得讲究叙事的犯罪新闻报道和一般的警匪节目几乎没有什么两样。再如报纸提倡的"新新闻",就是用文学的手法,尤其是以小说的手法来呈现的新闻。还有一些日常性的新闻报道,也更多地选取关

系人的命运与故事性强的事件,以讲故事的形式来展开。黑龙江电视台
1999 年创办的《新闻夜航》、2002 年元旦江苏广播电视总台城市频道的新
闻资讯栏目《南京零距离》、湖南卫视的另类新闻节目《晚间新闻》和《乡村
发现》等,除了平民化的视角,关注百姓生活,人情味浓,以及地域性、互动
性(报道线索、提供画面、参与全过程,市民成为新闻主角)、主持人的灵魂
作用等特点外,还有一个重要的共同特点就是几乎每一篇报道都是一个精
彩的故事,报道人物或事件,都是以情节、细节等故事性因素来组织的。

　　值得注意的是,不仅仅是本身就具备一定故事性的新闻性节目被用叙
事的方式来呈现,以强化其故事性,增加其吸引力,故事性不强甚至一般看
来并不具备故事性的内容,也正被挖掘甚至设计出来的故事来组织和传播。
这方面较典型也较成功的例子就是 CCTV - 10 的《探索·发现》栏目。作为
中国第一个大型的自然地理和人文历史纪录片栏目,它本身故事性并不强,
尤其是人文地理这一块。但它也成功地实现了它的表现手段的叙事化。围
绕"拍观众喜欢看的纪录片"的目标,他们把《探索·发现》定位为"娱乐化
的纪录片",所谓"娱乐化的纪录片",就是用讲故事的方式呈现出来的纪录
片,用故事来强化知识型纪录片的娱乐性和可看性。该栏目总编对这种为
增强可看性而进行的"知识娱乐化"的解释是:"把历史、地理、自然、科学等
内容用讲故事的解说方式呈现给观众,利用所有可能的电视手段进行表现。
比如用扮演的手法完成历史的重现,加之相关人物的访谈、动画特技,表现
手法甚至比故事片更加充分,更加'无边界'。"①他们认为,一段历史知识
也是故事,因此,"我们不将其转化为理念,而是转化为经验和记忆"。他们
用能否以故事叙述的方式来表现作为选题标准,比如关于战争,资料有很
多,"可是没有一个好故事,资料也就是浪费"。与此类似的是阳光卫视的
历史人文纪录片,它的风格也是从人的故事出发,用讲故事的方式解读历史
和人文的东西以求得"雅俗共赏"。

　　此外,严肃题材包括政论性的,比如新闻评论节目也会讲求故事性,
《焦点访谈》栏目倡导的表现手段就是"主题事实化,事实故事化,故事人物

---

①　刘星:《CCTV - 10:〈探索·发现〉之娱乐纪录》,《现代广告》2005 年第 10 期。

化"①,甚至是"人物性格化"。1998 年 4 月 23 日《焦点访谈》播出的《"形式"逼人》的节目,就是北京广播学院、中国人民大学等众多教授当做靠故事情节架构篇章的典型范本。② 有些地方政府为了创造全国卫生模范城市,强迫农民改造厕所,不改就不让孩子上学。节目抓住其中荒唐和可笑的因素大做文章,没有去采访当地政府有关人员以免得到冠冕堂皇的说辞,而是深入田间地头,走进农民家中进行实地采访,通过荒唐可笑的故事情节来展现事实。记者集中从情、理和趣三个点上组织故事情节:农民被迫改建厕所的无奈和无助、孩子因上不了学而逼着家长设法加快进度的苦涩(情);厕所本来的作用因"形式"的要求而被闲置成为道具、成为摆设,农民"内急"了还必须到野地里解决(理);画面和解说词突出放大这件荒唐事的"趣"的成分,漫画式地刻画出当地政府"战天斗地"、"大干快上"、创建全国卫生城的雄心,用采访时的轻松问话和百姓嬉笑着的回答强调事情本身的可笑,解说词自始至终反话正说,绵里藏针。这种表现方式和风格是此前的严肃新闻评论节目所不具备的。此外,对重大事件和典型人物的报道和重点报道,媒体倾向于把宏观的问题具体化,以人物为中心,靠细节来表现,从而增强叙述的故事性,这些都与对节目形式的可消费性的关注不无关系。

　　甚至广告也越来越多地用叙事模式来表现。通过设计一则小故事来吸引观看和阅读的广告比比皆是。因为不少广告人认为,最佳的商品诉求方法,就是讲故事,因为任何广告效果的实现,吸引人观看和阅读是前提,而讲故事被认为是最能吸引人的表现方式。华丽的汽车广告一般是抒情诗式的浪漫表现,但现在,故事元素也越来越多地出现在这种浪漫氛围里。比如赛欧影视广告的"轮渡篇":一部赛欧快乐地奔驰在美丽的乡间,车上的男女主人公研究着地图试图寻找前进的方向。夕阳下,他们终于来到了渡口。可是,渡口的牌子告诉他们已经错过了当天最后一班轮渡。女孩子有点落寞,男生则微微一笑。黄昏中,他们在岸边浪漫起舞,在车顶并肩看晚霞;夜幕下,他们打开车窗看流星划过,享受星空下的梦乡。清晨,他们在村民好奇的围观下尴尬地醒来。然而,村民们更感兴趣的好像并不是这对夜宿汽

①　梁建增:《〈焦点访谈〉红皮书》,文化艺术出版社 2002 年版,第 300 页。
②　参见上书,第 308 页。

车的情侣,而是那部漂亮的赛欧。① 在这里,对赛欧"创造生活乐趣"这一概念的演绎,有激情的音乐、唯美的画面,更有轻松幽默的剧情。

认识到故事在吸引受众眼球方面的便利性后,对故事的热爱甚至使一些媒体的整体内容和风格定位发生故事化的变化。典型的表现就是四川卫视 2005 年 8 月提出的"故事频道"的定位。从 2005 年 5 月开始,四川广电集团就逐步推进频道节目的故事化改版,其中四川文化旅游频道进行了打造故事化频道的试验。该频道以"白天演绎虚拟的故事,晚上讲述真实的人生"为频道宣传语,推出了其故事化定位。② 如将原有的以讲述百姓故事为宗旨的《黄金 30 分》栏目扩展为包括《焦点》和《视线》两个子栏目的大板块栏目,运用故事化的讲述、戏剧化的结构,综合蒙太奇、长镜头等电视手法演绎新闻故事、法制故事和真情故事。新闻资讯频道的《新闻现场》与《黄金 30 分》一样,把新闻当故事说,逐步走新闻故事化的道路。

在对"可消费性"与成本利润的算计中,传媒的叙事模式本身也出现了一些值得关注的动向,这些动向主要表现为叙事的类型化和对冲突性叙事的偏爱。传播者正倾向于把节目或栏目中大量的故事叙述方式按照一定的模型来进行,对此,《探索·发现》的主编解释道:"叙事类型化是最好的将商业纪录片和栏目结合在一起,清晰生产链,以最快速度、最低成本达到目标的方法。"③其对消费导向的叙事模式选择,可谓是一语中的。电视的这种叙事的类型化有其共性,比如叙述者的多元化,即叙事主体往往是个包括主持人、现场记者、当事人、知情者在内的一个复合体(当然主持人是叙事的核心人物);叙事结构上的尽量避免一路顺述到底的平铺直叙;一般以倒叙为主,或以引子或以设问挑起受众的好奇心,接着在顺叙的基础上适当运用插叙和补叙;叙述角度一般从悬念、波澜、插述、细节等方面着手;画面叙事手段中的采访叙事、图示、模拟拍摄、情景再现等的运用比较常见;语言运用上用通俗平实的大白话(甚至包括方言和俚语);风格倾向于感性而不是

---

① 参见中国广告杂志社编:《中国广告案例年鉴(2003—2004)》,东方出版中心 2004 年版,第 48 页。

② 参见王炎龙:《频道群战略与媒体竞争力:四川广电的故事化思维》,《西部电视》2006 年第 2 期。

③ 刘星:《CCTV-10:〈探索·发现〉之娱乐纪录》,《现代广告》2005 年第 10 期。

理性;在传统的叙事元素中加入创新的元素,如音乐、动画、资料回放等。如1999 年 11 月改版后的湖南卫视风格化的《晚间新闻》,就形成了一些行之有效的模式化的表达方式:充分发掘和利用情节、细节来叙事,以情节和细节充当叙事的前沿和主体;灵活运用多种表达手段,比如片尾配歌词与报道内容相关的流行音乐;以引人好奇的方式开头,牵引人看下去;标题大都有一定的风味和意趣,导语讲究幽默和悬念,正文注重通俗和实在。它的特写性细节推进故事讲述的特征尤其明显。比如 2000 年 3、4 月份连续报道的《张老师,你好》,讲述一个曾被评为全国劳模的山村女教师多年把自己微薄的积蓄用于山村小学的建设,而等到自己身患重病,需五六万元才能治愈时,她已身无分文。第一次的报道只有四十秒,用了几个特写镜头做细节表达:首先是记者走进病房一眼发现张老师正把她那仅剩下的 38.6 元钱摊在床上,那神色令人心酸;其次是那个装衣服的塑料袋竟是一个装猪饲料的袋子,还有唯一的营养品是一瓶橘子罐头。三五个细节镜头让人感叹不已,从而在全国引起了强烈反响。① 报纸、杂志栏目的叙事模式化特征也很明显,如上一章中谈到的报纸"情感倾诉"的模式和杂志服务信息推出的以服务带动商品或生活方式推销的模式。

　　对冲突性叙事的偏爱无疑与对"可消费性"的追求是直接相关的,冲突性强的题材选取是第一步,还需要用引人入胜的方式表达出来,使传播内容最具可看性。正如今日说法的总制片人王新中谈到电视的叙事方式时所说的,电视节目的可视性是电视艺术的灵魂,是普遍规律,要做到可视性强,除了选题必须是充满了矛盾冲突、喧闹和错综复杂的变化之外,编导要进行再创作,利用事件本身的悬念、运用闪回、倒叙、插叙、模拟等手法来叙述故事。比如《今日说法》的一期节目"被撕掉的钞票",讲述的是天津的郭凤琴因和家人的矛盾而撕掉了妹妹的十几万元钱的故事。这个故事的矛盾冲突比较集中:一个家庭关系长期不和谐的妇女为泄私愤,撕掉了妹妹辛苦赚来的十多万元钱。故事本身就具备了足以吸引观众的情景因素。但有了好故事,还得学会讲故事,就是把冲突加以包装,用悬念来展现冲突前的运动,将核

---

①　参见潘礼平:《好看的湖南卫视〈晚间新闻〉》,《新闻战线》2000 年第 9 期。

心矛盾保留到最后。① 开头时的三个片子就是：妹妹发现钱不见了；撕碎的钱被发现；妹妹找到姐姐，姐姐承认钱是她撕碎的，随后展开故事的前因后果，这种叙事模式以倒叙开头，一步步制造悬念，精彩引人的叙述方式不亚于畅销小说。要把事件叙述得曲折生动，就要注意讲故事或文学叙述的一些技巧。悬念的使用、细节的安排、对完全顺述模式的抛弃，大量运用插述和倒叙，等等，都是常用的突出故事的曲折和冲突，从而引人入胜的叙事技巧。媒体对冲突性叙事的偏爱，就像有的人所总结的，往往是以表面冲突取代深入分析；以短期危机取代长期关注；以个人荣辱盖过社会问题；以感官刺激盖过理性探讨。② 央视《新闻调查》的记者就曾经对他们像小说家一样追求新闻叙事的情节性，力图娓娓道来以使节目生动有趣表达了自己的忧虑，他反省道："对情节性和命运感的追求，是否有时也会使我们犯了夸大其事虚张声势的毛病？"③事实上，央视节目形式的改变，从《东方时空》到《焦点访谈》和《新闻调查》，尝试得更多的都是"一种新的语态，也就是新的叙述方式"，因为他们知道，"我们不是命令别人看节目，而是请人看节目，请人看节目就要有好看的节目，所以直到今天，我们还时常把专业而复杂的电视节目判断标准简化为'好看'还是'不好看'。"④这些节目，尤其是《焦点访谈》，对美国高收视的电视新闻杂志节目《60分钟》的借鉴是非常明显的，这些节目的记者们就经常被要求去仔细研究《60分钟》的讲故事方式。央视新闻评论部主任梁建增在其《〈焦点访谈〉红皮书》中就用《60分钟》的创始人和制片人唐·休伊特的话来推崇其故事叙述传统："如果我们能使节目主题多样化，并采用个人新闻——不是处理事件，而是讲述故事；如果我们能像好莱坞包装小说那样包装事实，我担保我们能把收视率翻一倍。"这种对故事和故事叙述方式的偏爱一方面增强了媒体的贴近性，体现了媒体的受众意识；另一方面像《新闻调查》的记者所提出的那种危险确实存在，前文所举的《焦点访谈》播出的《"形式"逼人》节目，固然有很强的接近

① 参见成姗：《今日说法的选题艺术》，《中国广播电视学刊》2003年第6期。
② 郑保国：《从英国太阳报看小报新闻的娱乐化》，《新闻与写作》2004年第4期。
③ 刘春：《另一种错误》，载中央电视台新闻评论部编：《正在发生的历史——新闻调查·1998》，光明日报出版社1999年版，第381页。
④ 孙玉胜：《十年：从改变电视的语态开始》，三联书店2003年版，第48—49页。

性和可看性,但考虑到《焦点访谈》的性质和影响,它对当地政府善意却也许并不科学的行政行为的漫画化表现和调侃式批评也还是存在有待商榷的地方。尤其是当各省市电视台在学习中把这种冲突性叙述的技巧的偏爱和运用到了极致,其消极影响也已开始出现。其实,国内电视节目对《60分钟》的模仿,就是一个新闻和娱乐开始结合的过程。因为,《60分钟》的成功,在唐·休伊特看来,关键就在于它"讲一个故事",它把"新闻与娱乐相结合"作为新闻的节目形式,把更多的戏剧性冲突融入到节目中。① 它的故事化的叙事方式是栏目收视率的重要支撑,具体表现在对情节的精心选取和挖掘,对矛盾冲突的捕捉和表现,对细节的抓取和提炼,对叙事节奏的把握与控制,等等。我们也许不能把《60分钟》看做新闻娱乐化的典型样本,但在新闻娱乐化的道路上,它无疑是一个开始。新闻与娱乐相结合的结果,就是媒体新闻报道的故弄玄虚、哗众取宠之风渐长。长此以往,它将在潜移默化中改变受众的接受口味,转移受众对媒体信息的心理期待,最终使严肃和平实的题材和叙述方式被媒体自动过滤,从而影响媒体对现实的真实和全面反映,也削平媒体的必要权威和文化深度。

---

① 参见唐·休伊特:《60分钟——黄金档电视栏目的50年历程》,马诗远、林洲英译,郭镇之审,清华大学出版社2004年版,第14页。

第三章　广告与时尚杂志——
消费主义的推进器

在对消费主义文化的传播中,最典型的传媒形式当属广告和时尚生活类杂志。广告的产生,原本就是顺应扩大产品销售的需求而出现的。只有在社会产品和服务供过于求,需要扩大销路的时候,产品和服务的提供者才会求助于广告和其他营销传播方式,因此围绕商品和服务的消费而产生的广告与消费主义有着天然的联系;现代广告更是通过各种表现手段,尤其是通过符号消费的倡导激发人们的消费欲望。时尚杂志则通过消费生活方式的全面培训来达成促进消费的目的,期间最典型的表现是通过唤醒人们对身体的注视、进而通过对美化和个性化身体的各种消费技巧的教导,成功地实现了对身体的商业殖民,使人们的身体成为商家竞相瞄准的消费领域。

第一节　广告——消费的神话与商品拜物教

在所有传媒与消费主义的关联研究中,广告是被谈论得最多的对象。这是因为,媒体的很多内容一方面起着商品或消费主义生活方式的推销的作用,另一方面同时是媒体自身的一部分,媒体必须依托这些内容的传播而存在。而广告则不然。除了直接或间接地推销商品(后来出现的公益广告除外)外,广告(包括其他一切以"非广告"形式出现的广告,如"广告新闻")自身并没有在媒体独立存在的意义,它直接服务于商品推销的最终目的。由此,我们说,广告是消费主义的推进器。对广告的话语分析表明,广告传播消费主义文化的基本模式是通过对消费神话的创造来宣扬商品拜物教。进一步的研究表明,广告对商品拜物教的宣扬可以归纳为两个基本手段和四种基本途径。对商品符号价值的创造和使用价值的夸大甚至神化是广告创造消费神话的两种最基本的途径,在这两种途径中,商品实际上还是消费神话中的客体,是服务于消费者的对象,广告诉求的重心是消费者;展现消费者对商品的迷恋和崇拜、展示商品的超强诱惑力是广告创造消费神话的另外两种基本途径,在这里,商品被直接塑造为消费神话的主体,是凌驾于消费者之上,供消费者迷恋、崇拜和向往的"真神"。广告商品拜物教生产出的产品,便是消费主义特征明显的欲望化的消费者。

一、广告:消费主义文化的重要载体

基于消费主义对物质消费的痴迷和符号消费特征的凸显,当代广告被认为是消费主义文化传播的最直接和最有力的工具,是消费主义文化的重要载体。因为,广告自产生到现在,其主导传播模式已经发生了重大变化,主要表现为由最初对产品信息的注重变成了对产品符号价值的重视,从而使商品消费成为人们生活关注的重心,成为自我表达的来源和自我认同的框架,并因此张扬了消费主义的价值观念和生活方式。William Leiss(1983)对加拿大广告业的研究证实,在过去的 50 年里,广告的内容发生了一次从注重产品信息到注重营造生活方式的转变。我国学者的研究也证实了我国广告传播的类似变化。从解放前在中国诞生到现在,广告变化发展的轨迹大致是简单的销售和服务信息的广告,到有商品名称的广告,到带有商品性能质量介绍的广告,到标明售价的广告,最后符号价值明显的品牌广告。① 其实早在 1967 年出版的《流行体系:符号学与服饰符码》一书中,罗兰·巴特(Roland Barthes)就揭示了广告在赋予商品符号价值和制造流行中的作用;Colin Campell(1987)也注意到了广告在内的大众传媒对消费主义的推波助澜作用;Leslie Sklair(1991;1995)在他的《全球体系的社会学》一书中分析了跨国公司的广告如何通过对消费主义文化—意识形态的宣扬为其在第三世界培育了消费者;拉什(Christopher Lasch)指出了广告在把消

---

① 参见王儒年:《〈申报〉广告与上海市民的消费主义意识形态》,上海师范大学 2004 年硕士论文,第 54 页。

费推销为一种生活方式中的作用。① 近年来,我国学者也开始注意到了广告对消费主义文化的传播,比如,社会学者王宁在其《消费社会学》一书中就分析过广告如何创造商品的符号价值,以达成对消费者的操纵和引诱②,许纪霖和王儒年考察了 20 世纪 20—30 年代的《申报》广告,论证了它在近代上海市民消费主义意识形态建构中的作用。广告研究者们近年来也注意到了广告与消费主义的联系,开始在消费文化和消费社会的视角下考察广告,但更多的是从社会和文化变迁的角度启示广告创意,或分析广告策略。广告的消费主义文化传播机制到底如何? 广告具体是通过什么途径传播消费主义文化的? 现在我们结合对中国当代广告话语的分析,简单归纳一下广告的消费主义文化传播模式。

二、广告中的消费神话与商品拜物教:广告消费主义的话语分析

在大量的广告内容分析和经验考察的基础上,笔者发现,当代广告的叙事模式几乎无一例外地可以概括为对消费神话的创造,这种神话的创造可以归纳为下列四种基本的途径。

(1)对商品符号价值的创造。这是广告宣扬商品拜物教,从而张扬消费主义文化的最基本的途径。这样的广告比比皆是,尤其是非生活必需品(比如奢侈品和高档消费品)的广告或者是品牌特征明显的广告如豪华汽车和高端房地产广告以及别的高档名牌产品的广告。广告对这些商品的符号价值的创造更多的是把商品和消费者的身份、地位以及品位、个性等联系起来。如某房地产的广告:"某某顶级别墅,成功人士的首选",诉诸身份地位;某现代城的广告:一个上身穿着西装的人在打手机,戴着游泳帽和太阳镜,跷起的二郎腿上套着足球袜,脚上穿着足球鞋,网球拍就立在边上。"我可以去踢球,我也可以去游泳、也可以去健身房,还可以去遛遛玩儿、跑跑步、钓钓鱼,可我现在什么也不想干,只想坐在中心花园里,打电话……"诉诸生活方式,也就是个性和品位;再如汽车广告:"与尊俱来,大大享受"

---

① 参见孙沛东:《消费主义与广告——以罗兰·巴特的〈流行体系:符号学与服饰符码〉为例》,《广州大学学报》(社会科学版)2004 年第 10 期。

② 参见王宁:《消费社会学》,社会科学文献出版社 2001 年版,第 155 页。

（身份地位）；"为品位生活注入全新活力"（品位）；一汽大众推出"咖啡时光"、"郊外时光"、"约会时光"、"雕刻时光"等系列广告，为它的某款汽车车主赋予了"浪漫和时尚的色彩"（个性）。化妆品广告，如来自法国的美容化妆品牌欧莱雅，其每一款产品的广告都不忘提醒你"你值得拥有"（身份地位）。也有很多广告对身份、地位和个性、品位的诉求是通过更含蓄的方式来体现的，广告不直接宣告商品与符号意义的这种联系，如徐帆笑盈盈地说："我们家特好找，就在欧陆经典。""好找"，暗示名牌；徐帆和其丈夫冯小刚入住，说明高档。

广告对商品符号价值的创造还有的是把商品和人类的情感联系起来，使商品成为人类的爱情、友情、亲情等各种情感的表征和体现。比如瑞士雷达表的广告词"恒久爱情，雷达见证"，就把手表和爱情联系了起来，手表成为爱情的表征和信物。又如某钻石广告的广告词"钻石恒久远，一颗永流传"，同样使一块无情无意的石头变成了永恒爱情的象征。一般来说，为奢侈品和高档或名牌商品创造符号价值比较容易，因为这些商品因其高昂的价格本身就和消费者的身份和地位之间有着天然的联系；而在商品本身比较平凡，或者商品根本就是生活必需品，因而难以体现消费者独特的身份、地位、品位和个性的时候，也就更多地通过这种情感诉求方式赋予商品符号价值。如"孔府家酒，叫人想家"，这里的酒是一家团圆的象征，是浓浓亲情的载体；威力洗衣机曾经是儿女对母亲的爱的回报，是儿女对母亲爱的表达（在外地工作的女儿想到母亲常年在家乡冰冷的小河中搓洗衣服，于是不远千里把威力洗衣机买回了家）；甚至连最普通的日常生活用品也可以被赋予符号价值，如雕牌洗衣粉和洗洁精的广告，就把如此平凡的产品与丈夫对妻子的呵护联系了起来（家里的雕牌产品用完了，丈夫怕别的产品伤着妻子的手，自告奋勇地洗衣服、刷碗筷）。如果说雕牌的符号价值还是建立在其使用价值的基础上的话（不伤手），那么哈根达斯冰激凌的一则广告就已经和冰激凌本身的美味（使用价值）没有了什么联系，它的广告强调的只是和恋人共处的美好时光：这个主题为"尽情享受哈根达斯一刻"的广告是一对俊男靓女在阳光下亲密相对的大幅图片，画面突出更多的是恋人相处的快乐与惬意，女主角手中随意握着的哈根达斯冰激凌看上去只是个小小的配角。它的广告词说："树影婆娑，一个阳光灿烂的午后，远离尘嚣，独享属于我们的哈根达斯。纯天然成分,让我们陶醉在纯粹的愉悦之中。让那种浓厚柔滑,在心里慢慢融化……"这里的哈根达斯不再是一颗普通的冰激凌,而是相恋的感觉,是情侣独处的欢乐时光。它那对哈根达斯口感的描绘,也几乎分不清是享受哈根达斯的感觉,还是情侣享受亲密接触的感觉,因为在图片中,男主角的手就看似随意地搁在了女主角裸露着的大腿上。

广告最初是提供商品的信息的,可现在它却努力使商品变成有某种文化含义的符号象征,或者让消费者在商品和某种文化意义之间取得某种习惯性联想,使人们从某则广告自然联想到它所代表的文化意义。这些手段或将美丽、浪漫、奇异、永恒等文化含义巧妙地融合于商品中,或借以象征某种地位、身份、品位、个性,从而改变商品原始意义和使用概念,进而刺激人们的消费欲望。① 广告就是这样"把罗曼蒂克、奇珍异宝、欲望、美、成功、共同体、科学进步与舒适生活等各种意向附着于肥皂、洗衣机、摩托车及酒精饮品等平庸的消费品之上"②。如此,人们所消费的,不只是商品和服务的使用价值,而且是它们的符号象征意义,这就是消费主义文化的典型表现。

(2)对商品使用价值的夸大甚至神化。对使用价值的夸大甚至神化是广告宣扬商品拜物教的另一种基本方式,也是当代广告中的普遍现象,从对虚假不实广告的各种批评和规约中就可见一斑。这在日常生活必需品和另外一些消费者对物品的使用价值有着更多期待的商品广告中(比如化妆品和服装、医药等)最为常见,是比较传统的也依然是最基本的广告传播策略之一。广告对商品使用价值的夸大甚至神化,基本上都遵循同一个传播模式:"问题"+"解决"。请看一款玉兰油眼霜的广告:它的主题是"告别了黑眼圈,美白,就从第一眼开始!"广告词这样说:"我让人记住的第一眼,怎么能有黑眼圈? 全新 OLAY white radiance 润白亮彩眼部精华露,含 Bio 草本活醒因子,能促进眼部活性循环,淡化黑眼圈和眼袋,加上特效滋润,减淡干纹、幼纹,明眸自然更柔润、更富亮采,让我从双眼开始,提升至全面的水嫩透白。没有黑眼圈、眼袋、幼纹,每一眼都让人心动!"再看 SK-Ⅱ的广告:它

---

① 王宁:《消费社会学》,社会科学文献出版社 2001 年版,第 146—155 页。
② 迈克·费瑟斯通:《消费文化与后现代主义》,刘精明译,译林出版社 2000 年版,第 21 页。

的主题词说,"用了 SK-Ⅱ护肤精华之后,肌肤不油也不干,当然晶莹剔透!"然后借影星刘嘉玲的口说道:"为了赶戏,很多时候我睡得很少,肌肤也曾变得很差,前额跟鼻子部分变得太油,两边脸颊反而干干的,叫我很烦恼。自从用了神仙水之后,我的肌肤不油也不干;而且很有光泽,就连斑印、细纹都变淡了,肌肤就像重生一样,时刻晶莹剔透。"

　　两则广告的诉求模式几乎如出一辙,这样的广告随处可见,它也是几乎所有美容和化妆品广告的诉求模式。这种模式首先是提出问题。广告会提醒你身上可能存在的各种问题:皮肤太干;太油;太黑;没有光泽;毛孔粗大;缺水;松弛;衰老;面对辐射(阳光和电子等)的危险;皱纹;眼袋;黑眼圈;颧骨太高;额头两侧不够丰满;脖子太短;脸太长;腹部赘肉⋯⋯这些问题都可以通过使用广告中的护肤品或化妆品等来解决。广告提出问题的"关键词"是唤醒你的消费需求:它引导你发现自身可能存在的问题,而这些问题可能是你平时并没有想到或注意到的。这种提问题的方式都蕴涵着一定的威胁的意味,使你意识到这是一种缺乏或弱点,提醒你应该完善自己的形象,这种威胁因此加重了购买商品的迫切性。紧跟着的就是问题的解决,广告告诉你商品提供了一套完美的解决方案,它通过对商品性能的介绍给你许诺,让你相信你的问题可以通过消费特定商品迎刃而解,甚至还会有意想不到的收获:使用价值上的或非使用价值上的,如上面的广告中不但解决了局部皮肤太油或太干的问题,而且使皮肤"很有光泽,就连斑印、细纹都变淡了";不但没有了黑眼圈、眼袋和幼纹,而且"每一眼都让人心动"! 这里解决问题的"关键词"是鼓动诱惑,通过对商品使用价值的神化(强调商品的完美,承诺使用商品后的直接和间接、具体和抽象的好处)来推销商品拜物教。因为在这里,商品几乎无所不能,生活中的各种问题都可以通过消费商品得以解决,商品简直就是"救世主"。

　　需要指出的是,不少广告同时包含对商品使用价值的神化和对符号价值的创造,只是广告的诉求重心或在此或在彼。比如上面说到的欧莱雅的广告,其主体内容也是"问题"+"解决",但同时又用一句"你值得拥有"诉求于消费者的身份和地位。SK-Ⅱ的广告也是以"问题"+"解决"的诉求模式为主体,但它以刘嘉玲为代言人物,其中也已经暗含了产品的身份地位和品位的象征。

（3）展现消费者对商品的迷恋和崇拜。这是通过消费者的商品拜物教行为的直接展示来创造消费神话的模式。许多西方现代广告既不关心告知商品的使用价值，也不在意赋予商品以符号意义，只是露骨地以夸张、幽默甚至荒诞的手法表现广告人物对商品的极端迷恋与热爱。在这里，有时候商品是消费者的朋友、玩伴和宠物，如小女孩拒绝跟母亲同睡而抱着自己心爱的玩具娃娃入眠（玩具广告）；身边坐着漂亮女孩，男孩却无动于衷，只顾埋头玩手机（手机广告）。有时候消费者甚至完全变成了商品的信徒，比如小婴儿会为了一瓶巴黎香水拒绝母乳；时尚女郎会卷入残酷的抢购以致伤痕累累（服装广告）；俊男靓女变成超级电视迷以致身材发胖变形；长期和爱车耳鬓厮磨以致头发上烙下深深的靠背印痕。[①] 90年代以来，这种广告也开始在我国出现，比如经常看到类似年轻父亲争抢年幼儿子的饮料、年老的父亲偷用儿子的护肤品或丈夫偷用妻子的化妆品等类似的广告。这种"恋物狂"的表现本身就是消费主义文化下消费者的消费行为特征，广告对这种特征的展现无疑是对消费主义生活方式的鼓动和宣传。

（4）展示商品的超强诱惑力。也有的广告几乎没有什么文字，没有对使用价值的介绍，没有对符号价值的劝导，也没有对消费者热情与痴迷的展示，有的只是商品本身。它们的共同特点是大幅的图片，绚丽的色彩和光影，商品成为图片的主体和炫示的中心，视觉震撼力强。比如卡地亚 Divan 腕表发布在 *ELLE*（《世界时装之苑》）2002年第11期的广告，就只是对该款腕表的一个特写，充分展示了该款手表的精美设计和精湛工艺，它的气派与华贵逼人耳目。同一期的 PORRTS、HAILIVES、JORYA 等名牌服装也是这种展示方式，没有文字，只有对产品的特写般的展示。尽管服装是通过模特来展示的，但模特并不是广告突出表现的对象，服装本身的美丽、典雅、华贵、精致等才是广告展示的主体。摄像中特写的展示技巧实际上就给受众提供了一种专注的凝视，一种对商品的美和高档等特征的惊羡在镜头语言里得到了表达。这种广告一般适用于装饰性功能突出，主要用于修饰消费者外表的商品。它的主要作用是贩卖诱惑，用商品形象本身的冲击力来引

---

① 参见罗慧：《消费主义的终极疯狂——论现代广告创意中的"拜物情结"》，《现代艺术与设计》2005年第1期。

起消费者对商品的艳羡、向往甚至崇拜,从而产生购买的冲动。

总的来说,不管是对符号价值的暗示或直接赋予,还是对使用的夸大甚至神化,都是将商品对于消费者作用的神化。它力图使人相信:消费者的身份和地位是可以通过消费商品来表达的,消费者的品位和个性等方面的认同也需要用商品来展示和区分,个人生活中的各种问题也都能够通过消费商品得到顺利解决。在广告中,消费商品在人们的生活中是如此重要,如此有价值,而且如此神效,这就自然地宣扬了商品的拜物教。在这两种诉求模式中有一个共同点,那就是商品在广告中表面上是消费神话中的主体,实际上还只是消费神话中的客体,因为无论对使用价值的强调还是对符号价值的赋予,这里的商品是服务于人的,都是着力于表现商品对于消费者的价值,通过说服商品对于消费者日常生活和精神生存的益处来劝导商品消费,体现的是消费者与商品的使用与被使用的关系,因而广告创意思考的出发点是人,广告中真正的主体也是人而不是商品。而在后两种传播方式中,广告把商品直接树立为神话的主体,或者着力表现消费者对商品的极度迷恋与崇拜甚至癫狂,或者通过商品展示的方式和商品存在的环境和氛围等直接把商品置于神话的中心,成为消费神话的主体,成为消费者艳羡、向往、迷恋与崇拜的对象。

三、商品拜物教与广告的产品:消费主义化的消费者

商品拜物教是马克思分析资本主义社会商品生产过程中生产者与自己的产品分离,进入市场流通领域后产生的一系列后果时所提出的概念。在马克思看来,商品的价值(交换价值)本来是由人类劳动创造的,人类劳动创造的产品的使用价值是交换价值的基础。然而,在市场经济中,由于产品必须经过市场交换和流通之后才能实现其价值,因此,在市场中,商品的交换价值是以商品本身所内含的价值形式出现,商品的价值就被其交换价值掩盖了,这样就使人把价值错当成内在于物体本身,从而赋予商品本身所不具备的力量,这就是商品的拜物教。故此,所谓拜物,就是把物品原本的社会属性自然化了,把原本是社会地形成的物品的属性看成是物品本身固有的属性,从而把物品神圣化和神秘化了。

消费主义实际上从属于这种拜物教的价值体系。因为在消费主义价值

观下,人与物的关系同样体现为人对消费商品的执著和迷恋,并且人甚至通过消费商品来定义和表现自身,证明自己的价值和存在。

基于此,笔者认为,广告对消费主义价值观念传播的最基础的途径,可能还不是在特定商品和特定地位、风格等象征意义之间建立某种联系,从而使人相信购买和使用这种特定产品就昭示着消费者的特定身份和品位;也不是广告对使用价值的强调吹嘘使受众觉得消费商品可以满足他们的生活需要,解决他们生活中的实际问题,尽管这些正是现代广告做得最多的事情;事实上,已有的广告研究已经证明,这种联系的真实性在广告的消费过程中,并不一定被消费者所认可,或为他们所相信。换句话说,他们并不被动地相信广告对其商品使用价值的吹嘘和广告所诱导的特定商品符号象征意义的真实存在,而是有自己的判断,甚至不把它们当做一回事。实际上,广告对商品的神化,不管是使用价值的还是符号价值的,最重要最根本的作用是使消费者意识到消费商品的重要性,意识到商品是人的身份认同和个性表达的一种手段,消费商品是和身份、地位、品位等因素相关的,是人与人之间建立联系和交流的方式。广告通过日复一日的"联系示范",使商品变为无所不能的神话主体。因此,广告成了促进消费者对商品集体迷恋的精神巫术,强化着人的生存尊严和与荣耀与物品相关、可以通过消费特定物品而实现的商品拜物教观念,这种观念对消费欲望的刺激是一个自动上升的过程,因为,人们对使用价值的消费是满足"需要"的消费;而人们追求消费品的社会意义的时尚消费则是满足"欲求"的消费。需要是人们的生活中必需的东西,而"欲求"则不是生活中必需的,它是由广告的诱导产生的,由人们追求地位上对他人的优越感的竞争心理形成的,是一种心理上的满足。欲求不是"需要",而是"想要"。因此,丹尼尔·贝尔指出:"资产阶级社会与众不同的特征是,它所要满足的不是需要,而是欲求,欲求超过了生理本能,进入心理层次,因而它是无限的要求。"[①]商品拜物教下对商品消费的狂热和依赖以及消费欲望的不断攀升,正是消费主义的典型表现。因此,正如拉什(Christopher Lasch)在《自恋文化》中所说,广告与其说是在推销产品还不如说是在把消费推销为一种生活方式,广告生产出的产品不是别的,而是

---

①　丹尼尔·贝尔:《资本主义的文化矛盾》,三联书店 1989 年版,第 68 页。

"永不满足的、焦躁不安的、渴望的、感到乏味的消费者"①,也就是消费主义化的、商品消费欲望强烈的消费者。

第二节 时尚杂志——消费生活的全面培训

目前没有其他媒体形式像时尚生活类杂志这样全面、大量地服务于人们消费生活的方方面面。从饮食、家居、旅游、运动、休闲到化妆品、首饰、服装、发式等,时尚杂志可以说是对人们消费生活的全面培训。可以说,消费时代的时尚杂志正通过宣扬品牌意识、创造商品的符号价值、对消费生活方式的倡导等实施着对社会的"消费培训",塑造着所谓白领"中产阶级"的品位,用商品消费的区隔策略参与着社会阶层的身份建构,最终服务于市场社会的商业目标。与此同时,对时尚杂志,尤其是女性时尚杂志的深入分析发现,对身体的关注成为时尚生活杂志最核心的主题,和身体美化与个性化包装的策略教导,是时尚杂志促进相关商品和服务消费最典型的策略。其中,对"形象焦虑"的唤醒是时尚杂志开发消费欲望的最基本途径,这一开发从深层意义上看是消费社会的商品营销术最终实现了对身体的商业殖民,实施"武装身体"的各种消费规训,使身体成为商业时代最丰盛的消费领地之一。笔者认为,除了背后隐藏的商业意识形态,对于时尚杂志传播消费信息与消费观念这种表象而言,人们更应当警惕的是时尚杂志参与人们的社会关系编码、对人们的身体实行消费殖民而成为了一种社会权力性的存在。

一、时尚杂志及其内容定位

什么是时尚杂志? 在国家杂志分类标准中,并没有把时尚杂志作为杂志的一类单列出来。但是不管它们名义上应该归属于哪一种类,都不妨碍它被人统称为"时尚杂志"。有人说,时尚杂志就是从栏目设计、栏目名称、选题策划、图片、文案和生产等方面都研究如何与时尚合拍,力图使自己成

---

① 孙沛东:《消费主义与广告———以罗兰·巴特的〈流行体系:符号学与服饰符码〉为例》,《广州大学学报》(社会科学版)2004 年第 10 期。

为时尚的诠释者和代言人的杂志。① 确实如此,这一类杂志之所以被人们统称为"时尚杂志",主要是因为它们在反映时尚、引领时尚方面的作用非常突出。一般来说,时尚杂志指的是那些以年轻女性(年龄一般在20—35岁之间)为主要读者服务对象,以衣、食、住、行、游、购、娱和情感生活,尤其是衣着打扮和美容护肤等为主要内容的杂志,它们基本上都采用流行的国际开本,几乎清一色彩色铜版纸印刷,各种品牌广告和美轮美奂的图片占据了杂志的绝大部分版面(一般在60%以上,有的甚至到了80%以上),售价一般比较高,每本售价在人民币15—30元左右。

时尚杂志在20世纪80年代末、90年代初进入中国期刊市场,最初主要采取与国际流行时尚杂志版权合作的形式,是这些杂志的中文版。1988年,ELLE(《世界时装之苑》)登陆中国,成为首家获得官方正式许可在国内发行的国际性杂志。从那个时候开始,时尚杂志开始在中国迅速发展,尤其是90年代中期以来,各种国际和国内时尚杂志如雨后春笋般创办起来。随着 2005 年 8 月 VOGUE 登陆中国,ELLE(《世界时装之苑》)、COSMOPOLITAN(《时尚·COSMO》)、MARIECLAIRE(《嘉人》)和 HARPER'S BAZAAR(《时尚·芭莎》)这全球五大高档女性时尚杂志都有了它们的中文版。其中发行量最大的首先是 1995 年由中国轻工业出版社与日本主妇之友社合作出版的《瑞丽》系列杂志,以及 1993 年由国家旅游总局与美国赫斯特公司合作出版的 COSMOPOLITAN 中文版《时尚》系列杂志。在如今的中国杂志市场上,时尚类期刊占有重要地位。2004 年上半年,该类期刊广告总刊登额在期刊广告市场总量中所占比例达到了 38.5%。②《瑞丽》系列杂志就有四种(《瑞丽·服饰美容》、《瑞丽·伊人风尚》、《瑞丽·时尚先锋》和《瑞丽·家居设计》),《时尚》系列则多达十几种(《时尚健康·女士》、《时尚家居》、《时尚芭莎·BAZAAR》、《时尚先生》、《时尚旅游》、《时尚健康·女士》、《时尚健康·男士》《时尚时间》、《好管家》、《男人装》、《座驾》、《华夏地理》、《美食与美酒》)。除以上杂志外,比较有名的还有《都市

① 参见邵小丽:《白领·时尚·消费文化——试论时尚杂志的价值经营哲学》,《新闻大学》2005 年冬之卷。

② 姚林:《2004 年上半年中国期刊广告市场回眸》,http://www.people.com.cn/GB/14677/21966/36358/2921372.html。

丽人》、《今日风采》、《昕薇》、《米娜》、《安 25ans》、《秀》、《Miss 格调》等。根据 2005 年 4 月世纪华文国际传媒对北京、上海等内地十大城市时尚类杂志的市场调查，《瑞丽服饰美容》占 21.09% 的市场份额，《瑞丽伊人风尚》紧随其后，《时尚·COSMO》排名第三，市场份额基本维持在 10%—15% 之间，《瑞丽时尚先锋》第四，ELLE 第五。①

　　从 2003 年起，数本男性时尚杂志登陆中国内地市场，打破了《时尚先生》一统江湖的局面。其中包括以引领男性时尚生活为旗帜的《名牌》、《时尚财富》，在欧美市场相当红火的 FHM（《男人帮》）的内地版，以及另一本畅销世界的男性生活杂志 MAXIM。

　　这些杂志之所以被人们统称为时尚杂志，是因为它们有着基本相同的内容定位。那就是：针对青年白领，尤其是女性白领的时尚生活指南。比如 ELLE（《世界时装之苑》）就声称：我们为读者提供全方位的国际国内流行时尚情报，完美体现"性感迷人，真我率性，品位高雅"（Sexy, Spirited, Stylish）的编辑理念。这也因此决定了它的主要内容板块分别是：（1）时装（Fashion）。它们"将国际国内的最新流行动态加以整理诠释，以最赏心悦目的方式呈现给读者"。（2）美容/健康（Beauty/Health）。美容页与时装页一样，向读者提供启发性的、力所能及的建设性意见；告诉读者如何将流行趋势演绎于自身，使自己的美丽发挥到极致。（3）专题（Feature）。提供给读者的是影响到她们日常生活的相关信息——日新月异的生活方式，现代女性关心热点，身心愉悦的两性关系，职场上运筹帷幄的方法，等等。（4）生活方式（Lifestyle）。杂志认为，"广受中国现代白领女性青睐的 ELLE，其读者是非常活跃的：她们工作、休闲、娱乐并懂得享受生活，具有很强的个性风格。"为了迎合她们的需要，ELLE（《世界时装之苑》）每月为它的读者提供让人目不暇接的家居展示——家居；描绘最佳的休闲度假胜地——旅游；推荐令人垂涎欲滴的美食和独特的餐厅。

　　1993 年出版的《时尚》杂志则标榜自己为时尚的诠释者，定位为白领和成功人士的叙述空间。"我们的读者不是上升期的女性，而是经过五年努

---

① 《中国时尚杂志市场群雄逐鹿　竞争进入白热化》，新华网，2006 年 2 月 6 日。

力、在职业上获得一定成功的女性。"①《时尚·BAZAAR》的主编兼执行出版人苏芒这样定位自己的杂志。为这些人圈定消费标准和消费风格,是杂志的主要任务。正如《时尚》在《创刊号·主编寄语》中声明的:"侧重于体现消费文化的传播,引导人们在吃、住、行、游、购、娱这一现代旅游'六要素'中的种种文明消费。"②

　　1995 年出版的《瑞丽》后来由最初的《瑞丽·服饰美容》发展成包括四本涉及时尚生活的不同方面的杂志:《瑞丽·服饰美容》(主要内容是服饰资讯和美容靓点)、《瑞丽·伊人风尚》(主要内容为美丽研究室、风格衣饰、职场伊人)、《瑞丽·时尚先锋》(传播 17 岁左右年轻少女的先锋时尚)和《瑞丽·家居设计》(主要内容为风格饰家和装修攻略)。它们的定位分别是:"提供全方位实用指导的服饰美容潮流专刊";"指导都市白领女性美丽与生活的时尚杂志";"抢先推介前沿时尚的 360 度流行风向标";"全方位提供装修装饰导购方案的家居系列"。其中《瑞丽·可爱先锋》针对 17—25 岁之间的年轻女性,推介前沿时尚,《瑞丽·服饰美容》则主要面向 25—35 岁之间的上班族和主妇型女性,提供实用的服饰美容等方面的具体指导。《瑞丽·伊人风尚》则以女性白领上班族为主要服务对象。从定位就可以看出来,它们可以说已经照顾到了女性时尚生活的每一段及每一个方面。也因此,它的总体宗旨就是:"伴随女性生命的每个阶段,设计美丽,设计生活。"③这四本系列刊物受到国内年轻时尚女性的追捧,甚至打造出了中国的"瑞丽"一族。此外,从 2000 年起,通过对瑞丽期刊精华内容的重新整合和加工,以 32 开本的图书形式出版了《瑞丽·book》,内容主要覆盖美衣、美容、美肤、美发、美体、美足、美家等方面精致实用的主题,目前已出版 10 个系列百余个品种。

　　可以看出,这些杂志的定位大同小异,基本上可以概括为都市年轻"白领",尤其是女性提供时尚生活指南,特别是美容和服饰方面的时尚潮流的都市生活类杂志。对这些杂志的内容分析说明,它们的内容和风格也大同

　　①　《中国时尚杂志市场群雄逐鹿　竞争进入白热化》,新华网,2006 年 2 月 6 日。
　　②　《创刊号·主编寄语》,《时尚》1993 年第 1 期。
　　③　以上可见诸《瑞丽》杂志每期的扉页广告。

小异。主要内容板块不外乎服饰、美容、家居、美食、生活、旅行、宠物、星座、娱乐、情感、性爱、男色、美体、健康、母婴、职场、人物、专题等。其中最主要的是服饰和美容,然后是家居、美食、旅游和生活。这些和国外版权合作的时尚杂志,在进入国内之后都做了一些本土化的变动。比如,*ELLE* 封面时常采用本土明星,并针对相关的主题做明星专访,《时尚》等还不时设计一些符合中国读者口味的情感故事,以最大限度地迎合国内读者的阅读习惯和审美趣味。在形式上,它们的共同特色是流行的国际豪华版本,质感良好的铜版纸印刷,全彩版,图片比较多,大图片不少,图片习惯用特写镜头展示商品和人物形象。正如《时尚》杂志主编所言,"我们的美容专栏十分注重视觉效果,同时附有详尽的实际操作以及产品信息,可激发读者强烈的尝试欲望。"时尚杂志正是这样通过对生活各个层面的流行时尚的反映与建构,引领着人们的消费生活方式。

二、时尚杂志的消费生活培训——以《瑞丽·服饰美容》为例

时尚杂志具体是怎样引导人们的消费生活方式的呢？不妨拿近些年来在国内高码洋(每本 20 元及以上)时尚杂志中发行量最大的《瑞丽·服饰美容》作内容分析。

(一)《瑞丽·服饰美容》中的消费培训

《瑞丽·服饰美容》的主体内容总的来说就是一场消费主义时尚生活方式的全面说教。随机抽取《瑞丽·服饰美容》2004 年 9 月 1 日出版的杂志来分析,它的主体内容秉承了杂志的一贯特色,基本是关于时尚衣着和美容护肤方面的品牌推介与搭配、装饰技巧。具体来说,这一期的内容主要包括如下几个方面。

前沿·色彩:形式上是传授特定场合的穿衣风格和搭配,实为有组织的广告系列产品展示。一致的国际服装和鞋帽饰品品牌。共按黑白、米色、粉色、金色这四个系列推荐,有意思的是对每个系列的简短文字组织和对每个展示的单品的简短形容。比如,黑白系列名为"单身黑白电影",文字说道:"在开始的开始,一个人的生活简单如黑白电影,单纯的配色与中性服装一如慢慢流淌的懵懂岁月,也许我是在静静地等待故事的开始";米色系列名为"相遇米色时光",文字是:"在偶然的邂逅中,我感到了淡淡的欣喜与憧憬。"它们无一例外地制作精美,穿插在杂志的主体内容之间,80% 以上的是世界顶级美容化妆和服饰等品牌。比如这一期的杂志就包括了兰蔻、碧欧泉、倩碧、欧珀莱、SK-Ⅱ、欧莱雅、迪奥、香奈儿、雅诗兰黛、Za、UP2U、美宝莲、泊美等欧美和日本的化妆品牌,EITIE、曼娅奴、LEE、ONLY、PINKY &

DIANNE、卡迪亚、曼妮芬等进口服装鞋帽和饰品,以及 SWAROVSKI 水晶饰品、西铁城手表、摩托罗拉和爱立信手机、IPOD 数字音乐播放器、索尼数码相机等奢侈的日常用品。国内的知名品牌广告还不够 20%。顶级名牌所倡导的自然是身份消费、地位消费、品位消费等符号性质的消费,就像蒙宝欧的手机广告里形容的,它是"玲珑芳姿,世袭华贵"、"非一般的高贵气质"、"明艳玲珑"、"优雅美丽"、"一抹华美一抹柔情",它道出的,仿佛是人们的梦想。

　　每月推荐:个别品牌的产品展示和新品发布,实际上也是一种广告。它那为数不多的解说词所做的只有一件事:给商品憧憬。"那天的我偏偏要选择米色及浅色调的服装,仿佛在担心惊走这一刻的心动感觉";粉色系列名为"热恋粉色蜜情",文字为:"一向只喜欢素色的我,也拥有了艳美的粉色服饰,就像固执的我心甘情愿地在甜蜜的爱情中沦陷";金色系列名为"思念金色年华",文字为:"由这些金色服饰慢慢诉说那段珍贵往事吧!遥想他的日子里,一次次地重温永远美丽的片段,我们的未来就在心底的最深处闪烁金色光芒。"把四段话连起来,是一个完整的爱情故事,带着点煽情的忧伤,只为了给广告中的服饰带上一层浓厚的感情和符号色彩:它们陪伴、见证和代表着一段美丽的爱情。在等待、相遇、相恋和分离的各个阶段,"我"该穿着什么颜色和风格的服装,每一件衣服、每一双鞋子、每一顶帽子和每一件饰品,却都在图片的空白处标上了品牌名称和简短的引诱性的说明文字:"给人以纯美印象的格纹短裙,释放青春活力";"用桃心图案装饰代表我的甜蜜心事";"可以帮你实现爱之梦想的高跟鞋,成为别人羡慕的对象";"璀璨的仿水晶戒指,积聚美丽记忆";如此等等。至此,"爱的梦想"和爱的完美经历已通过服饰承载,关于在恋爱的各个季节该如何穿戴的教化,也在不经意间完成了。

　　接下来是与前面类似的三个系列,只是产品换成了化妆品,主题换成了季节。三个系列的主题围绕如何适应季节的变化化妆和护肤,"前沿·粉妆"的主题:"静美的颜色从不知疲倦"(解说词是"用养分充足的沙拉以及修补肤色的隔离底霜,及时给肌肤来个内外兼'修',只有精美的肤色才能映出秋之美");"前沿·护肤"则是:"拂面的秋风带不走细嫩"("在渐凉的秋风中要防止细纹的蔓延,补足原气,调出香滑细嫩的奶油肤质");"前沿·彩妆"："粉红的秋意来不及冷清"（"有如寿司凝集着和风之美,纯正的粉红色彩妆也凝集着属于女孩的美丽与欣喜,只需一点便可冲淡初秋的冷清"）。这样,在传授秋季美容护肤技巧时,它同时制造了秋季美容护肤的流行概念,更重要的是,它还是内容详细的广告。因为每一款提到的美容护肤用品都说明了功能和风格,标明了品牌和价格。

再接下来的"流行在线"则是打造季节流行颜色。它毋庸置疑地规定并告诉你："当好莱坞从电影中掀起了强劲的粉色风潮,本季的流行当然就以粉色当家!"然后通过"惊起一场粉红色的明星梦!"这样的主题,展示各色明星及模特的粉色着装,每人一个系列,号召大家"现在就从当红女星的迷人造型中汲取时尚元素,用粉色惊起一场拥有明星风采的梦,但愿我们能像明星一样粉红"。这样,就让明星的现身说法来告诉你如何跟上潮流,在对明星的崇拜和模仿中实现着对时尚的打造。

不需要再详细分析它的每一个栏目了。它的基本内容模式就是根据情景、季节、个人特点等来传授衣着和美容化妆护肤技巧的过程来打造时尚流行,并且帮商家推销产品。而且,从实质上看,推销产品是目的,传授技巧和打造流行则只是手段,并且流行的打造也正是在技巧的传授中实现的。比如后面的栏目介绍秋季的着装技巧,"瑞丽模特"是瑞丽杂志自己的模特葛冈碧的"初秋美装全线公开",介绍其装饰和美容诀窍及喜好供人模仿;"时尚表情"里同样不容置疑地定义"初秋的淑女方向"："今年秋季的造型中,令人瞩目的是优雅型'淑女造型'",并以模特+品牌的方式给予示范和展示趁机推销的产品;"主打单品"把针织衫定义为"浪漫秋季置装首选";"扮靓课堂"中展示和分析五位瑞丽模特的秋季着装技巧,把它们定义为秋季的五大流行风格,而每一种风格都是通过同一个品牌的产品来表现的。所以这里的模特着装技巧和喜好实际上是虚假的,是根据广告发布的需要制造的,它们与流行风格之间的关系则更是根据需要指定和总结的,而它们引起的模仿和购买则是真实的,这是与另一类人物的现身说法;"搭配月记"里以普通读者为模特,向上班族和大学生展示她们的"9月穿衣日记",传授"从夏到秋的美丽生活";"OL初级入门"和"RAY女孩的装扮课堂"以及"造型菜单"是对新上班族、所谓"瑞丽女孩"、自由职业者、外企白领、大学教师、演艺人员的着装教导;"扮靓课堂"中传授如何利用各色裤装衬托美腿、掩饰缺陷;"量身定做"中教你如何运用着装掩饰身材的各种缺陷……
饰品、鞋、首饰、美容化妆品等,其组织模式也都是搭配+品牌+价格,在传授
各种着装搭配和美容化妆技巧的同时介绍和推销产品。值得一提的是介绍
如何模仿明星海报上的化妆技巧的"人人都有'明星脸'",展示各色普通人
如何通过特定产品和化妆技巧获得了酷似明星的妆容,从而诱惑女性通过
购买和使用同样的产品来拥有"明星脸"。此外还有教你如何减肥、如何健
身、如何利用健康食谱美容和保养、如何对付黑眼圈、头发干燥开裂等种种
内容,每期近 400 页的篇幅,简直就是一部部时尚女人生活的"百科全书",
在实用的指导中制造关于品位、风格和流行的概念,实现广告产品的推销
(在分析中已经可以看出,由于它的概念和指导性信息都是通过具体的标
明品牌甚至价格和购买地点的商品来说明和展示的,因此,要把它的实用指
导和广告区分开来是根本不可能的)。整本杂志提供的是关于女人时尚生
活的梦想和梦想实现的蓝图,通过购买和使用杂志中传授的搭配和风格的
商品,我们可以美化自己,使自己装扮得体,显得很时尚、有个性、有品位、有
身份,甚至有明星风范:这才是我们应该过的精致和有品位的生活。而女性
在时尚杂志的导引下,乐此不疲地呵护身体、追逐流行的时候,已然掉入了
一个精心设计的陷阱——以品位、个性、魅力、身份等作为承诺的消费陷阱。

　　这是《瑞丽》的模式,也是所有时尚生活类杂志的模式。1988 年就已经
登陆中国的《世界时装之苑》,其服装风格与《瑞丽》有所不同,更加国际化,
也没有很明确的人群定位,但它宣传的顶级品牌和不无奢侈的生活方式无
形中就已经对它的主流受众定了位。更重要的是,它和《瑞丽》在消费主义
价值观念和生活方式的渲染上如出一辙,其基本的内容模式也一样,以服装
为主打,其次是化妆和美容,然后是健身、旅游、家装等。表现的基本模式也
是模特+品牌+价格,一样是在教导各种搭配原则的同时宣传品牌产品,只
是没有《瑞丽》那样几乎每件物品都有一个具体介绍。值得一提的是,《世
界时装之苑》还多了人物访谈和人物专题、话题等文字相对多一点的栏目,
但其共同特点也是围绕消费风格和消费生活方式展开的,其涉及的人物主
要是热衷消费的成功人士和明星。而且对这些人的访谈内容尽管是吸引读
者的一部分,但访谈内容还不是杂志的目的,通过访谈人物进行消费主义生
活方式的宣传和广告宣传才是主要的。比如随机抽取的 2002 年 11 月的

《世界时装之苑》中,"访谈"的标题就是"享乐女精英",介绍一个事业有成又是"上海少奶奶"的女士如何享受生活,同时也不忘给加上一张她在法国名牌服装店排队等候购物的照片:"到了巴黎可不能空手而归,我在 LV 店门口已经排了三个小时队了。"对周杰伦的访谈则也不忘把他当做模特来用,照片突出他的服饰并且标明每一件服饰的品牌,可见杂志的真实用意不在访谈本身。1993 年在北京出版的《时尚》,主体内容也大体相同,占最大篇幅的同样是有关女性身体包装的服饰和美容护肤等,只是关于生活技巧、两性关系、生活方式等方面的专题、人物专访等相对多一些。"一本杂志和它所倡导的生活",《三联生活周刊》道出了所有时尚生活类杂志的本质特点。需要指出的是,它们所倡导的生活无一例外的是消费主义的,是通过非同一般的商品的消费来体现生活的品位,达到生活的满足和幸福感的,并且其具体内容传播都是和市场结盟的。

(二)你是谁,你想成为谁——时尚杂志的身份建构与消费培训的作用机制

关于商品与人们的身份意识之间的关系,也就是人与物的关系,已经有不少人做出说明,一切关于消费的"异化主义者"试图揭示的正是这个问题。他们很有效地揭示了当代消费社会中消费物品除了提供基本的生理满足之外,更重要的是它与我们的身份意识、身份建构之间的联系。这就是人们常说的商品的"符号价值"或"象征意义"。在当今社会,人们发现他们比以往任何时候都更需要、更习惯通过消费商品来表达自我:我是谁,我希望成为谁。因此,"需求从来都不是对某一物品的需求而是对差异的'需求'(对社会意义的欲望)"[1]。

财物可以用以表达、改变甚至是创造身份[2],这基本上已经成为消费社会中人们的显性意识。对身份的追求是人的竞争天性,西美尔在其《时尚的哲学》中,就清晰地揭示了通过消费进行的这种社会区分活动。正是这种身份区分的努力使时尚不断更新。因为正是处在社会位阶的上下两级的

---

① 让·波德里亚:《消费社会》,刘成富、全志刚译,南京大学出版社 2001 年版,第 68 页。

② 参见西莉亚·卢瑞:《消费文化》,张萍译,南京大学出版社 2003 年版,第 238 页。

人们对时尚的创造、模仿、抛弃、再创造与再模仿的循环互动中,实现了时尚的长存不衰。这一理论对于社会层级相对清晰和稳定的社会无疑是富有解释力的。在社会多元分化,社会等级不稳定的时候,时尚的流动情形可能比西美尔哲学中的从上至下的单向流动更为复杂,但人们通过商品消费来实现自我身份的表达这一社会交流机制却是不变的。我们甚至可以说,在社会等级多元分化、等级流动性强的社会,人们的自我表达更依赖于财富与商品的消费。因为这样的社会意味着更多的身份改变的机会,而成功改变身份的人用商品来展示自我身份的欲望会更迫切、更强烈。因为,在提倡竞争的市场社会,人们过分地把竞争的成果看做是幸福的主要源泉,而在物化严重的消费社会,物质财富的积累是成功的主要标志。这一成功需要用物质消费来言说,尤其是在陌生的环境中,人们更需要通过道具和服饰等来定义他们的存在。

因此,从本质上来说,人和物品的这种意义联系意识来自消费者本人,而不是像一些人所认为的是媒体操纵的结果。人与物的关系根源于人们的生存状态,根源于文化自身。说明这一点,并不是说明媒体在其中是无为的。相反,媒体在其中起到了不可忽视的作用,因为正是它们决定了这种联系的具体方式。媒体的主要作用,就是把具体的商品与一个阶层或群体的身份与趣味联系起来,通过具体的商品及其使用来建构特定阶层或群体的身份,也因此在这个过程中实现着对人们的消费培训。而与此同时,媒体客观上强化了消费与身份、地位、个性、品位等符号价值的连接,并最终扩大了消费主义的影响,促进了消费主义价值观念和生活方式的广泛传播。正因为这里体现的是适应工业体系需要的消费操纵,波德里亚认为,"消费者的自由和主权只是个骗局"①。

时尚杂志在中国的兴起,同样与其目标受众——所谓"白领"对身份、地位、个性、品位等的追求是密切相关的。"白领"的身份意识和个性追求决定了杂志的内容及其风格,反过来,杂志通过对时尚和流行的揣摩与创造也建构了这个阶层的身份——通过商品消费来体现的身份。在中国,时尚

---

① 让·波德里亚:《消费社会》,刘成富、全志刚译,南京大学出版社 2001 年版,第 62 页。

杂志的兴起与社会阶层的分化几乎是同时出现的。自 20 世纪 80 年代以来,一种新型的社会阶层应运而生,谓之"白领"。典型的白领,不仅意味着某种收入数额,而且整体素质较高,当这一群人的特征日益显现的时候,追求社会身份区隔和群体归属的心理需求使他们急切地渴望拥有该群体独享的文化要求和生活趣味。① 因为情形正如有的学者所言:在这个时代,"个人、群体乃至民族国家的存在都必须首先在文化中找到自己的存在,然后才能在社会中获得存在"②。

　　白领阶层既呼唤着时尚杂志为其提供文化空间,进行话语倾诉,建立自己的身份认同,同时它自身又成为了时尚杂志所追寻和选择塑造的模本。以白领为代表的人群被当做杂志的读者对象,他们似乎是时尚杂志所介绍的品牌的使用者,是其所宣扬的生活方式的践行者。杂志为这些人而办,同时也参与着这一新型阶层的建构。③ 这也正是中国新兴白领阶层生活方式合法化的过程。在这个过程中,时尚杂志通过对他们日常生活方方面面消费的培训,塑造起一个阶层的"品位"。总的来说,这种身份建构的必要性和可能性,正是时尚杂志的消费培训得以完成并奏效的社会心理机制。

　　重要的是,情形正如有人所言,除了给白领阶层提供一种一致的认同感、社会地位、相同或相似的价值观、生活方式和行为准则外,时尚杂志还为没有成为富人的平民大众提供了一幅富人阶层生活的图景,并鼓励大众向这种生活努力。④ 大众在这些时尚杂志的引领下"已经开始不仅仅满足于商品实用价值所带来的舒适和方便,而是越过它们,直指商品背后的符号意义和象征价值。与其说他们是在消费商品,毋宁说是在消费商品的符号意义,消费他们的欲望,欲望成为一个真正的新富人。"⑤就像如下文章所指述的那样:

----

① 参见邰小丽:《白领·时尚·消费文化——试论时尚杂志的价值经营哲学》,《新闻大学》2005 年冬之卷。

② 高丙中:《居住在文化空间里》,中山大学出版社 1999 年版,"引言"部分第 4 页。

③ 参见周春玲:《时尚杂志与大众文化》,http://culture.163.com/edit/010212/010212_46099.html。

④ 同上。

⑤ 乔治·瑞泽尔:《后现代社会理论》,谢立中等译,华夏出版社 2003 年版,第 143 页。

　　Sex and the City 电影版可算是 2008 年的时尚热事件,电影版票房飙红,以至盗版碟走俏,这纯是唯恐天下不乱的媒体——时尚媒体炒出来的。

　　当然还得说是人家有"炒点":女白领金老公的完美组合(当然,特别是在女方看来);一早特意散发的剧照上,四名女主角的行头,款款都够压轴顶级时装秀的——据说该戏还未开拍,就有无数大牌亲奉自家当季新款乞君钦点;名流时尚派对,古董珠宝拍卖,一线 Fashion Show,新开的高级餐馆,抬腿即行的国外度假,想买就买的曼哈顿大House,整面墙的衣橱、鞋架,并且挂、摆得既满满当当又整整齐齐。

　　纵然时有磨难,亦以衣香鬓影的鸡尾酒会始,以头等舱、私家别墅的国外度假终;并且,毫无疑问,到头来你会发现所有磨难的存在,都是为了诠释四个字:好事多磨。

　　这样的电影你不爱看吗? 反正我爱。爱得不行——就算哪天有幸在凌晨零时以前上床,点暖熏香,放轻音乐,拍软枕头,立志做一个天下无敌大美梦,也颇难做得能有这片子一半齐。呵,没错儿,这就是我与该片的至大缘分。还能怎样呢? 难不成我与王小淇们自以为——不比Carrie(凯莉)丑很多,只比她傻很少;她拥有一幢小公寓,而我们有两幢;她每日换新装俨然第一女主角,我们却也每日一裳伴作当家花旦;她有几个闺密,我们亦拥数名损友;她上过杂志,我们还常上报纸呐;对了,我们尚比她年轻些……①

　　由此,时尚杂志从它们创立之初就承担起了双重角色:其一,以各种方式从生活的各个领域宣传新兴中间阶层的价值观;其二,耐心引导,向社会传授如何通过有品位的消费成为一个入流的中间阶层。正由于这种身份构建的需要,时尚杂志中充满的是各类品牌产品,因为品牌与身份、个性、品位之间有着天然的联系;不仅如此,它们还极力展示商品的符号价值,就像前文所分析到的那样。将消费的符号身份作为最普遍的文化倾向和最确切地通向个人幸福和社会地位的道路,作为较高生活质量的标志,正是消费时代中消费主义的显著特征。作为大众传媒,时尚杂志与商业合谋,在运用商品

---

　　① 《欲望都市引发的时尚嫁人观》,瑞丽·女性网·生活主张,2008 年 11 月 20 日。

为"中产阶层"进行身份建构时,成功地实现了其商品推介策略,不断为消费文化推波助澜。那些不具备高消费的经济能力,但是被想象、呼唤和建构中的"中产阶级"、"白领女性"的潜在成员,即将成为时尚杂志制造的文化表象的消费者。① 在时尚杂志营造的"拟态环境"中,人们"在虚幻的自我身份想象中以'追'名人和名牌为'时尚'。追求名牌并不主要追求其使用价值,而是在购买名牌商品时体会到的出人头地的满足感和心理幻象,是以一种社会权力方式对人与自我、人与世界的关系,进行重新编码"。②

由此,对时尚杂志为特定阶层进行身份建构而实现的消费培训,除了揭穿其与商业结盟的阴谋之外,其对消费主义文化的传播与扩散,当是人们更应深刻思考与冷静批判的。

三、唤醒沉睡的身体——时尚杂志对身体的消费殖民

在时尚杂志与消费主义的连接中,最突出的表现是它对身体的关注,这种关注主要表现为通过形象焦虑的唤醒来诱导维护和美化身体的消费,也就是促进服装、饰品、美容护肤化妆品、保健品以及所谓健康饮食和运动健身等领域的消费。那么,时尚杂志又是如何唤醒人们对身体的关注的呢?它又是如何可能的呢?

要探讨这种呼唤的可能,首先让我们回顾一下我们身体的历史处境及其现代发展。

(一)身体:从理性的压制到科学的漠视再到审美的暴力

漫长的意识哲学时代是身体的漫漫长夜。因为意识哲学的基本构架是灵魂和身体的二元对立论,在意识哲学的主宰下,身体被认为是可见的、短暂的、充满贪欲的、低级的、错误的,是导致恶的;而灵魂则是不可见的、不朽的、纯洁的、高级的、真实的,也是通达善的。这就决定了意识哲学中身体的悲惨命运。它总是受到指责和嘲笑,这种指责和嘲笑或发自道德伦理或发自真理知识。

---

① 尚智慧:《对〈时尚〉杂志的批评语篇分析》,《齐齐哈尔大学学报》(哲学社会科学版)2006年第7期。
② 王岳川:《中国镜像——90年代文化研究》,中央编译出版社2001年版,第352页。

　　这种对身体的贬斥和以柏拉图的理念与身体的对立为代表。对柏拉图来说,欲望的身体无法接近作为真理的理念。虽然柏拉图的迷狂说等有反理性的特性,但是由于他关乎灵魂与真理的哲学使命使得柏拉图建立起身心二元论的基本框架,即把人分割成身心二元(身体与灵魂),并对身体进行一个预设式的价值判断:对身体之维进行无条件的贬抑。

　　在奥古斯丁的神学改写柏拉图主义后,柏拉图的理念与奥古斯丁的上帝使身体受到哲学和宗教的双重磨难。对奥古斯丁来说,欲望的身体无法通达上帝之城。因此,漫长的教会和修道院的历史,是身体沉默无语的历史:克己、苦行、冥想、祈祷、独身、斋戒、甘于贫困,这都是控制身体的基本手段,旨在将身体沸腾的能量扑灭。

　　到了中世纪后期,神圣的超验(上帝)世界进入它日渐衰落的黄昏,世俗景观重新进入人们的视野,对于身体及其欲望的重新认识开始了。文艺复兴对身体有一个短暂但热烈的赞美——既赞美它的性感,也赞美它的美感——身体逐渐走出了神学的禁锢,但是,它并没有获得长久的哲学注视。哲学此刻的主要目标是摧毁神学,而不是解放身体。因为神学的对立面是知识,压倒一切的任务是激发对知识的兴趣(培根语)(启蒙哲学中的理性)。

　　17世纪开始,哲学和科学逐渐击退神学,国家逐渐击退教会,理性逐渐击退信仰。由此,科学的时代开始到来。科学对神学的取代,卸去了神学加之于身体的沉重枷锁,然而,文艺复兴时期的身体短暂解放并没有导致身体的狂欢,因为科学关注的不再是身体。以前,人们压制身体,是因为身体是个问题;现在,人们忽视身体,是因为身体不再是个问题。以前,神学总要警告身体;现在,科学不再理睬身体。以前,信仰因为身体的捣乱要管制身体;现在,理性因为身体的反智性而放逐身体。

　　在理性一步步驱赶宗教伦理的过程中,在自然世界一步步取代神秘的上帝世界的过程中,意识和身体的伦理关系转变成了意识和存在的工具关系。笛卡儿将意识与身体的对立加以运用并在这一关系中对身体进行严厉指责与嘲笑,认为主体的实质性标记是思考,而不是盲目的身体。知识都是自我意识进行反复的理性推算而获得的,而不是身体偶然出发而触摸得来的。由此,主体性的挺立和理性的霸权在他对身心二元的论述中彰显出来,在知识的不断追问中,意识逐步变成了一个理性机器,意识和身体的伦理关系转变成了意识与存在的工具关系,身体被宣告退场,科学因为身体的反智性而将其驱逐,身体也就在心灵对知识的探求中而被遗忘。① 比如在黑格尔哲学里,人被抽象为意识和精神,人的历史被抽象为意识和精神的历史。

而马克思意识到了身体的缺席,立即赋予意识一个物质基础,并且相信,身体的饥寒交迫是历史的基础性动力。身体和历史第一次形成了政治经济关系。但马克思探讨的,只是身体的基本满足。马克思在意识和身体的哲学双轨中跋涉,真正关注的仍然是意识而不是身体。

可以看到,存在着一个漫长的主体哲学,这种哲学或者将人看成是智慧的存在(柏拉图语),或者将人看成是信仰的存在(基督教),或者将人看成是理性的存在(启蒙哲学),而此间身体的历史,是被贬抑、被压制,或者被忽略的历史。

只有尼采才旗帜鲜明地表达了对"灵魂假设"的拒绝,还人自身、人的身体及其本能欲望一个重要的地位。尽管在我们看来,尼采哲学似乎走向了另一个极端,他将人看成是身体的存在,使身体成为哲学的中心,在尼采那里,由于权力意志构成了一切存在者的基本属性,作为权力意志的动物性当然也就是人的存在的根本规定性。由此人的身体有主宰道德领域、知识领域和审美领域的正当性。

由于尼采的身体发现,主体(意识)哲学在 20 世纪 50 年代后的法国成为结构主义和后结构主义持续摧毁的对象。罗兰·巴特从阅读的角度将身体提到了一个至关重要的地位。在他那里,文本字里行间掩藏的不是"意义",而是"快感",阅读不再是人和人之间的"精神交流",而是身体与身体之间的色情游戏。阅读成了快感的生产行为。巴塔耶则从色情着手,探讨身体的秘密。他首先将色情的秘密揭露出来,使色情溢出了意识和理性的地盘之外。对于他来说,色情的秘密正是人的秘密所在。色情是身体的自然冲动,但是,存在着一个理性的世俗世界,这个世界将身体的自然冲动看做是向动物世界的野蛮返归,并且要向它作出不洁和肮脏的谴责。巴塔耶

---

① 参见郭战涛:《"十七年"时期文学作品中的"身体叙述"》,《华北水利水电学院学报》(社科版)2008 年第 2 期。

追逐着尼采，从人身上抢回了部分动物性，但是，他并没有将人定义为动物性。如同动物性残存在人身上一样，意识也残存在人身上，它对身体构成了一个逆向的障碍。①

在我国历史上，历代朝廷推崇的儒家注重的是道德的教化，而不是个人的满足，尤其是物质享乐的满足。儒家的人生观与他们的政治主张是密切相连的。儒家的"德治"一方面对统治者提出"仁政"的建议，另一方面对老百姓提出要"克己复礼"（孔子语），孟子的"人性本善"、"以德服人"也是从道德上对人提出的要求。因此，儒家与西方哲学的早期传统一样，是重精神而轻物质的。"修身、齐家、治国、平天下"，则进一步提出了为实现伟大的政治理想而对自己的身体、自己的物质享受加以忽视甚至抑制。孔子说："饭疏食饮水，曲肱而枕之，乐亦在其中矣。不义而富且贵，于我如浮云。"（《论语·述而》）——吃粗粮，喝冷水，以胳膊为枕，我也乐在其中。用不义之财享受荣华富贵，对我来说犹如浮云一般。孔子还曾经这样称赞过他的得意门生颜回："一箪食，一瓢饮，居陋巷，人不堪其忧，回也不改其乐，贤哉回也。"（《论语·雍也》）你看颜回多么有修为，住在简陋的巷子里，吃着粗茶淡饭，生活清苦，换了别人肯定受不了，而他却并不因此忧愁，这一点也不改变他对生活的乐观态度。在儒家那里，满足自己身体的享受欲望并不重要，重要的是入世的理想，即辅助贤明的君主实行"德政"、"仁政"，从而实现天下大治。

到了"存天理、灭人欲"的宋明理学阶段，所谓"新儒学"则更是把对人自身的欲望压制到了极点。宋明理学的代表是程（程颢、程颐）朱（朱熹）理学和陆（陆象山）王（王阳明）心学。二程认为人性有两个方面：一方面是天理之性，接受的完全是至善的天理，这决定了人可以成为尧舜；另一方面是气禀之性，而"气有清浊"，故人有贤愚之分。由此人们"不是天理，便是私欲"，天理是善，而私欲则是恶。② 二程强调提高自我的道德修养来"存天理，灭人欲"，朱熹则认为要通过自觉禁欲、敬畏道德规范来涵养内心的"天

---

① 参见郭战涛：《"十七年"时期文学作品中的"身体叙述"》，《华北水利水电学院学报》（社科版）2008年第2期。

② 参见吴光远：《听大师讲哲学》，中国民航出版社2003年版，第174页。

理"。陆象山进一步阐明了"天理"与"人欲"之间此消彼长的关系,强调"剥欲"后赢得澄净透亮的心。王阳明把人欲喻为"心中贼",要明辨心中贼,杀尽心中贼,然后可以存良知(天理)。他提倡的发方法是"减",减得一分人欲,便复得一分天理。宋明理学只承认人基本的生存欲望,现代人的享乐欲望、表达欲望等都在他们的鞭笞之下。

　　与儒家的入世进取不同,几乎同时期的道家思想是潜隐退守的。面对残酷的现实,道家不若儒家一样积极为统治者出谋划策,而是选择回归自然。它的代表庄子不但对金钱、权力、地位不感兴趣,甚至对儿女情长、夫妻恩义都漠然处置,超然物外。老子的"无欲"、"无为"、"不争",道家的少私寡欲与儒家的压制甚至杀戮欲望的主张却是相通的,所不同的是各自去欲的目的不一样。儒家去欲,是想把注意力放在治国平天下的更高目标上或者认为欲望蚕食了"天理";道家则是为了求得宁静的自由和圣洁的心境。不管怎么样,在他们的哲学里,是没有个人享受即身体欲望的位置的。

　　从实质上看,儒家思想可以说是统治者的愚民机器,到了魏晋时期,儒家思想的欺骗性和现实虚伪性被一些高人识破,嵇康、阮籍等人的"越名教而任自然"掀起了玄学的高潮。在玄学"贵无"思想的影响下,魏晋士大夫们或忘情山水,或纵情享乐,放浪形骸,使受到忽视和压制的身体享乐欲望得到了一定程度上的复苏和满足。魏晋时代出现的《列子》一书说,人的自然本性在于追求享乐,并把人生的感官快乐看成是人生最重要的东西,应当及时行乐,其他都无关紧要。① 人生苦短、及时行乐的思想在当时的名士中甚为盛行,但由于社会整体的封建与封闭,加之生活水平的限制,享乐的生活主张并没有在全社会普及。

　　在普通百姓生活中,墨家的节约主张是古代中国社会生活主张的主体。墨家提倡苦行,反对奢华浪费,在它的十教义中有"非乐"、"节用"、"节葬"三条,对衣食住行色各方面都制定了"节用"的标准,总的来说在生活方面追求实用,反对美化;主张节用,反对奢华,以满足最低生活需求为准则。②

　　此外,与中国传统的禁欲思想、节约思想合拍的,还有汉代传入中国的

① 参见吴光远:《听大师讲哲学》,中国民航出版社2003年版,第205页。
② 参见上书,第254页。

印度佛教。佛教在中国经历了本土化的过程在南北朝时发展非常迅速。隋唐时代,随着国家的统一,佛教也得到了更大的发展。佛教以因果轮回一方面给老百姓一个安慰,另一方面有效地维持了现世的秩序,使人们安于忍受现世的苦难,以求得来生的超脱。而人生即是苦的,因为人世间充满了各种烦恼、痛苦和争斗,这些又都源于人的贪欲、仇恨和无知。对于贪欲的消除,佛家尤为重视,方法是"戒"。佛教的"十戒"(原为"五戒")中就有不装饰打扮及观听歌舞、不饮酒、戒邪淫、不眠坐高广华丽之床、不食非时食等各种清规戒律。佛教是民间接受最为广泛的一种教义和思想,普通百姓不见得能接受和践行它的全部教义,但对身体欲望(物质享受、感官享乐、装饰美化以炫示等)的压制则是共通的。

近代以来,西方近代物质文明和个人主义的思想与中国传统的节制、禁欲思想交相涤荡,再加之资本主义在中国的萌芽,使中国社会呈现出部分享乐社会与全局封闭传统的生活方式共存的独特面貌。而几十年的内外交困,百姓的民不聊生又使得社会关注宏大的社会时局问题而无暇也无能顾及身体欲望的满足。新中国成立之初,先是政治斗争的持续,后是社会重建的需要,在温饱问题未得解决的阶段,社会对民众的动员充分体现了权力的意志。自此,充满各种生理欲望的身体被简化为"为人民服务"的物质性工具,包括传媒在内的文化艺术领域对社会成员身体遭遇的表现和处理,突出了主流意识形态对社会成员的外部规训和社会成员的自我规训,拯救身体就此成为一种精神拯救的手段。① 享乐主义被贴上资本主义的标签而使人避之唯恐不及,奇装华服、靡靡之音等,都被定义为资本主义腐朽的生活方式。统一的服装、统一的行为、统一的观念,凝聚了高度集中的意识形态,为刚刚建立的政权同化了思想,凝聚了人心。

随着改革开放和市场经济的推行,社会生活的各个领域发生了重大变化。思想的解放、观念的变革在许多领域得到体现,最外在的体现就是人们外在"包装"的改变。泛意识形态的突然解除,使社会一时陷入找不到自己位置的茫然境地。旧的价值被打破了,新的价值体系还没有建立。国门一

---

① 部分思想参见郭战涛:《"十七年"时期文学作品中的"身体叙述"》,《华北水利水电学院学报》(社科版)2008 年第 2 期。

开,眼花缭乱的人们开始了从思想、价值观念到生活方式、身体包装的无序选择。喇叭裤、蛤蟆镜、卷发、牛仔装、T恤、染发、化妆品、美容术等,都是80年代中后期开始逐步被一群群个性表达先锋者们引进的。正是这个时候,对身体的包装就成为个性和价值观的一种表达,身体包装的符号意义开始凸显。

市场经济体制的建立,使生产力水平突飞猛进,人民生活水平迅速提升。加之多元文化观念下消费主义、物质主义的扩散,身体感官享受的欲望也日益高涨,与符号表达的欲望一起,激发了身体里沸腾的能量,享乐主义的时代正式来临,身体开始至少从表面上成为了"自己的主人"。

可是这种"主人"表象并没有维持多久,就被市场的逻辑所摧毁。因为蓬勃发展中的市场敏锐地抓住了这一表达需求和享乐欲望所产生的商机,开始收买各种媒体,成体制地生产生活方式的符号表达体系,别有用心地渲染享乐主义的生活方式。

由此,对身体包装和身体享受的商业利用,使身体问题同日益强化的消费主义结合在了一起,消费时代的身体被纳入消费计划和消费目的。也是在这一新的历史时期,身体,尤其是女性身体,成为被关注、被赞美、被欣赏、被把玩、被欲望投射的对象。消费时代的特征之一就是对身体(这里主要探讨女性身体)的前所未有的管理与呵护,最终是某种开发与利用。

如前面对以《瑞丽》为例的时尚杂志的分析,媒体与商业的结合,产生的一种现象就是商业目标对媒体内容的形塑。在时尚杂志这里,最经典的形塑就是消费主义价值观念和生活方式的培训。这种培训首先是使人把目光投向人的外在形象的管理,而不是对信仰、精神、美德等内在品质的关注。

身体,尤其是女性身体,之所以在以时尚杂志为代表的大众传媒的消费主义劝导下成为人们悉心经营的重要部分,与以时尚杂志为代表的大众传媒对消费主义价值观念和生活方式的渲染密切相关,同时也是女性生存境遇改变的结果。这些生存境遇的改变,首先是女性解放潮流之下女性地位的改变和对女性的重新认识。在中国漫长的封建社会,女性地位低下,缺乏随心装扮自己的自主权。加之物质条件匮乏,也没有更多的余力来进行身体的经营。更重要的是,在父权专制的封建保守观念中,社会对于女性的过分装扮持反对甚至鞭笞态度的,引人注目的装扮一般只出现在妓院等烟花之地。女性对身体的享乐的追求则更是禁锢在道德枷锁的最深处,"潘金莲"就是钉在"不守妇道"的女性身上的一个耻辱的标记——女性的身体只能是男性欲望宣泄的工具,女性自我欲望并不具备社会认可的合法性。

随着近代妇女解放运动的开展,女性社会地位开始提升,这一状况慢慢得到了改变。一方面,在市场经济全面推进的今天,女性的社会地位和价值观念都发生了变化,获得了经营自己身体甚至实现身体享受的诸多自由;另一方面,欲望社会的竞争逻辑使女性更多地意识到身体的外在形态作为重要竞争砝码的存在。从新闻报道中不断出现的"丑女"在就业市场上遭受的冷落甚至侮辱,从影视剧和流行杂志中明示或暗喻的女性形象资本与成功,尤其是家庭成功之间的关系,都可以看到女性形象经营焦虑的源头。因此有人说,女性身体对自由的拥抱是虚拟的,获得的不过是自恋式的解放。因为女性消费身体、消费魅力的目的是为了身体更具消费性。在看与被看的两性权利关系中,女性作为审美客体的位置始终没有被取消,女性的身体消费是处于现行文化的移入和美学暴力的语境下的,经济投入和心理投入的背后实际上受到男权社会权利的规训和控制,女性身体闪亮而醒目的登场也是消费文化的逻辑产物。①

（二）审美暴力中的形象焦虑

我们已经说过,在商业机制的鼓动之下,身体,尤其是女性的身体一方面获得了前所未有的身体消费的自由和解放,另一方面也屈从于男性标准和流行标准的审美暴力。为什么女性会心甘情愿地折腾自己的身体,把对身体的规训(如瘦身、隆胸、隆鼻、化妆等)变成一种自觉自愿的心理认同和社会实践方式呢? 与此同时,商业的逻辑同时还正在开发几乎所有的身体,对"男性魅力"的推崇正越来越多出现在各种男性杂志和流行的影视剧中。经过21世纪初以来近五年的早期失败的尝试,从2005年开始,中国本土的男性杂志也开始成为风头正健的期刊门类。目前活跃在男性杂志市场的主要有被称为我国真正意义上的第一本男性杂志的《时尚·先生》专刊和《时尚·健康(男士)》、《男人装》(国际男性杂志标志 *FHM*(《男人帮》)的中文版)、《Mangazine·名牌》和《特别关注》等十多种。

---

① 参见李华林、刘敏、李天道:《从科学的漠视到审美的暴力——试论理性时代与消费时代的女性身体》,《文教资料》2007年4月号下旬刊。

　　男性杂志的定位同样与消费文化的氛围不谋而合。南方报系旗下的男性期刊《Mangazine·名牌》主打的则是成功男士的物质生活消费题材；现代文明画报社主办的《时尚君子》（*MENBOX* 中文版）主打的则是前卫时尚的旗帜，它瞄准年轻新潮一族，对都市新潮人士最流行的娱乐、健身、休闲、服饰等时尚内容一网打尽；号称是当今亚洲权威的男性时尚杂志的《Men's uno·中国文艺家》（《MEN'S UNO·男人志》中文简体版）则从男人的穿着到面部清洁，从国际流行时尚到饰物的搭配，从饮食到健身，内容无所不包。① 有人曾经将目前各主要男性杂志的文化定位作了一个比较，发现它们大多数文化价值取向是单一的、模糊的、缺乏深度的，最明显的体现就是大多数男性杂志的内容构成常以"物质化"取悦受众，而不是从精神的价值层面为受众提供丰富的精神内容。"物质化"在男性杂志中具体表现为对时尚理解的"物化"。在这里，时尚就体现在衣食住行，而不是观念和价值上。"提供男性魅力的实用解决方案"的《魅力先生》，自称其是为工作繁忙的白领上班族打造的一本专注于穿着、消费的时尚"傻瓜"手册，向男性介绍服装、生活消费信息和推荐 IT 数码、汽车、手表等硬物，很少提及男性文化价值的精神内核，很少关注男士的心灵。同样，强调真性情男人的《男人装》也表现出恋物的倾向。②

　　必须指出的是，男性杂志的发展与男性时尚工业的发展是互为因果的。过去，汽车、手机、房产等消费品的主要诉求对象都集中在男性，但是，男性并不是它们唯一的消费者。而现在，男性时装、化妆品、香水、配件等男性消费品日渐增多，许多男性品牌也开始进入中国市场，这些男性时尚工业的发展直接为男性杂志带来了广告的繁荣。同时，男性时尚杂志的消费示范与消费诱惑正教会越来越多的男士开始真正享受生活，享受物质带来的满足，从而直接推动了男性时尚工业的发展。

　　由此可见，无论是女性还是男性，对身体的经营已经成为越来越被重视的一个信号。除了经济发展和思想解放、文化多元的背景，我们还可以从国

①　参见徐升国：《男性杂志　葡萄熟了》，《出版参考》2006 年第 6 期。
②　参见谭琼：《试析男性杂志文化定位中的四种"对立"关系》，《出版发行研究》2008 年第 5 期。

人的社会生存中看到什么?

　　如前所述,随着市场化的深入,商业资本在无限扩大自己的地盘,一直被认为是私人领域的身体,也遭到了商业的殖民。正如有的学者所指出的那样,在中国长期的社会历史中,身体是一种不光彩的存在,是需要理性克制和镇压的对象。人们不屑于也不敢过多地关注自己的这副"皮囊",唯恐对肉体的过分关心轻贱了对精神的高贵追求。① 而今天,现代人的身体在持续不断的商品化过程中得到改造,人们的身体不再只是生产工具或工作手段,同时也成为消费对象,人们开始对自己的身体有着自恋式的关注,这种自恋式的关注源自人们的身体焦虑,包括形象焦虑和健康焦虑,尤其是形象焦虑。所谓形象焦虑,就是对自己身体形象的在意和担忧,它主要包括"年龄形象焦虑"和"审美形象焦虑"。社会学者认为,身体焦虑与收入水平提高所带来的可能性、用人制度的改革使外貌成为"非能力竞争"的重要筹码、技术革新时代"学习型社会"取代了"经验型社会"造成的对衰老的恐惧、就业"买方市场"的"相貌歧视"以及人们爱美的天性都有关系②,而转型社会的各种压力则使形象焦虑大于以往任何一个时期,从而直接促使形象消费兴盛,产生了对护肤品、化妆品、整容术、衣服、首饰等美容、服饰产品和服务的大量需求。如此,围绕身体的年轻化和美化,一个庞大的产业出现了,并且在过去的几十年得到了非常迅猛的发展。这个产业的出现,一方面顺应了人们的新需求,另一方面,竞争激烈的身体消费市场到处寻找它的代言人,时尚杂志就是其中最典型的代表。

　　(三)时尚杂志对身体的消费殖民

　　那么,时尚杂志是如何服务并鼓动人们的身体消费,完成身体消费培训的任务的呢? 笔者认为,在身体消费培训方面,时尚杂志所做的事情,首先是进一步唤醒人们对身体的关注,然后再通过对时尚和流行的定义与创造,来推进身体消费的普及与更新。值得提出的是,时尚杂志的国际版权合作正使身体的护理跨越本土的限制,紧跟国际形象消费潮流,从而塑造了一个

_____

　　① 参见王宁:《消费的欲望:中国城市消费文化的社会学解读》,南方日报出版社2005年版,第35页。
　　② 参见上书,第25—28页。

时尚与流行的全球体系。

对身体的关注需要培训吗？当然需要。首先,我们并不是从一开始就像今天这样关注自己的身体;其次,不是所有的人都足够关心自己的身体——当然,诚如前面所说,我们关注的身体,不仅仅关注它的健康,甚至主要不是关注它的健康,而是它的外在形象;最后,也不是所有的人都学会了如何打理好自己的身体。一句话,身体的经营是需要培训的。

第一需要培训的,便是身体重要的意识。也就是说,唤醒人们的形象焦虑。在前面谈到的各种社会现实使人们意识到形象打理的重要性之外,媒体则起到了更形象的提示和教学作用(教导作用已经在前面对《瑞丽》的个案分析中详细谈到)。然而,如果说要归纳包括时尚杂志在内的流行媒体在人们形象消费上所起的作用的话,首先应该是对人们意识的培训,即从思想上、心理上解决身体经营的动力。然后才是通过创造一系列通常更多地通过物质生活方式来定义的概念(如"新新人类"、"BOBO族"、"布尔乔亚"等)来创造时尚与流行。

第二就是身体包装的意识。也就是说,强调通过身体、通过自我的外在形象沟通外界的可能性和重要性。这一培训是通过突出身体打理的符号意义而实现的。正如有的研究者所指出的,自我概念对消费行为的影响是普遍存在的:自我概念的沟通性要求附着在产品符号上的意义能很好地起到向外沟通的作用,这样的产品有一个突出的特征——其使用情境是外在的而非私人的。通俗地说,使用产品时能够容易地被他人看到,这就是所说的产品的社会可见性。服装、汽车、手机等就属于社会可见性较高的产品,越是可见性高的产品,越容易满足人们进行自我概念沟通的需要。可见性高的产品要在他人能看到的情境里使用,自然会涉及他人的评价,而个体会重视这种评价,因为它们能反馈性地影响到个体的心理感受。首先就是人的自我价值感和自尊心。昂贵的商品代表了使用者的身份和消费能力,与成功、富有、高贵等社会地位联系在一起,引起的是他人的羡慕和敬佩,从而给使用者以自尊和满足。所以,可见性高的商品往往是使用给别人看的。[1]

---

① 参见王丽:《符号化的自我(大学生服装消费行为中的自我概念的研究)》,社会科学出版社2006年版,第44—45页。

通过操纵商品符号使别人了解自己的身份和态度个性,这是一种无声的表达,这种物质化的无声表达,很大程度上正是传媒大量符号信息传达给我们的。

这个全民物质的时代中,那些作为"润滑剂"的媒体,催促着人们甩掉精神追求的羁绊,加速奔向没有灵魂的欲望之乡。

我常常戏言,中国的女性杂志是"宠物杂志",因为它们唯一的工作,就是号召女性们把自己打扮得花枝招展,以便"乱花渐迷男人眼"。也就是说,它们的价值观就是:女性就是男人的宠物,打扮好了就好了。而西方的女性杂志,除了女人美丽心得之外,还教女人们独立、自信和骄傲。如果美国的女性杂志像中国杂志这么肆无忌惮的话,恐怕早就被一班子女权主义者给踢了馆了。

不过,曾几何时,中国的男性杂志也开始越来越宠物化了。意思是说,这些男性杂志好像只关心一些"形而下"的、身体性的东西,比如,男性化妆品、手表首饰、时装香水。再要么就是性。

看起来,中国的男性要么关心自己像小狗要被牵出去遛弯一样,香喷喷地带着一个闪光的项圈,要么只关心交配的问题了。

比如《时尚先生》杂志,就是这其中的一个典型。就拿现在市面上发售的 2008 年 7 月号来说,除了吴宇森、1968 年的回忆和奥巴马 3 篇文章之外,通体透着一股欲望发酵出来的荷尔蒙味道。听听这么一些标题吧:《怎样保持"不倒"》(说的是头发问题)、《射精均速》、《公车均速》、《炎夏刺激之旅》、《杰西卡·辛普森实录》、《百变衬衫》。当然,且不提里面的玉体横陈(男女都有)、奢华遍地了。

自然,你也可以想象,吴宇森和 1968 年只是两个欲望释放的符号而已。吴宇森代表着成功,封面上手握雪茄的他在《赤壁》全国热映的当口,说什么已经不重要了;而 1968 年,不出所料的是,性、毒品、暴力、鲍勃·迪伦,这些现代化的欲望神话,再一次从沉默的棺椁中复活,再扮演了一次"反抗旧权威"的小哪吒。真正严肃的文字就奥巴马一个,不过,那是从美国 *Esquire* 杂志上翻译过来的。①

---

① 《欲望时代的润滑剂》,《外滩画报》2008 年 8 月 28 日。

然后需要培训的,便是身体经营的方式与方法。这一方法本书在对时尚杂志的个案分析中已经揭示出来。

第三节 时尚与流行的全球体系

在相对封闭的社会,时尚与流行的发生与更替主要集中在社会内部,因而它所引发的时尚与商业消费基本上是民族性的。旗袍从长袖到短袖,从高领到低领,从长裙摆到短裙摆,从低开口到高开口……变来变去,它还是传统的中国服饰。然而,在服饰文化和服装业逐渐跨越国界开放性发展的时候,服饰方面的时尚与潮流就变成全球性的了。西装与牛仔成为几乎全球通用的服装,其过程与各国各民族的对外开放并行。民族与国家之间的交流是一个多面的沟通,其中商业的沟通带来了文化的碰撞,而文化在碰撞中不可避免产生或大或小的同化现象,这种同化的完成,除了商业交往、跨国旅游、异域通婚等人际交往途径外,更多地依赖大众传媒的信息传播。

这种信息传播所带来的时尚与流行的全球共享趋势,于大众传媒而言,主要途径是海外电视剧和时尚杂志的全球体系。关于电视剧所引发的明星崇拜与模仿以及浮华物质生活的向往,本书将在后面讨论电视时专门谈到,在此不复赘述。

对于时尚杂志而言,遵循时尚杂志的发展轨迹,我们不难看出其发展脉络:在市场经济不够发达、时尚产业不够发展的民族和地区,其时尚杂志的发展都是先从国外引进成熟的时尚杂志的版本,进行简单的翻译出版工作,随后有了一定的或者说越来越多的本土化处理,最后随着国外时尚产业对本土市场的推进以及本土时尚产业的初步发展,开始慢慢出现成熟的本土时尚杂志。中国时尚杂志的发展历程就很形象地展示了时尚产业与时尚杂志这种高度统一的发展轨迹。

起步于20世纪90年代中期的时尚杂志,在中国拥有较大规模的读者群,并且引起研究者的注意,已经到了21世纪初。其兴盛之初,最有影响的时尚杂志就是 ELLE、《瑞丽》和《时尚》。

ELLE 是国外时尚杂志版权抢滩本土市场的代表。ELLE 的中文版是中国最早的一本版权合作杂志（1988 年入境），由上海译文出版社、法国桦榭菲力柏契出版社合办。*ELLE* 的出版可以说已经遍布全球，它的版权合作杂志涉及 40 余个国家，其 365dn 电脑技术站拥有多种不同语言的杂志，并且已经发展了近 30 个不同地区的 ELLE 网站。在时尚的全球流行和时尚杂志的全球兴起方面，*ELLE* 可以说是世界时尚流行领域的先行者和示范者，不少国家的时尚杂志就是在它的模式启发下成长起来的。如上海的时尚服装类杂志，其"洋基因"就非常普遍和明显。除 *ELLE* 以外，2001 年出版的《今日风采》（上海人民美术出版社主办）获得了日本女性杂志 *Oggi*（小学馆出版社主办）的图文版权，《秀·with》是上海文艺出版总社与日本讲谈社主办的，是 *With* 杂志社通过版权合作方式于 2003 年 1 月创办的。与境外杂志合作，主要引进的是境外拍摄的照片文字版，与国际著名时尚杂志同步，传达着巴黎、纽约、东京等大都市的时尚气息，引领着世界最新时装潮流。①

值得一提的是，为了使时尚深入到社会的各个角落，*ELLE* 近年开始尝试由"中产阶级"、"高级白领"的定位延伸到追逐时尚流行的新一代，而不局限于白领工薪阶层。2009 年 *ELLE* 的品牌延伸之举，就是与"快乐女声"的合作（由"超级女声"更名而来）。*ELLE* 斥巨资在湖南广电中心搭建了"ELLE STUDIO"造型工作室，每周重金邀请为国际一线艺人做设计的知名设计师、造型师、摄影师，根据每周不同的主题，不断挖掘快乐女声们的潜质，为她们量身定做时髦的造型。快乐女声们在国际级拍摄的要求标准和训练下，飞快地从邻家女孩成长为极具明星气质的快女，让追逐时尚的年轻人看到"未来发展的无限可能"。

快女的"完美蜕变"过程成功地告诉世人："草根也时尚"，更多的观众，通过湖南卫视、通过快乐女声，认识了 *ELLE*，认识了近在身边的时尚。

《时尚》杂志社是国家旅游局主管、中国旅游协会主办的时尚生活类大刊。1993 年创刊，它的成功就在其"国际视野、本土意识"的办刊方针上，尽管在本土化意识方面确实做得比较好，但从它的内容和运作上还是不难看

---

① 参见林颖、陈定、李双龙：《"本土派"应对"海外派"——2003 年上海时尚类杂志内容调查》，《新闻记者》2003 年第 12 期。

出其向国际时尚杂志学习、模仿的痕迹,此外,它真正具备广泛影响是在开展国际版权合作以后。事实上,无论是对国际时尚杂志的学习和模仿,还是深度版权合作,它与国际接轨的尝试从来就没有终止:1997 年 9 月,《时尚》杂志社与美国 IDG 合资成立时尚广告公司,开始寻求国际版权合作;1998 年 4 月,《时尚·伊人》与美国著名女性杂志 *COSMOPOLITAN* 进行版权合作;1999 年 9 月,《时尚·先生》与美国著名男性杂志 *Esquire* 进行版权合作①;2001 年 10 月,美国赫斯特公司同意将 *Harper's Barzaar* 版权授予时尚集团;2001 年 12 月,美国国家地理学会所属 *National Geographic Traver* 杂志与《时尚旅游》签订关于版权合作的正式协议;2003 年与英国 *FHM* 杂志合作创办了《时尚男人装》。这些尝试以及它带来的《时尚》的成功,是时尚的全球体系扩散的结果。

《瑞丽》杂志由中国轻工业出版社主办,目前已经成为中国极具影响力的时尚媒体集团。与《时尚》一样,在坚守"实用的时尚"的特色同时,它的突出特色或者说成功之处就在于拥有国际化的品位引领潮流趋势,日本主妇之友杂志社一直是它的版权合作伙伴。此外,《瑞丽家居设计》更是与意大利著名出版集团——蒙达多利(Mondadori)旗下意大利发行量最大的家居杂志 *CASAVIVA* 携手,与欧洲出版集团进行深度合作。其旗下的《瑞丽服饰美容》、《瑞丽伊人风尚》、《瑞丽时尚先锋》、《瑞丽家居设计》等系列知名刊物,无不体现出国际流行时尚杂志的包装和内容特色,其广告和前两种杂志一起,几乎囊括了世界知名的时尚流行领域的一线和二线品牌。

研究中发现,时尚的跨国传播与时尚产业的跨国发展之间是一种高度平行的关系。中国期刊业中时尚类杂志的风光无限始于本世纪初,2000 年起中国期刊广告市场呈现出爆发式增长态势,2003 年中国杂志广告经营额达到 24.38 亿元,相比 2002 年 15.21 亿元而言增长率达 60.29% ,远高于其他传统媒体的增速,而时尚类杂志在 2004 年 1—10 月共刊登广告 16.81 亿元,占杂志广告市场总量的比例也接近 40% 。以《时尚》系列和《瑞丽》系列为首的版权合作式女性时尚杂志则始终占据广告营业额排行的前列,根据《中国媒体广告市场研究(2001)》中的 2001 年中国期刊广告 20 强排名

---

① 参见孟繁华:《中产阶级的文化符号:〈时尚〉杂志解读》,《河北学刊》2004 年第 4 期。

《瑞丽服饰美容》杂志

可以看到《时尚—伊人》(上半月)以 1.206671 亿元位居榜首,而《瑞丽服饰美容》以 3618.499 万元位居第 14 位,但以其与 2000 年同比增长 219.65%的速度,堪称年度广告量涨幅最快的期刊,女性时尚类期刊正显示出广阔的市场空间和巨大的发掘潜力。[①]　而时尚类杂志发展的这些年,正是时尚产业跨国发展进程加快,本土时尚品牌开始成长的时期。*Calvin Klein*(*CK*)、*Gucci*、*Chanel*、*Burberry*、*Emporio Armani*、*MaxMara*、*Dior* 等四十几个世界一线时尚品牌都已经先后在这段时间登陆中国(部分更早,在时尚杂志开始创办的 90 年代就进入中国),二线品牌则更是铺天盖地地进入中国市场,它们在中国各大中乃至小城市纷纷设立起自己的专店、专柜;时尚杂志最集中的上海和北京则成为时尚产业的乐土,各种国际时装发布、时装周上国际知名时装设计师的亮相、知名品牌的汇演、设计大赛的决赛、中国十佳服装设计师的评选……无不显示出时尚产业蓬勃发展的态势。中国大多数本土时尚品牌也产生于 20 世纪末 21 世纪初,2004 年 11 月,北京市政府与中国纺织工业协会联合发布了《促进北京时装产业发展,建设"时装之都"规划纲要》。纲要提出,将于 2010 年将北京建成具有文化内涵、科技领先、引导时

---

① 参见张弦:《中日版权合作　时尚期刊市场走强》,《出版参考》2006 年第 21 期。

尚的世界时装之都,从中也折射出时尚产业在本世纪初作为显性发展产业
的存在。更有意思的是,在中国期刊全文数据库网的搜索中,笔者发现,对
"时尚产业"的关注与对《时尚杂志》的研究是同步进行的,即开始于21世
纪初,并且有关注度一年比一年上升的趋势,从这里也可以看到时尚的传播
与时尚产业的发展之间互为因果的关系。由此,时尚的全球体系实际上是
时尚的全球传播与时尚产业的全球发展协调行进的文化——经济关系。

第四章 明星报道——消费偶像的塑造

　　当今媒体时代是一个明星充斥的时代。20世纪90年代以来的传媒娱乐化进程使各种明星名流,尤其是影视明星、歌星等占据了媒体的大量版面和时段。市场化媒体几乎都设立了娱乐专版专栏,这里是明星出没的主阵地。笔者对部分市场化媒体的跟踪研究表明,在这些媒体的内容传播中,来自社会生活各领域的人在媒体所出现的频率与他们在现实生活中的比率几乎毫不相干。在被重点报道与展示的各类人中,影视等各类娱乐明星占据了绝对优势位置,从整体上说甚至远远超过政治名人。此外,出现在影视剧和娱乐新闻报道中的明星,被呈现出的身份特征是消费的而非生产的。也就是说,是他们的消费生活,而不是生产生活被得到大量表现与关注。

　　明星的高频率出现及选择性展示与媒体的造星运动及其目的有关。造星的背后是赤裸裸的利益驱动,因为明星在现代社会中的消费意义与价值无与伦比。正如有人所说,明星在当代以传媒为主体的娱乐经济中的地位无人能及。"在娱乐经济中,名人效应是世界通货。"[①]确实,在竞争激烈的市场时代,明星报道已经成为传媒发行和收视的重要保障。有人甚至认定:"所谓大众文化本质上就是商业文化和偶像文化。"[②]这是因为,明星的知名度是被极度商业化了的知名度,明星的隐私逸闻因为吸引人们的眼球而能

---

① 米切尔·J.沃尔夫:《娱乐经济——传媒力量优化生活》,黄光伟、邓盛华译,光明日报出版社、科文(香港)出版有限公司2001年版,第39页。
② 张小争、郑旭、何佳编著:《明星引爆传媒娱乐经济》,华夏出版社2005年版,第26页。

转化成巨大的商业利润。"偶像对相关产品是最具号召力、最响亮的品牌"①，也因此，塑造、托举大众追捧的偶像明星便成为传媒赢利和引导大众消费的一个主要手段。

明星作为消费偶像引导大众消费，其消费引导作用主要体现在两个方面：首先，明星是促进媒体自身产品（传播内容）销售的重要力量；其次，明星是促进社会商品销售的主力队伍。简单地说，一方面，明星是"用来消费"的；另一方面，明星又是"用来促进消费"的。在这里，第一种消费是受众的娱乐文化消费，是受众对媒体传播的明星隐私、明星形象、明星动态等内容的消遣性消费；第二种消费则是受众对社会物质商品和服务的消费，尤其是明星代言的商品和服务的消费。

第一节　"促进消费"的偶像

明星对一般商品消费的促进作用是有目共睹的。明星成为一般意义上的商品的消费偶像首先是商业操作的结果。现代社会的商业规则是：商品创造话题，话题带动流行，流行再创造相关商品开发。② 一般说来，明星就意味着话题，意味着流行，明星报道的消费者则是主流的消费群体，二者在双向互动的过程中，构成壮观的明星消费市场，而这一切都是由演艺企业操纵的。演艺企业经营明星品牌的目的是为了获得经济利益，而相关商品的开发既能给企业带来很高的经济效益，又能在一定程度上巩固明星品牌，形成一个特定的明星消费市场，所以演艺企业无不重视利用明星的形象、名称和事件进行相关商品的生产、发行、销售或其他形式的开发，如以T恤衫、图书、海报、珠宝、广告、玩具等形式进行开发。商品由于借明星的光芒一般会销路畅通，好莱坞巨片《泰坦尼克号》风靡全球后，影片女主角露丝戴的一条名叫"海洋之心"的项链作为相关商品被推向了市场，戴上"海洋之心"

---

① 米切尔·J.沃尔夫：《娱乐经济——传媒力量优化生活》，黄光伟、邓盛华译，光明日报出版社、科文（香港）出版有限公司2001年版，第39页。
② 参见张小争、郑旭、何佳编著：《明星引爆传媒娱乐经济》，华夏出版社2005年版，第47页。

的露丝是如此美丽而且风姿绰约,加之"海洋之心"在影片中本身又是浪漫爱情的见证,因而很自然地在全球热卖。好莱坞明星们的服饰、装扮支撑了世界时装、高档化妆品等时尚奢侈品市场。可以说,没有这些明星名流,巴黎的时装和香水不可能如此迅速地打入全球市场。

明星的消费偶像作用还体现在对其所代言的产品的广告推销上。广告界有句名言:名人广告是最有效的广告。尽管对这句话的怀疑越来越多,但各类明星广告依然层出不穷,成为商品广告的主导模式。有人认为,这是因为在消费者一方实现了名人情感和知名度的转移。我们认为,明星广告之所以依然众多,是因为明星的知名度使得广告更能吸引人的注意,因而有助于受众对产品的认知。此外,昂贵的明星广告暗示了企业实力。正如营销策划人叶茂中所说,明星在某种程度上扮演了"意见领袖"的角色,用明星做广告不仅能体现品牌实力,如果创意制作得当,还会特别吸引眼球。① 正是这种直接、迅速的传播效果和高指数的品牌认知,使明星成为商品的主要推销者,如今要找到没有明星代言的知名产品,还真是不容易。

明星的消费偶像作用还可以通过明星在其主演或参演的影视剧中的消费示范来完成。首先,精明的商家会让明星们在影视剧中使用特定品牌的手机、佩戴特定品牌的手表、首饰或穿着特定品牌的服饰,出入于品牌标志明显的消费场所,等等,实现隐性广告的诱导;其次,在许多偶像剧、现代生活剧中,明星所代表和体现的形象,通常就是一种特定的消费生活方式和消费生活风格,这种消费生活方式和风格通过偶像崇拜、时尚需求和从众心理等心理机制进入了社会的消费实践。影片《花样年华》中,张曼玉穿了数不清多少款的旗袍,因而引发了好几年的旗袍热,塑造了时尚流行的趣味。从整体上看,由于当前荧屏上反映现代生活的影片多集中于反映都市生活,而且大多数是都市中产阶层甚至是上流社会的生活,从而使明星们的消费示范作用表现得更加充分。

① 参见胡斌:《明星广告并非企业营销万能法宝》,《中国商报》2004 年 9 月 3 日。

第二节 被"消费"的偶像

明星不仅仅是用来促进社会一般产品消费的偶像,他还是媒体内容消费的持久号召力。明星阵容强大的影视剧的热播、明星报道的高阅听率都证明了明星在促进传媒内容消费中的巨大作用。

明星及其报道在媒体内容促销中的重要作用是娱乐时代的必然。娱乐时代随着电视的普及而来临,当今时代也就成为传媒和娱乐结盟的时代。因为一方面,传媒为人们提供了替代性娱乐满足的最佳载体;另一方面,在受众注意力成为传媒稀缺资源的今天,娱乐是传媒吸引受众的最重要内容,而明星则是娱乐传媒最核心的资源,明星制造已经成为现代传媒业的核心法则。从对各种明星动态和活动不遗余力的日常性报道,到民间的造星运动,甚至主持人的明星化,都是传媒业以明星带动内容消费的典型手段。20世纪90年代以来,几乎所有媒体都开辟了娱乐专版和专栏,以明星报道来吸引受众的眼球;节目主持人也往明星方向打造,如凤凰卫视推出了一大批明星主持人如吴小莉、陈鲁豫、窦文涛、许戈辉等,以此增强节目的消费热度;用明星作收视保障的节目更加常见:各种综艺娱乐节目离不开明星嘉宾;"造星运动"本身也成为节目消费的法宝:湖南卫视的"超级女声"等官方或民间的选秀活动,简直就是造星机器,成就了不少明星,也成功地吸纳了高收视率和巨额广告收入。

与媒介传播的内容重点从"生产方式报道"到"生活方式报道"相适应,媒介传播的主体人物形象也从"生产英雄"过渡到了"消费偶像"。本书所指的媒介主体形象是媒介中最常见的、重点报道的,同时也给予受众更多印象的形象。媒介主体形象的这种变迁是一种世界性的媒体文化现象。洛文塔尔就曾经专门讨论过美国社会大众偶像的历史变迁及其相应的大众价值观念的变化。他对美国20世纪流行杂志中的人物传记进行的抽样调查与历史比较发现:20世纪初期的20年中,传记主人公绝大多数是生产偶像,他们来源于生产性的生活领域,如工业界与自然科学界,40年代后期则开始转向"消费偶像",主要是娱乐界人士,比如演艺界明星和体育明星。洛文塔尔认为,这个过程表明,在 40 年代的美国,消费已经取代生产成为人们日常生活兴趣的中心,也表明物质消费取代精神生活、追求享乐与舒适取代劳动与创业成为人的生活目标。① 90 年代以来的我国媒介主体形象也是各类"消费偶像",首先是各种明星,尤其是文娱体育明星。其次是各类名人,包括政治名人和其他各领域的名流、与偶然发生的事件或重大事件相关的人物,如登上"神舟六号"的宇航员费俊龙和聂海胜,因为与名人明星有着特殊关系而引起媒体关注的"类名流"如名人明星的情侣、情人或配偶等,以及各类与传统价值相悖甚至违法犯罪的"反英雄"如抢劫杀人犯罪集团头目张君等人。针对大学生的问卷调查证实了这一点。当问到"在你的媒介接触经验中,下列哪类人物你认为是最经常出现在大众传播媒体的"时,在"文体明星"、"政治名人"、"其他各领域的名流"、"类名流"(与重大或突发事件相联系或因与以上名人名流有特殊关系而被媒体关注的人)、"反英雄"(与传统价值相悖甚至违法犯罪而知名的人物)和"普通人"这些选项中,92% 的人的答案是"文体明星"。当他们被要求按照这几类人物在媒体出现的频率高低排序时,85% 的人选择的前三名依次是"文体明星"、"政治名人"和"类名流"。当问到在王菲、陈水扁、钱学森、翁帆、任长霞、张君、范冰冰、温家宝、杨振宁、聂海胜、靳羽西、马加爵(这些人物涵盖了以上所说的几种类型的人物)等人中间,哪三个人物的信息是他们从大众传播媒体获得最多的时,排在前三位的依次是王菲、范冰冰、温家宝。有意思的是,当被问到上述人物哪些是你最熟悉的时,按照熟悉程度排序的前三名依次是王菲、范冰冰、翁帆。这也许说明在"消费偶像"当红的时代,更容易深入人心的也是"消费偶像"。

之所以说媒介主体形象从"生产英雄"变成了"消费偶像",除了上面所说的明星等"消费偶像"在媒体的出现频率及其对受众的影响超过"生产英雄"之外,更重要的是这些人物形象塑造的目的诉求和实际影响力实现了从"生产"到"消费"的转变。目的诉求的转变表现为媒体生产这些形象主要是供受众消费的,因此媒体形象塑造的重点是如何使这些形象更具"可消费性",即引人关注和观看,而不是引导和教化的目的,不是出于对促进

① 参见黄芹:《洛文塔尔的消费偶像观》,《国外社会科学》1998 年第 1 期。

社会生产和人的道德发展等方面的关注,形象的主要功能也就相应地从"可资教化"变为了"可供消遣"。在针对大学生的问卷调查中,当问到"你觉得现今大众传播媒体中的主体人物形象对你起到的最重要的作用是什么"时,在"提供消遣娱乐"、"提供道德启示"、"树立人生目标"、"提供生活示范"和"其他(自填)"五个选项中,61%的人选择的是"提供消遣娱乐"。

可以说明媒体形象塑造以消费为目的的典型事例,就是近年来关于雷锋这一典型形象报道的变化。从20世纪60年代初到80年代末有关雷锋的报道中(不包括"文化大革命"那段特殊的时期),雷锋是助人为乐、忘我奉献,在平凡的工作岗位上发光发热的英雄人物,是"生产英雄"的典型代表,也是号召人们学习的道德楷模。媒体在每年的3月5日左右的"学雷锋"纪念日的专题报道中,基本上是两种类型:关于雷锋本人:主要是雷锋事迹的介绍、对雷锋精神的评说和继续向雷锋学习的号召;关于雷锋精神的继承者即当代"活雷锋"的事迹报道。不管是对雷锋本人的介绍和评说,还是对"身边的雷锋"的报道,其报道模式仍然是以宣传模式为主,仍然没有从整体上摆脱英雄人物"高、大、全"的弊端。在对中国报纸数据库的查询中发现,90年代以来,媒体报道中渐渐摈弃了神化的英雄形象,注意把雷锋和"当代雷锋"作为人而不是不食人间烟火的"神"来描写,增加了生活化的细节,甚至包括人物的一些缺点也不隐瞒,使人物塑造更具人情味和可信度。而且,那些在平凡岗位上的普通人正越来越多地被作为当代"活雷锋"来报道。在近年来的报道中,第三种类型的报道开始多了起来,即与雷锋相关的事件和对个人生活"历史细节"的挖掘,如关于雷锋的收藏、雷锋邮票、雷锋明信片、雷锋战友纪念馆、雷锋生前唯一的录音报告的发现,最早为雷锋画像的人、雷锋生前补拍照片的秘密、中国第一个写雷锋的人、雷锋的肖像权等。到2003年开始,随着沈阳军区雷锋纪念馆中雷锋戴着手表的照片和雷锋所戴手表的展出,一些类似明星炒作的花边新闻多了起来。先是有人为雷锋申报吉尼斯纪录,说他是被创作谱写成诗歌、曲艺、歌曲最多的士兵和冠名最多的士兵;接着又有人挖掘出雷锋很多鲜为人知的事情,比如,雷锋也有高档衣服、雷锋也戴过手表、雷锋当年的恋情,甚至雷锋又是学的谁、谁为雷锋入伍体检等。这些报道到了今年更加普遍了,网络上到处是关于雷锋生前还穿皮夹克,所以生活并不一定节俭的质疑,以及关于雷锋生前女友的炒作,包括女友的照片,女友当时和雷锋交往的情形,女友后来的生活,等等,甚至有报道说雷锋生前还不止一个女友,一些媒体还不厌其烦地去找雷锋生前好友和知情人士求证。这些报道的出笼引起了关于对雷锋的"道德矮化"的大讨论。有人认为,报道雷锋戴手表、穿皮夹克和交女友并不值得忧虑,反而是一种媒体报道的进步,因为雷锋终于走下"神坛",被"还原"成一个有血有肉有情感懂生活的活生生的人。他们认为这说明我们终于抛弃了过去几十年来对英雄人物"高、大、全"的宣传模式,实事求是地还原先进典型的本来面目。① 这种观点不无道理,但是,笔者就此观点求教于业界人士,他们却一语道破天机:雷锋的报道年年做,受众的神经都已经麻木了,不搞点噱头,谁看啊? 你们可以把这些报道的意义拔高,可那只是报道的积极"外部性",是只有思想境界高的人才理解得到的积极意义。业界这样做,主要目的没有那么崇高和复杂。确实,在这些详尽的报道中,某些媒体像对待一个明星一样对雷锋的生活细节进行追逐,是为了吸引受众消费,与"注意力经济"里对受众眼球的争夺不无关系。因为,用明星的生活秘事满足读者的窥视欲,已成为媒体争夺读者惯用的手段。然而,把一些本来很严肃的人和事借着合理化的解释娱乐化、商业化,却不能不引起人们的关注。正如有识之士所批评的,我们借着所谓人文化的目光去挖掘雷锋,炒作雷锋,无疑是对雷锋精神的消解。还雷锋真实的一面,这样的想法没有错,但借着这样的想法,非把崇高的东西弄庸俗了,却大可不必。②

　　媒体形象塑造的实际影响力从"生产"到"消费"的转变,指的是媒体生产出来的这些形象的客观作用是促进消费而不是促进生产。因为,一方面,如前所说,90 年代以来媒介主体形象更多的是消费特征而不是生产特征更明显的人物形象,因为各种明星、名人等,其主体特征是消费的而不是生产的,其身份符号更多的是一个"消费者"而不是"生产者";另一方面,对这些形象的塑造和描写,市场化媒体关注得更多的是形象的消费性特征而不是其生产性特征,形象的主要意义负载也就从"承载价值"过渡到了"娱乐消遣"或"生活示范";媒体形象塑造的基本目标也由"生产意义"变成了"刺

---

①　参见尹卫国:《雷锋戴表的联想》,《中国经济导报》2003 年 3 月 15 日。

②　参见齐军、侯清红:《雷锋不是"明星"》,《大众日报》2003 年 3 月 5 日。

激消费",针对他们的报道更多的是注重形象的"吸引力"而不是他们的"感化力"。这一点首先体现在文体明星形象的塑造上。文体明星在媒体的主要角色定位是消费性而不是生产性的角色,媒体对他们的塑造,重点关注的不是他们生产了什么,如何生产,生产中的艰辛与奋斗,而是他们如何生活,关注他们的衣食住行以及社会交往等,他们在媒体中的角色更多的是消费的而不是生产的。可以说,他们是作为消费偶像而被媒体推给社会大众的,从他们身上,更多的不是道德启示和人生目标等方面的教化,而是值得羡慕和引起仿效的生活样本、消费示范。在对搜狐和新浪新闻主页的娱乐报道为期一周的统计中(2006 年 4 月 4 日至 11 日,统计时间:每晚九点),两网站的娱乐报道数量接近,近 100 条,在这近 100 条报道中,除了近 50%的娱乐信息报道如某电影公映、某艺人出唱片或演唱会、得奖等演艺圈动态,其余的 50%全部是艺人的情感(绯闻、情变、恋情动态等)、生活细节、写真、走光、秘闻,包括明星子女、家庭纠纷、演艺圈人际关系等的琐碎报道,可见其对受众的影响力不是生产的,即与人生价值和道德启示等很少关联,它们生产出来是供受众消遣和消费的,更多的是一种消费生活的示范而不是社会意义和价值的生产。

　　其他人物形象的塑造也有类似的情况。2002 年,当霍金这位世界知名的科学家来到中国时,一些媒体像追星一样报道他的行踪、起居、讲演,却很少看到有关霍金的学术研究和学术价值的报道。对"可消费性"的追求也导致了越来越多的政治名人报道的"解神圣化"倾向。在某些市场化媒体的形象塑造中,几乎是什么都可以被拿来消费,近年风行的所谓历史"戏说热"、"搞笑风潮"等伪文化甚至反文化的东西,就是形象塑造围绕"可消费性"的指挥棒旋转的结果。由此,20 世纪 90 年代中后期,甚至出现了对经典的解构风潮:庸俗的经典改编、红色经典的去神圣甚至彻底解构现象越来越多。网上的"红色搞笑彩信"出现了手握钢枪,神情严肃却高喊"严防死守,根除二奶"的解放军战士;手捧红宝书的女红卫兵,说的却是"好好学习,天天想你"。这种对传统典型形象的再塑造所显示出的反传统特征,体现出了浓厚的消费主义色彩。此外,市场化媒体在对普通人形象的塑造上的重点也是他们的日常生活和消费,而不是工作和生产。更有甚者,当代社会中的反伦理道德甚至违法犯罪的人物形象,已经成了媒体的一大表现内容,值得注意的是,这些报道中应有的警示色彩和道德评价日益淡薄,媒体对这些反面人物的报道和描绘越来越中性化,甚至有明显的美化现象,个别甚至具有"追星"色彩,跟一般的明星报道区别不大。典型的是一些媒体对张君案和马加爵案等的报道。作为抢劫杀人团伙头目的张君,在部分市民报和小报的报道中简直具有神奇色彩:百发百中的枪法,团体严密的组织和纪律,成员的"仗义",情妇们的真心,临死的无所畏惧和对孩子、父母"真诚的"牵挂和忏悔……简直是一个悲剧式的反社会的英雄形象,和此前媒体对英雄人物的报道模式几乎没有多大区别。看了这些报道,无法引起受众对严重犯罪行为的憎恶,无法使人对走上犯罪道路的后果产生惧怕和警戒,甚至能使与张君类似的犯罪分子感到自豪,并以为值得仿效。值得指出的是,此前的研究者在分析媒介主体形象变化时,喜欢把以往"生产社会"中媒介所极力推出的来源于生产性领域的形象,如20世纪50—70年代媒介所宣传的先进人物时传祥、王进喜、雷锋、焦裕禄、陈景润等,与现在的影视、歌舞、体育明星形象做比较,以此说明媒介主体形象的变迁。其实,生产领域的先进人物报道在当今的媒体仍然存在,由于宣传管理部门对典型报道的重视,作为"规定动作",现在的媒体每年还是会推出这类"生产英雄",如徐虎、李素丽、任长霞等,只是出现的频率比以前要小得多,与大量的名人明星报道不成比例,在受众中产生的影响也远不如"消费偶像",从上述针对大学生的问卷调查中已经可以看出这一点。

媒介主体形象的转换,首先,体现了媒介运作中对其形象塑造的"可消费性"的追求;其次,相应地,从受其影响而引起的内容变化来说,媒介主体形象从"生产性"变成"消费性",其结果是对社会上消费主义文化价值观的推波助澜。消费性的媒介主体形象对现代消费主义生活方式而言,无疑是一种示范甚至劝导。这首先主要表现在电视情节剧、影片和名人报道等媒体形式中。这些媒体形式通常露骨地表现出消费主义的价值观和愿望。它们展示的许多"参照群体"的生活和消费方式、消费场景,其消费示范、消费诱导作用非常明显。媒体名人报道和影视剧担当了培育消费者、激发消费欲望、实现梦想和情感快乐的虚幻满足的重任。在荧幕上出现的各种明星、名流,多是站在潮流和时尚生活前沿的俊男靓女,他们的主要生活情节是消费的而非生产的,他们出现的主要场所也从生产场所转移到了消费场所,别墅、度假村、海滩、大型超市、购物广场、酒吧、茶座、的厅、夜总会、霓虹灯闪烁的都市街头是最常见的拍摄场景。媒体对他们的关注更多的不是成功路上的艰辛、奋斗和对理想、事业的执著坚持，而是他们时尚的穿着打扮、豪华的居室环境和奢侈的生活方式。这给人一种感觉，人生的追求莫过于物欲的满足，金钱垒就的自由消费代表了事业的成功和生活的幸福。从影视剧中展现出来的，通常就是这样一个非常世俗化的、充满物欲和感官诱惑的消费世界。此外，各种时尚杂志和生活专栏，从服饰美容、健康食谱、健身诀窍等到汽车、房产和家居装修，都喜欢详细揭示和介绍各类明星的消费状况和消费风格，并以此作为媒体推荐的值得仿效的蓝本。从整体上说，它们无异于消费主义生活方式的详细图解。

笔者曾谈到，在当代社会的大众传媒中，主要不是塑造了生产英雄，而是生产了消费偶像。明星就是媒体生产的主要消费偶像。明星何以能成为主要的消费偶像呢？关于名流文化的研究表明，名人明星们之所以会对社会产生如此巨大的影响，是因为他们是不可避免地同商品文化捆绑在一起的。这里存在这样一条直线的因果关系链：资本需要创造出符合其商品销售目标的时尚，而明星们往往是时尚的代言人。明星何以能成为时尚的代言人？这是因为，对于普通人来说，他们只是社会这个舞台下的看客，靠舞台上的名人明星们演绎自己理想中的生活。普通人"只能每天在报纸、电视、书刊上看着名流们生活，仿佛是名人代表他们生活在这个世界上。因此，名流是一种想象的资源，在艰难的岁月里，人们通过这种资源获得慰藉"[1]。这种"幻象化生存"给平静和黯淡的生活增添了不可或缺的梦幻色彩。受众就像拉康"镜像理论"里的小孩，通过名人生活这面镜子看到理想中自己的模样。他们通过大量的传媒阅读和观看活动参与了那个他们在现实生活中永远无法进入其中的浮华生活，分享了名人们头上绚丽的光环，然而他们对这种心理抚慰的隐秘机制通常毫无知觉——因为这是一种在他们潜意识深处的渴望。

这种"替代式生存"需要强烈的认同来维持。名人们尤其是明星们已

---

① 克里斯·罗杰克:《名流——关于名人现象的文化研究》,李立玮、闵楠、张信然译,新世界出版社 2002 年版,第 31 页。

经成了现代社会人们宗教式崇拜的载体。现代传媒发动的"造神运动"轻易地把名人推上了神坛,成就了受众在虚幻的"神化"参与中获得满足的基础。因此,明星头上的光环使他们借助媒体的帮助轻易地从发型、服装、语言、姿态、职业乃至饮食、家居等各个方面规定着人的生活是否合乎潮流。

20世纪90年代以来的传媒对明星的报道,其消费性的特点是非常明显的。媒体报道明星的消费生活几乎是事无巨细,包括明星们喜欢什么样的衣服、首饰、发型;热衷什么样的运动;偏爱什么样的休闲方式;经常去何种消遣娱乐场所;喜欢听什么音乐;有何种业余爱好;有怎样的饮食习惯;钟爱什么样的化妆品;如何做皮肤保养、如何健身、如何减肥和保持身材;喜欢什么样的房子和装修风格;交友的方式……笔者统计了从2009年3月1日至7日的搜狐和新浪的新闻主页中有关明星的报道,结果是其中与明星生活有关的报道分别占了75%和78%,而单纯有关明星的演艺事业的报道只勉强占到1/4。而且,大量有关明星演艺动态的报道的重点都在其中出现的"绯闻"或无关痛痒的生活琐事,不能被认为是一种关于明星"生产"的报道,因为其报道的重心是生活而不再是生产的。媒体名人报道就这样把各种明星、名流塑造成了现代社会新的英雄——消费英雄。

在这个灯红酒绿的世界里活跃着的明星们是普通人生活的幻梦,是他们钦羡的对象。媒体中的明星有美貌,有气质,有财富,有机缘;着华衣,享美餐,开名车,住毫宅;游走于镁光灯下,飞行于世界各地;办一场奢侈豪华的聚会,谈一场场风花雪月的恋爱;处处风光,时时潇洒,永远时尚……这种消费主义生活方式的摹本对凡人自然有不小的吸引力,有条件者自生仿效之心,无条件者且长艳羡之意。

第三节　"迷"的消费:偶像崇拜与身份认同——以"玉米"为例

在对明星进行消费的芸芸众生中,有一类消费者特别引人注意,不是因为他们所属的阶级、种族、背景或性别,而是在于他们对明星文本的接受和诠释方式比一般人更为投入,甚至过度投入,这群特殊的消费者就是我们常说的追星族、粉丝,学界称之为"迷"(fans)。费斯克在《理解大众文化》中将大众文化"迷"定义为:"过度的读者:这些狂热爱好者的文本是极度流行的。作为一个'迷',就意味着对文本的投入是主动的、热烈的、狂热的、参与式的。"①这种对所迷文本积极投入的行为往往意味着追星族比一般人更为明显地对经由认同明星而建构自我的身份,明星成为受众内心的投影、生活的榜样,这实际上就是一种偶像崇拜。

　　偶像崇拜从明星诞生之初就开始出现,"电影皇后"胡蝶拥有数量庞大的影迷队伍,这些影迷自封为"蝶迷",一遍又一遍地观看胡蝶主演的影片,收藏一张又一张胡蝶的照片,谈论一点又一滴胡蝶生活的片段,乐此不疲、无怨无悔,正是这些"蝶迷"的热情和拥戴使得胡蝶前后三次当选"电影皇后"。"蝶迷"的这些举动见证了当时中国影迷对明星的各种消费行为和心理认同,有影迷的文章为证:

　　　　美人!美人!既能倾人城,又能倾人国;丽质天生倾人心。胡蝶!
　　胡蝶!谁都不能敌,独步影坛无人敌!明星!明星!张三称明星,李四
　　称明星;不是胡蝶不是星。胡蝶!胡蝶!琵琶不能敌,珍妮不能敌;足
　　称中外没人敌。我爱!我爱!美既使我爱,艺更生我爱;不是胡蝶我不
　　爱。胡蝶!胡蝶!艺既无人敌,美更无人敌;愿蝶永远无人敌。一张!
　　一张!见一张买一张,一张又一张;蝶照已藏百数张。蝶迷,蝶迷!人
　　道我着迷,称我胡蝶迷;实实在在我不迷。②

　　从"蝶迷"到今天到众多明星迷,明星崇拜已经成为一种普遍的现象,其中不乏极端的例子,杨丽娟追星等事件使得这群主动的受众在媒体报道中却有着负面的形象,通常新闻标题中的迷群是和"疯狂"、"无理性"、"沉迷不可自拔"、"需加以规范"的用词相关,学术研究中也往往对明星崇拜的行为进行批判的研究。

　　迷与一般受众的异质性使我们有必要对于这类特殊的受众进行考察,但是,正如费斯克强调的"'迷'和其他不太过分的大众读者的差别只是在

---

① 　[英]约翰·费斯克:《理解大众文化》,王晓珏、宋伟杰译,中央编译出版社 2001 年版,第 153—154 页。
② 　文琴:《蝶迷》,《影戏生活》1931 年第 1 卷第 46 期;转引自李道新:《中国电影史研究专题》,北京大学出版社 2006 年版,第 33 页。

程度上而非性质上的差别"①,追星族与普通受众一样通过对明星的消费和解读实现自我的建构,只是两者对明星的情感涉入程度深浅不一而已。在这一意义上,对过分投入的迷的考察不应仅仅着眼于其部分的负面社会效果,而应该将其视为一种特定的受众研究,它既是对特定受众群体的研究,同时又可为普遍意义上的受众研究提供一定的借鉴价值,比如下文的研究中某些结论就证实了上一节中关于大众消费明星的部分论断。

本书选择选秀明星李宇春的追星族——"玉米"为研究个案。这主要是因为"玉米"反映出近年来明星迷的一些突出变化和显著特征。近年来极为突出的粉丝现象是随着《超级女声》及其他电视选秀节目的出现而发展起来的,有学者总结它的特征:第一是粉丝群体的团队精神,这是粉丝与以往的追星族最显著的区别;第二是粉丝们那种喜欢就勇敢表达出来并鲜明支持的率真精神;第三是粉丝积极主动、甘于付出的奉献精神,这种奉献和付出,不只是表现在感情上,还有金钱和时间、精力上;第四是粉丝与喜爱对象患难与共的忠诚精神;第五是粉丝面对压力和困难敢于挑战和奋争的"PK精神"。② 尽管上述观点只是对一些现象的描述,但的确揭示出当前的明星迷不同于一般受众,也不同于过去追星族的特征,而李宇春作为最火暴的一届《超级女声》的冠军,其粉丝是新一代明星迷的代表。

2005年李宇春以中性化的造型以及酷异的性格特质成为当年火暴中国的《超级女声》的全国总冠军,让她登上这一宝座的是她的"玉米"们3528308条短信支持,比获得亚军的周笔畅足足多出了25万票,成为一个本土超级偶像。比赛结束之后至今近3年的时间,选秀的热潮已经褪去,大多数的选秀明星渐渐被人遗忘,但李宇春的人气仍然维持很高水平,她的唱片、演唱会、电影、电视剧、海报、以她为封面的杂志甚至她代言的广告纷纷大卖;全球最大的中文搜索引擎百度的明星搜索量排行榜上,她以21478515次位列第二,仅次于周笔畅,而排在她之后的是周杰伦、刘德华等超级巨星(截至2008年3月1日);在百度贴吧(一种基于关键词的主题交

---

① [英]约翰·费斯克:《理解大众文化》,王晓珏、宋伟杰译,中央编译出版社2001年版,第154页。

② 彭兰:《网上社区研究个案——百度贴吧》,http://www.zjol.com.cn/05cjr/system/2007/08/02/008663483.shtml。

流社区)的排名①中李宇春吧是所有明星吧的第一位(截至 2008 年 3 月 1 日),这些几乎都是"玉米"们团队"作战"的结果。

对于"玉米"的考察主要采用深度访谈的方法,透过"玉米"的直接陈述,企图深入且多面向地了解:迷是如何产生对明星的认同的? 迷与明星的认同关系有何种可能? 迷在消费明星时如何实现了自己的身份认同,将自己与非迷区别开来,并归属于一定的文化群体?

带着这些问题,在"玉米"聚集的网络社区"李宇春吧"(共有 41516 位注册会员),笔者通过网络留言的形式接触各式各样的受访者,告知他们研究的内容和目的,从而以滚雪球的方式寻找对该论题有兴趣并且愿意谈论的"玉米",并按照性别、学历、年龄、地域、崇拜程度等标准挑选了各种不同类型的受访者,希望采取最大差异抽样的方式最大限度地涵盖研究现象当中各种不同的情况,以达到希望能够拼凑出迷的明星消费的复杂面貌当中一小块图像的目的。

在通过网络、电话或当面的方式访谈了 16 位李宇春的迷之后,一幅消费明星、崇拜明星、认同明星乃至形成具有亚文化特点的文化群体的迷文化图像浮现出来,其中蕴涵着抵抗与收编等复杂的斗争过程。对于迷而言,偶像崇拜与身份认同之间的关系体现在个体的自我认同与群体认同两个方面:

一方面,对于作为个体的"迷"而言,李宇春成为"玉米"的内心投射、"镜中自我","玉米"将李宇春视为完美的化身,从而产生了崇拜与迷恋。这种偶像崇拜具体表现积极消费偶像的产品、主动生产偶像的文本以及将对偶像的迷恋延伸到日常生活的各个方面。在持续的偶像认同过程中,"迷"的主体意识得以建立。

绝大部分"玉米"之所以成为"玉米"的过程是偶然发生的,他们认为自己是"一不小心"喜欢上李宇春的,也即是说迷是偶然成为迷的。他们迷上李宇春的经历各不相同,时间点也不相同,喜欢的原因也有不同的答案,I 君说"第一眼就喜欢她,没有理由,就是那种感觉",F 君用"秒杀"(网络用

① 百度贴吧排名是按一定时期内,各贴吧人气高低由系统自动排列。百度贴吧排行榜数据取自各个贴吧的访问量、用户数、发帖数,由系统根据一定公式自动计算统计。

语,即一见钟情)来形容她"爱上春春"的过程,

　　本来那天看超级女声是因为想看那个"红衣教主"黄薪,因为在新闻里看到这个女人好像很搞笑的,但是无意中看到了春春的拉丁舞,她上来的时候那么安静,然后音乐一响突然动起来,身体好妩媚啊,我顿时爱上了她,此后就爱上了她的一切,一切。

　　更多的"玉米"是随着《超级女声》的影响力越来越大,特别是李宇春成为成都赛区的冠军之后通过电视、报纸、网络的传播力量知道了她,并且在继续的全国比赛中从慢慢了解到喜欢、痴迷。A君是一名重点大学的大四学生,她是在看《超级女声》成都赛区的50进20比赛时喜欢上李宇春的,她说:"我当时看到的都是长头发的女孩子,唯独宇春很特别,短头发,酷劲十足。刚开始我喜欢没那么疯狂,读大学了嘛,应该稳重一点。当时最主要的想法就是看她表演。"在全国5进3比赛中注意到李宇春的P君更注意的是李宇春"微微地笑容,很温暖,而且她很瘦很高,舞蹈动作很特别,和别的选手不一样。"已经是一家公司部门主管的B君的描述几乎可以视为大部分的"玉米"的心声:"开始喜欢听她唱歌,喜欢她的舞台魅力,结果越了解越喜欢,从此万劫不复。"

　　从以上描述中,不难看出"迷"喜欢并进而投射情感于明星的行为发生是偶然的,但是在成为"迷"之后,李宇春就成为"玉米"心中的不可复制的偶像。几乎所有的"玉米"都认为他们喜欢李宇春是喜欢她的一切,她干净的微笑,她迷人的舞姿,她苗条的身材,白皙的皮肤,她被人诟病的唱功,以及她为人处世的态度。C君说:"李敖关于美女的标准是:高、瘦、白、秀、幼,春春基本占全了。单论五官和身材这两样,也许她都不是最完美的,但这两样在她身上却完美地组合在一起。"K君强调李宇春的独特个性:"春春说她不喜欢用穿什么品牌来提升自己的品位,人永远比品牌衣服更有品位才算时尚,正是这种强大而清醒的内在,才让她成为今天的她!这也是我的生活态度,我就是喜欢这样的她!"

　　显然在李宇春的身上,"玉米"们找到了他们自己一直希望拥有的特质,李宇春成为这些"迷"心中的理想形象的代表,对李宇春的认同和痴迷实际上是在为"镜中自我"而迷恋。法国心理分析学家拉康(Jacques Lacan)的"镜像"(mirror)理论或许可以解释此种"迷"对明星的认同,"镜

像"是指出生婴儿6—18个月大的特定状态,在此阶段,婴儿首次体验到个人与外在世界的差异。在此之前,婴儿完全没有自我的概念,处在一种混沌不清的状态,直到由镜中看到虚幻的理想化影像,产生一种想象的认同,也肯定内在与外在世界的联系牢不可破,体验到完全、整合的幸福感,如此进入"想象态"。这是婴儿一生中第一个重要转折:他第一次从镜像中发现了自己。镜像或想象的实质都是虚构,主体在镜像阶段的主要活动,就是构造自我中心的过程,就是通过一个异化的景象给自我虚构一个完善的形象。因此镜像阶段也就是一个充满了想象、虚构和误识的自恋过程。①　美国传播学者卡普兰指出,拉康的镜像理论"提供了一种关于早期心理过程或许引起同一性向往的心理分析观点。这个镜像阶段,恰似隐喻那样,使人联想起在孩子作为分裂主体人格中的她(her)自己的形象的中心性,该分裂主体总是处于理想形象、同一性向往的诱惑之中。人对形象的迷恋——我们对形象的需要——以及主体对镜子本身(herself)的向往,部分地解释了对明星的迷恋。"②也就是说,婴儿由于被外在世界的某个客体反射从而得到了"我"的观念,而"迷"也可以说处于类似的"镜像阶段",他们在影像所营造的镜像情境下,将明星想象成了理想中的完美自我,从而产生了着迷的心理。

偶像的完美形象与"迷"的现实形象的差异性,正是"玉米"为之着迷的原因,从而产生了偶像崇拜的现象,这在"迷"的行为层面表现在三个方面:

首先,消费在偶像崇拜中是个相当重要的仪式,所有的"玉米"都有过消费偶像各种产品的行为,同时也都试图影响周围的人消费偶像的产品。

由于选秀明星与其他渠道成名的明星不同之处就在于他们是由"民意"直接推选出来的,而民意的表现形式就是短信,访谈中大部分"玉米"都是在2005年《超级女声》比赛期间喜欢上李宇春的,因此积极参与激烈的短信PK是他们共同的经历。访谈中的多数"玉米"都是默默地发短信支持偶像,比如上海的J君,她每次比赛用自己和老公的手机发15条短信(比赛

---

① 参见孙盟:《凝视》,载陶东风等主编:《文化研究》第5辑,广西师范大学出版社2005年版,第298页。

② [美]E.安·卡普兰:《消费形象,美国文化和文化研究中的形象及其修辞》,《北京电影学院学报》1993年第2期。

规定每个手机号码最多只能发 15 条短信），成都的 H 君为了李宇春买了 20 个移动号码，每次比赛就换着号码发短信，但也有少数访谈对象参与了拉票的行动，长沙的 E 君从成都赛区决赛到全国总决赛的每场比赛都用自己的手机和家人的手机发送一百条以上的短信，同时她还积极与结识的"玉米"朋友一起上街为李宇春拉票，"我们都是网上认识的，然后就约好一起去黄兴路步行街拉票，最开始有点不好意思，后来就很主动了，发传单啊，带着宣传板啊，很多人支持我们的，直接就用手机发，还有很多阿姨叔叔不太会用，我就帮他们发短信，那时候感觉很兴奋，每天从中午人比较多的时候开始一直到晚上，后来还上了电视。"虽然在访谈中，上街拉票的人只是少数，但是 2005 年夏天众多媒体的报道证明当时几乎每个比较发达的城市都出现了类似的粉丝拉票团，而 E 君认为这些被媒体视为疯狂的行径"很正常啊，没什么特别的，只是我们表示对春春支持的一种方式"，当接下来被问道"为什么对别的明星没有这样的行为呢?"E 君说："她和其他明星不一样，她特别亲切，真诚，而且自然，不会像一些明星很做作，高高在上，我觉得她就像我的朋友和亲人一样"。

类似地将李宇春视为亲人的描述也发生在 G 君身上，他在李宇春出第一张专辑《皇后与梦想》的时候提前在网上一口气预订了 100 张，他承认这些专辑送了一些给朋友，大部分还安静地躺在家里，但是他强调："我做这些只是为了支持春春，她太不容易，我们在超女的时候将她推上了冠军，现在如果她的专辑不大卖，媒体会怎么说她呢，她就像我的家人一样，我怕她受到伤害。"

显然，大量购买李宇春的唱片、准时收看李宇春表演的电视、提前若干小时守候在网络聊天室等待李宇春的出现、不停地点击刷新李宇春网络聊天的网页、为有关李宇春的所有排行榜或调查投票等，这些在普通人看来实在疯狂的消费行为对于"迷"而言有着特殊的意义：一方面，"迷"将金钱的付出视为对偶像的忠诚与奉献；另一方面，大量重复地消费偶像文本也让他们得以跨越与偶像间的巨大鸿沟，缩小了和偶像的距离，藉由重复消费偶像文本，"迷"将自己和偶像同置于一个生活空间之中，与偶像建立了他们想象中的"私人"关系。

其次，偶像崇拜中的第二个重要特征是"迷"对偶像文本的主动生产。

费斯克认为大众文化迷的特殊性之一就体现在生产力上,他们的着迷行为激励他们去生产自己的文本。①"迷"是过度投入的媒介消费者,是最为主动的受众,"迷"会以偶像文本为元素,挪用文本和再创文本。"玉米"在网络上创造了大量以李宇春为原型的文章及影像作品等,他们藉由书写、在网络上不断发帖回帖等,延伸了对偶像的幻想,将自己置于一个和偶像共同存在的幻想世界,这也是跨越自己和偶像间巨大的鸿沟的一种方式。本次访谈的对象都是在网络社区"李宇春吧"注册的用户,他们通常都积极地发帖回帖,频频评论偶像的作品或是表达对偶像的喜爱,I君曾经发表过关于李宇春的一首歌的乐评,被论坛的吧主加为"精品"帖,但I君并不满足,她的目标是进入论坛的"名人堂",只有对论坛作出贡献的优秀用户才能人选,"进入名人堂就意味着我对春春的感情和我付出的努力得到了肯定,所以我要继续写文章,多发好帖子"。在这里,偶像成为了一种生产者式文本,所有的"迷"都在其中进行着自己的书写。有时候,"迷"的文本生产可以扩展至更大的范围,生产出的文本足以与媒介文本相匹敌,甚至成为了明星的正式文本,上海的一位"玉米"为李宇春创原创的歌曲《和你一样》被李宇春正式演唱,所有访谈的对象都对这首歌赞不绝口,认为她唱出了"玉米"的心声,是"玉米之歌",其中的歌词"笑容在脸上,和你一样,大声唱为自己鼓掌,我和你一样,一样的坚强,一样的全力以赴追逐我的梦想"显示出明星是"迷"的"镜中自我",在追逐偶像中他们也在找寻自我,建构自我。

再次,绝大多数的"迷"还将其对偶像的迷恋延伸到日常生活中。例如"迷"的房间除了可以四处见到偶像的照片外,"迷"的手机铃声一定是偶像歌手的音乐。受众研究学者费斯克认为,"迷"以越多越好的原则,尽量搜集偶像的物品,搜集可视为"迷"的文化结构之一。② 这种搜集行为与消费行为很大程度地联系在一起。

许多"迷"在认同偶像的过程中,不单在心中希望自己可以成为犹如偶像般、具有偶像特质的人,并且身体力行地去尝试此种可能性,模仿偶像的

---

① 参见[英]约翰·费斯克:《理解大众文化》,王晓珏、宋伟杰译,中央编译出版社2001年版,第154页。

② See Fiske, John. "The Cultural Economy of Fandom", in Lisa A. Lewis ed. *The Adoring Audience: Fan Culture and Popular Media*, London: Routledge, 1992. pp. 30–49.

情况时常发生。O君一直是做淑女打扮,喜欢上李宇春后她也爱上了中性的穿着,她直言模仿偶像有一种快感:"我会去模仿她的穿着,像她常穿的黑或白的衬衣,现在在街上看到黑衬衣都觉得很可爱,把自己变成那个样子感觉很不错。我觉得甚至连个性都会模仿,因为我觉得她都不会想太多——就是这样嘛! 我觉得蛮有自信的! 事情就好像那样——啊,就这样做了! 还有唱歌的声音,动作啊,其实也没什么,只是突然想到一件很想去做的事,觉得模仿一下满快乐满爽的!"O君在模仿王靖雯的过程当中,将她着迷的李宇春形象移植成自我的形象,在自我形象与偶像形象的叠合当中获得自我满足和愉悦,这是一条由认同偶像至模仿偶像,再由模仿偶像至认同自己的通路进程。

　　值得注意的是,"迷"还会将偶像的个性特质视为自己的行动准则,并以此要求自己严格执行。"善良"是"玉米"们眼中李宇春的一大优点,因此在生活中参与慈善成为"玉米"们对偶像支持的一种重要表现。2005年6月,中国红十字基金会邀请李宇春担任"小天使基金"(用于救助白血病儿童的专项基金)的形象代言人,此后李宇春多次进行慈善巡演和公益广告拍摄,并主动捐钱,这些都被"玉米"视为榜样的力量,30多岁的B君工作稳定,生活无忧,此前除了单位要求外从未参与过捐款,但是因为李宇春的号召,她先后捐给"红基会"1万元,"那时候在吧里提出'春春过生日,天使收红包'的倡议,我觉得很不错,既可以做善事,又可以为春春表达祝福,而且通过这样的慈善活动,大家也会更加关注春春"。(笔者:不觉得捐了很多吗?)"还好吧,对我来说不算多,大家都是量力而行的,多的我也不算多,有人捐了十几万的都有。"其他受访者大部分都有捐款的经历,特别是在2006年3月玉米爱心基金会成立之后,很多"玉米"都习惯了通过捐款的形式表达对偶像的喜爱,L君此前多次给李宇春寄过礼物,包括娃娃、衣服和项链,"现在一般都是用捐款的形式来表达这份心情了,这样比较有意义,不仅对春春,而且对我自己也是。"

　　以上的例子中,"迷"将幻想投射在偶像身上,也希望借这些行为,确认偶像的确是他们心目中完美的偶像,而偶像产生的激励效果往往提升了"迷"的自我尊崇感,激发了迷的自我存在感,通过模仿偶像的形象、个性特质"迷"似乎"真实"触摸到"镜中自我",实现了对自我的认同。

同时,当前迷文化区别于以往的一个显著特点是群体特性,"玉米"不再是离散的个体,而是归属于以明星为凝聚力的文化群体。通过共享对明星的一套概念、符号、意义与价值,迷文化群体得以凝聚,并形成了自己特有的风格,以此与其他的群体区别开来,这就具有了亚文化的特点。尽管消费明星是大众文化的突出表现,但迷通过类似的文化群体成为具有抵抗意味的亚文化群体,在"玉米"群体中这种抵抗表现为对男性霸权的抵抗。然而,像所有亚文化一样,被收编是其最终的宿命。

从《超级女声》开始,所有的明星发现自己从来没有过如此有组织、有规模的粉丝团队,此前的明星都有所谓的影迷或歌迷后援会,但组织绝对没有如此严密,效果也绝没有如此影响力,而所有崇拜过明星或正在崇拜明星的追星族们也第一次醒悟到团队的优势。事实上,目前的"迷"自动自发组成群体的意识已经非常强烈,而网络成为他们聚集的平台,以主题词进行分类的网络社区百度贴吧就是迷群们的大本营,每个明星都有自己的"吧",希望与偶像拉近距离、寻找同好的粉丝们纷纷来到这里,形成了许多重叠的小团体。在"迷"群中,对明星的喜爱是进入这一文化群体唯一的敲门砖,不同年龄、学历、背景的汇集于此,形成了以明星为凝聚力的群体。

"玉米"在媒体报道中常被形容为一群幼稚、狂热、四处抢手机的青少年,但笔者在寻找访谈对象的过程中,惊讶地发现90年代出生的青少年并不是李宇春吧中最为活跃的"迷",基本超过20岁的80年代出生的青年人才是其中的主角,他们大多正在读大学或者研究生,还有人已经工作,70年代出生的"玉米"也并不罕见。在这些不同年龄的"迷"眼中,玉米就是一个团队,这个团队能够给李宇春最大的支持,同时也让他们有一种归属感。27岁的J君在一个小城市做公务员,她已经结婚,并且有了小孩,生活很快乐,她说:

> 总觉得生活中缺少点什么,后来看超级女声喜欢上了李宇春,就在网上拼命找一样喜欢她的人,本来是想找人聊聊天,后来发现自己已经陷进去了,比赛的时候吧里很紧张,各个地方都有网友负责组织大家一起为李宇春上街拉票,我所在的地方很小,没有组织起来,但是我很关心,每天都要去看看拉票的情况,那个时候第一次很后悔大学毕业之后留在家乡,没有去大城市,如果去了大城市,就可以和大家一起行动

了。……比赛完了之后,还是每天去,已经是习惯了,感觉那里就像是另一个家,可以倾诉自己的烦恼,马上就有很多人安慰你,有人一发攻击春春的帖子,好多人立刻去围剿,大家互相支持鼓励,这种感觉真的太好了。

类似的表达,大部分访谈的"玉米"都表达过,B君和N君是访谈中两位70年代出生的人,她们告诉我三四十岁的人喜欢李宇春的很多,她们很多朋友都是,而且在玉米的组织中充当领袖的都是年纪比较大的人,在超女比赛的时候被视为玉米教教主的一位网友就是30多岁的女人了,B君说:"那些初中生、高中生觉得我们比较有生活经验,很多事情上都听我们的,在比赛的时候,上街拉票的好像都是小女孩,但是其实组织者什么的都是很有经验的中年人,我们中间有的是公司经理,有的就是在媒体工作,策划组织这些比较拿手,没有什么地位高低的,大家都是做自己擅长的事情,我们看这些小孩就好像自己的弟弟妹妹一样"。(笔者问:每天都去李宇春吧吗?)B君和N君都表示:"只要不忙就去,有时候由于工作的关系几天没去转转就觉得不舒服,到了春春有什么活动的时候,比如演唱会啊,签售会啊,吧里就特别热闹,大家都会来,看看有没有什么组织的集体活动,可以一起参加"。(笔者问:参加过什么活动吗?)B君回答:"去接过春春一次飞机,还有她的演唱会,去过两次,春春站在舞台上实在是太棒了。"N君回答:"去过一次记者发布会,和很多玉米一起去的,当时我们穿着统一的T恤,还有很大的宣传画,很多记者给我们拍照,最开始我有点不习惯,不过春春出来之后,什么都忘记了,只记得在尖叫。"

从以上描述中,我们可以解读出多重的意义视角:作为一个群体的"迷"群拥有者强大的消费能力和社会影响力,上文中玉米有着严密的组织系统和分工系统,他们组织的慈善基金、组织上街拉票、接机、去签售会给偶像打气、集体购买演唱会门票等行为就是证明;但是,更为重要的是,"迷"群不只有着巨大的消费力,成为追捧明星最重要的力量,而且成为具有鲜明风格的亚文化(subculture)群体。在这个文化群体中,明星成为一种符号象征意义,"迷"通过共享对某一明星的一套概念、符号、意义与价值获得了一种身份归属感,而这套概念、符合、意义与价值则成为"迷"群的风格。

风格(style,又译为方式/样式)是"文化认同与社会定位得以协商与表达的方法手段",风格通常被看做是"许多类型的事物所做的分类,如服饰、绘画、建筑、小车等产品、文本或人工制品",它涉及"某些事情如何去做,比如如何演奏音乐、如何发表演讲、如何穿着打扮、如何理发、如何著书等……它常常含蓄地意指或者表达题中之意"①。作为亚文化群体的图腾,风格是亚文化的第二皮肤,既是亚文化群体内部最具吸引力的符号,也是他们区别彼此的标志,同时也是大众媒体据此报道和再现的焦点所在。在上文的访谈和媒体的广泛报道中,不难发现"玉米"的这套风格符号。

代表昵称——"玉米":因为与李宇春的"宇"字谐音而产生的"迷"的统一名称,李宇春吧也因为被视为"玉米地";"小葱";"玉米"给李宇春起的昵称,最开始"玉米"一直称她为"春春",在李宇春一场发布会上,一个去了现场的男"玉米"在李宇春吧里汇报的时候称她像"葱"一样,白色裤子像葱白,绿色上衣像葱绿,黄色的头发像葱顶,声音像放了5天的大葱被一把折断的声音软软的,从此李宇春成为"玉米"口中的"小葱",在李宇春吧内,几个板块的名字也与此相关,"葱声葱影"表示李宇春的视频或音频,"小葱最爱的米米"表示为吧作过贡献的"玉米",等等。

代表颜色——黄色,即作为植物的玉米的颜色。所有接受访谈的"玉米"都有一件统一的黄色T恤,这是由网友自己设计并通过网络传播到各地的代表服饰,几位参加过拉票的"玉米"都表示在上街拉票的时候黄色T恤、脸上涂上黄色油彩就与其他超女的拉票团区别开来,当时李宇春最大的对手周笔畅的粉丝团代表颜色是绿色。

代表音乐——"玉米"原创的《和你一样》,被视为"玉米之歌"。
……

毫无疑问,正是这些昵称、颜色以及歌曲将"玉米"与其他的"迷"群、与普通的区别开来,"风格是个体判断其他人是否属于同一群体的一种方式"②,同时也是个体判断自己是否归属于这一群体的重要方式。通过这些风格符号,"玉米"们与他们的偶像仿若建立了一种亲密关系,"玉米"之间

①　[美]约翰·费斯克等编撰:《关键概念:传播与文化研究辞典》(第二版),李彬译注,新华出版社2004年版,第279页。
②　[英]乔安妮·恩特威斯特:《时髦的身体:时尚、衣着和现代社会理论》,郜元宝等译,广西师范大学出版社2005年版,第174—175页。

也由于共享了这套符号,产生了相互的认同,他们将彼此成为"亲"(即亲人),有些人在成为"玉米"之后由互不相识变为好朋友,上文所说的 B 君和N 君就是因李宇春而认识的。风格所构成的亚文化成为"迷"身份的某种象征,成为"迷"对自我身份建构的关键渠道。美国学者沃伦·基德(Warren Kidd)对认同与文化的关系进行过精彩的论述,他认为文化是指作为一个群体的成员如何行事,而"认同"则涉及我们作为人如何看待自己,如何看待周围的其他人,我们认为其他人对我们的看法,认同意味着"确定或了解""我是谁"、"我们是谁","文化与认同经常联系在一起,但它们不能被看做完全相同。文化经常建立起来我们的认同感或认同,社会学家通常把它们分离,他们用文化表示宏大的模式,认同表示作为我们个人所拥有的、更小的更微观的意义"①。也就是说,迷群作为一个亚文化群体,其共享的文化成为身在其中的"迷"的认同资源,亚文化以及代表亚文化的风格符号建立起"迷"的身份认同。

在现实社会中,"迷"对明星的消费、解读、认同等情境的发生都是在大众文化或者说消费文化的语境中发生的,但是正如费斯克所说"亚文化是更广泛的文化内种种富有意味而别具一格的协商。他们同身处社会与历史大结构中的某些社会群体所遭际的特殊地位、暧昧状态与具体矛盾相应"②,"迷"具有某种程度的抵抗意味,一件 T 恤、一张唱片、一个昵称构成了一种风格,成为一种反抗或者蔑视的姿态,它代表一种拒绝,具有某种颠覆性的价值。

在"玉米"群体中,大部分人是女性,笔者在找寻访谈对象时接触的 50位"玉米"只有 3 位男性,接受访谈的"玉米"也承认他们接触的"玉米"中绝大部分是各种年龄段的女性,在各种媒体的报道中,"玉米"是以女性为主的粉丝团体这一结论也得到证明。当一个以女性为主的"迷"群在对一位中性化打扮的偶像如痴如狂的时候,对抗男性霸权的女性主义意识形态非常明显地呈现,这种反抗的意识尤其在社会的主流舆论特别是男性对李宇

① Warren Kidd. *Culture and Identity*. New York:Palagrave. 2002,p. 7.
② [美]约翰·费斯克等编撰:《关键概念:传播与文化研究辞典》(第二版),李彬译注,新华出版社 2004 年版,第 281 页。

春的种种攻击中被强化和凸显。

　　李宇春的平胸、高瘦、不穿裙装等形象特质显然不符合社会对女性的审美观点，她没有玲珑的身材，不像别的女明星一样袒胸露乳、搔首弄姿，而是以一种帅气、自然的中性化风格赢得了女性的喜爱。虽然很多玉米都强调李宇春并不像男人，"她笑起来很女人啊"、"她的皮肤比很多女明星好多了"、"她的五官那么精致，哪里像男人"，但是面对很多男性指控李宇春"不男不女"、"同性恋"等，"玉米"们普遍将这种情境联系到一般女性的社会位置认同——同处于男权规范下而难以伸展自我，由此她们"感同身受"似的以支持李宇春的中性化来抵抗男性对女性的霸权。

　　F君："我不明白为什么男人们不喜欢她，春春那么可爱啊，皮肤那么细腻，白里透红的，有时候看着她我都会脸红，虽然她不是那种艳光四射的女人，可是举手投足都那么有魅力。我觉得男生是因为李宇春不符合他们的标准才抹黑她的，你看，她从来不按照一般女生的样子打扮自己，也不会为了取悦男生而勉强自己穿裙子，她的不媚俗对我们来说是一种鼓励，一个你们也可以这样、也可以选择、不用勉强自己做自己不喜欢做的事情的信号，所以男生都很恐惧她啊，像我们女孩子就会喜欢这种坚持自己想法的明星。"

　　B君："我一直记得在超女总决赛8进6的比赛中，主持人问春春以后会穿裙子吗，春春淡淡地说：'再说吧！'我超级喜欢那一刻，我觉得她很真诚，不会因为要讨好评委和观众而敷衍别人，这样的一个人让我很欣赏！人在社会中有很多事情是没办法坚持的，在社会化的过程中人学着去妥协，处理事情要很圆滑，有很多状况是跟自己的原则相违背。很多人没办法坚持，这些人可能很痛苦，或许他们就习惯了——像我就习惯了！那部分虽然我不再挣扎，但面对她这样一个表现，我会觉得很欣赏……有很多事情是我不敢做的，而她做了！那部分是我满认同的，或许我内心里面希望那样做，但我不一定做得到——可能就是因为我自己做不到，所以才很喜欢她！"

　　这两位"玉米"对李宇春的认同来自于其坚持个性、真诚、特立独行等特质，在这里，有着清晰的社会背景：社会赋予男性以霸权的力量，他们规定着对女性的审美观点，他们拥有较多的自由和包容，因而当男性坚持自我时，比较容易获得社会的肯定；相反地，女性却不易享有自由的空间，因此较不容易有自己的主见——在这里,大部分玉米都走上了并习惯了社会女性的一般道路,而李宇春却表现出强烈的自我意识,突破了男权之二元性别规范。女性"玉米"们从社会舆论对李宇春的批评以及男性观众的抹黑中,清晰地意识到自己所处社会的男权控制机制,并且从对男权机制的深刻体认中,更加强了对李宇春的欣赏崇拜,从而以这种崇拜显示出对男性霸权的不满和抵抗。

因此,即使李宇春本人未必有女性主义的意识,但是在社会的普遍质疑中,其迷群体与社会主流文化发生了冲突,李宇春成为她们反对男性霸权的符号,同时,这种冲突还会加强群体内部的团结和整合,通过他人的态度和看法更加确认了自身作为一个群体的客观存在。

但是,亚文化毕竟是一种附属文化、边缘化的文化,它借用、盗用了大众文化的符号,把不同的文化商品作为原料进行解构,构成了具有独特风格的亚文化现象。但当亚文化风格出现并且开始传播以后,主流的文化当然不会坐视不理,市场、新闻媒体、官方一刻不停地对亚文化进行界定、贴标签、遏制、散播、缓解、消毒、利用、开发、去除其危险性……试图把亚文化的风格整合、吸纳进占统治地位的社会秩序中,这一过程就是有效的"收编"(in-corporration)过程。当李宇春的形象由硬朗转变为越来越柔和,尽管仍然没有穿裙子,但她日益女人味的形象特质的转变显示出在男性话语控制的社会舆论压力以及市场的收买下,"玉米"已经失去了独特的抵抗力量,而她们并不为之感到失望,反而觉得"这种改变能让更多的人接受春春",这无疑是对男性话语霸权的一种妥协和承认。

因此,迷群这类亚文化群体往往呈现出暧昧甚至矛盾的症候:亚文化有时候站在反霸权的立场上代表着弱势群体的利益,但有时又在主导文化、支配群体和商业利益的"召唤"下,在"协商"和"收编"中呈现出妥协退让的姿态,在商业收编和大众文化的席卷下"半推半就",转化为主导文化、流行时尚和大众文化的一部分,用令人震惊的亚文化风格这一独特的亚文化资本换取经济资本和社会资本,不同程度地使亚文化失去抵抗性甚至濒临没落和死亡。这大概是亚文化的宿命,这无奈的宿命显示出"迷"的身份认同始终逃脱不了社会环境的主宰,自我的价值和身份通过消费明星得以建构,但同时这种消费不是脱离社会的,而是处于当代中国社会文化的特殊语境当中,归根结底,是这一特殊的语境塑造了个人的身份认同。

第四节　消费偶像塑造背后的媒体、明星与商业的合谋

在商业资本长袖善舞的媒介生存环境中,媒体无可争议地要践行商品生产和交换的生存逻辑。令人艳羡的发行量、收视率及知名度是媒体孜孜以求的目标。而这一目标的实现在不同程度上取决于对注意力经济的掌控和运作,也就是最大限度地吸引消费者的注意力,通过培养潜在的消费群体以期获得最大的未来商业利益。达文波特在其著作《注意力经济》中指出:"在新的经济下,注意力本身就是资源,金钱将与注意力一起流动。"作为经营注意力资源的产业,媒体乐此不疲地将吸引众人眼球的明星推向报端台前。在吸引力优势之外,明星报道较之政治报道更少风险,比经济报道更不需要专业知识储备⋯⋯在这种显而易见的成本博弈中,媒体自然倾向于将前者推向市场拉动消费。为了保证明星消费占有一定的市场份额,媒体会不断地保持对他们的曝光率营造大量可供消费的文本,并将这种持续的注意力转移辐射给受众。有资深媒体人士说,如今的明星操盘手多为谙熟娱乐业的传媒人士。

在媒体商业化、集团化的时代洪流中,商业成为现代传媒的运行模式和话语机制,明星价值经济化已成为媒体娱乐产业链条上具有增值贡献的重要环节。明星身上的种种特质满足了受众心中的遐思和梦想,对于普通人来说,他们只是社会这个舞台下的看客,靠舞台上的名人明星们演绎自己理想中的生活。普通人"只能每天在报纸、电视、书刊上看着名流们生活,仿佛是名人代表他们生活在这个世界上。因此,名流是一种想象的资源,在艰难的岁月里,人们通过这种资源获得慰藉。"①明星的市场号召力因此而来。媒体也通过报道明星、包装明星、打造明星获得了不菲的广告收益和经济利益。以打造平民天后为宗旨的选秀节目"超级女声"的成功,就是媒体、商

———————

① 克里斯·罗杰克:《名流——关于名人现象的文化研究》,李立玮、闵楠、张信然译,新世界出版社2002年版,第31页。

家和新晋明星的完美共赢:湖南卫视的娱乐品牌得到大幅提升,节目的直接经济效益尤为可观;合作伙伴蒙牛乳业坐稳了中国乳业的龙头老大地位;一群默默无闻的女孩成为万众瞩目的明星。

有掌握话语权力的媒介平台和流光溢彩的明星元素,精明的商家自然会基于明星价值在向经济资本转化过程中的可复制性,让明星实现消费引导力和经济推动力。商品借助明星构建了良好的品牌形象,两者作为文化工业的衍生物在大众媒介这个平台上谋求媾和。明星通过传播媒体塑造出一种诱人的特质,这种特质通过合并重组成为商品有认同感和购买力的价值要素。蒙牛乳业的成功,使之成为商业营销领域的经典个案,引出不少仿效者。

明星何以要以媒介为平台频频亮相呢? 法国社会学理论学家布迪厄的文化资本概念对我们有所启示。作为在社会斗争与社会支配中起作用的符号权力,我们认为,形象塑造与知名度推广都是明星们的广义文化资本。①在明星们处心积虑积累文化资本的众多领域中,媒体集结了更有效的资源和权力。在传统社会中,个人文化资本的获得是一个漫长渐进的过程,需要花费大量的时间和精力。而在现代传媒无孔不入的时代,媒体仰仗其合法化的传播渠道、掌握话语霸权的强势身份和易于得到社会认知的公信力在某种程度上担当了审判者的角色。特别是在现代数字化构造的视觉文化传播形态中,直观立体的视觉符号比语言、文字等更容易唤起受众的感官冲动,更易于满足他们的视觉愉悦和情感诉求,明星们也就更易于被受众以情绪化、感性化的方式认可。如此,明星们在被传播的过程中完成了自身文化资本的建构和社会认知度的提升。基于文化资本的自主性——在一定条件下能够转化为经济资本和社会资本,明星们乐于在媒体上通过各种带有消费特质的报道展现自己的品味、气质、时尚来加速自身文化资本的积累。

当人们对媒介产品持有的消费观念取代了批判意识后,功利性的明星报道和消费文化不谋而合。传媒通过将明星塑造成符合审美标准和理想范式的偶像,微妙地改变了人们的消费习惯甚至激发了虚假的不合理的消费诉求。有人甚至籍由消费明星代言的产品实现同质化的心理上的接近和象

---

① 参见包亚明:《文化资本与社会炼金术》,上海人民出版社 1997 年版,第 192 页。

征价值的满足,来追逐这种虚伪的平等。当这种非理性意愿过度膨胀的商品实现市场占有优势时,就会消耗用于生产其他人们更需要的产品的资源。另外,媒体在推出明星报道和明星节目的同时也为广告商生产了符合其消费需要的特定受众。媒体根据受众的年龄、性别、职业、文化水平等指标打造内容和风格各异的有关明星的产品,人们通过消费这些媒介产品而成为新的商品,经由媒介整合后出售给广告商。受众在消费媒介产品的同时不仅付出了时间和金钱,还要替广告主向传媒支付商品宣传费用。明星报道和明星节目的收视率越高,受众需要支付的广告成本越大。在这样一种媒体、明星和商业的合谋中,受众在消费明星报道时所交付的经济成本和时间成本是否和自身建构达到了价值上的契合,则是我们必须认真审视的问题。

　　总的来说,在文化的消费主义特征明显的当代社会,作为传媒娱乐最突出的内容,明星报道和展示的结果是塑造一批又一批的消费偶像。消费偶像的特征主要从两个方面得到体现:明星是被消费的偶像,作为一种典型娱乐消费推给大众的明星报道首先促进了传媒产品(内容)的消费;明星是引领消费时尚的偶像,通过对大众消费主义价值观念和生活方式的影响促进了社会商品的消费。在消费偶像的塑造中,体现了媒体、明星与商业三方面的利益及合谋关系。

第五章 电视——虚幻的生活
与真实的快乐

时尚杂志以其装帧精美和五彩斑斓的图片,使之在传播消费生活方式方面具有其他平面媒体所不具备的优势,然而与电视相比,恐怕还是稍逊一筹。杂志的静态表现使它在展示生活的形象生动方面捉襟见肘,与此相反,电视在这一方面的优势是杂志所无法企及的。正如道格拉斯·凯尔纳所说,自从电视在 20 世纪 40 年代问世以来,它就一直充当推广消费文化的工具。电视并不仅被用来推销汽车、时装、家用电器等商品,而且还被用来传播中产阶级的生活方式和价值观。① 需要补充的是,电视正是在这种商品推销和中产阶级生活方式和价值观念的传播中为商业所青睐,从而长期占据了强势媒体的宝座。

第一节 电视连续剧:消费生活的形象图景

在电视的诸多内容载体中,电视连续剧可以说是对所谓中产阶级价值观传播的主要途径。电视连续剧是一种虚构的、有完整故事情节和每周在固定时间连续播出的电视剧种,它使用固定的演员组,故事带有连续性,通常用情感或者情节来组织故事。它是一种大众化的、世俗的、娱乐的文化形态,通过电视进入家庭日常生活,成为人们日常生活中不可或缺的一部分。在我国,

---

① 参见道格拉斯·凯尔纳:《媒体奇观——当代美国社会文化透视》,史安斌译,清华大学出版社 2003 年版,第 8 页。

观看电视连续剧已经成为人们日常消遣的主要方式之一,也是人们对电视的利用中最主要的部分。尤其是 90 年代以来,随着电视在城乡家庭中的迅速普及和电视剧创作的繁荣,观看电视剧已经成为普通民众主要的文化娱乐形式。电视剧对受众生活的深层影响是不容忽视的。有人说,82 岁的杨振宁迎娶 28 岁的翁帆,大众和媒体的反应是正面多于负面、美化多于丑化,这说明全球的华人社会在有关爱情的想法和想象力上,越来越能够与西方先进国家的人民接轨,而这是因为,"两者都深受电视剧和电影对爱情的浪漫描写的影响。在看了大量的好莱坞电影、日剧、韩剧和港剧之后,中国人对爱情似乎多了一份浪漫的想象和美丽的憧憬,少了一种对自己的压抑和对别人的苛求。"①这是对电视剧影响受众价值观念和生活理想的一种判断。

　　对电视剧的统计和内容分析表明,当代电视剧具有浓厚的消费主义色彩。无论是从题材、演员、场景、服饰还是从电视剧所表现的思想来看,都可以证实这一点。20 世纪 90 年代以来电视剧热播的主要是古装剧(主要包括宫廷剧、历史剧和武侠剧)和情感偶像剧(也可细分为情感剧和偶像剧)。古装剧首当其冲,数不胜数,这些电视剧大都场面宏大、画面讲究、视觉冲击力强;色彩华丽、服饰华美;演员阵容强大;情节跌宕;多有男女恋情作为重要内容甚至主要线索。各类情感偶像剧不管是内地的、港台的还是韩日的,在收视率上都有不俗的表现,而时下流行的港台剧和日、韩剧,大部分都是都市时尚情感剧,唯美的画面、纯洁的感情和着装时尚的俊男靓女是这些电视剧的基本构成要素。在这里,俊男靓女扎堆,演员服饰更是精美且变化多样,时尚气息浓厚;剧中的感情总是经历曲折,充满情敌和意外、计谋和手段,但总有深挚、执著、像梦一样美丽、纯净的爱情贯穿其中。可以说,在这些电视剧中,描写的是一个个想象和梦想中的世界,在这里,剧中人物代替受众过着他们梦幻中的生活,经历现实中不曾有的辉煌、离奇与曲折,走过一段又一段奇妙的完美爱情,少见世俗生活中的柴米油盐、平庸琐碎,一个个过着仿佛不食人间烟火的雅致生活。

　　2006 年年初,继韩国青春励志剧《大长今》热播之后,湖南卫视又首播香港 TVB 的热门古装剧《金枝欲孽》。这两部电视剧都是反映宫廷生活的

---

①　何式凝:《我妒忌杨振宁和翁帆》,《良友》2005 年第 7 期。

古装剧,在湖南卫视播出后都有很好的收视业绩。到底是什么东西吸引着受众呢?受众从这些电视剧中获得了什么呢?或者说,受众对电视剧的收视期待到底是些什么呢?湖南卫视就两剧展开了网络调查,让读者下帖评论更喜欢哪一剧。笔者随机抽取了其中的一百条跟帖进行分析研究,试图找出受众对电视剧的观看心理和评价规律。结果发现,受众对两部电视剧的解读首先集中在演员形象上,演员是不是好看、演员的个人魅力如何、服饰是不是精美、演技是不是高超,都是他们首先关注的。因为在一百个帖子中,就有32个帖子根本就没有根据要求对两剧作什么对比,而只是自说自话地评价他所熟悉或感兴趣的演员,可以看出,在他们的观看过程中,首先对演员个人形象的关注是非常多的。其次是关于情节和节奏的。在认为《金枝欲孽》剧比《大长今》剧好看的38人中,《大长今》剧节奏拖沓是他们不那么喜欢它的最重要理由,他们说:"我总是看着看着就睡着了","只有我妈咪才喜欢看又臭又长的韩剧"。然后是情节的可预测性,他们认为《金枝欲孽》剧其情节跌宕生姿,往往出人意料,所以更加吸引人,也更加好看。可以看出受众在观看电视剧时不太愿意思考和等待,更关注情节性和故事性,这说明受众观看这些电视剧的消遣娱乐动机非常强。最后才是对于剧中思想和人物刻画的评价。有意思的是,尽管整体上《金枝欲孽》剧的受欢迎度远大于《大长今》剧(38∶19,其余的人没有作出自己的比较),但从思想启示和人物刻画方面,尤其是从思想启示方面作出评价的人,其对两剧的喜好人数是旗鼓相当的,有12人认为他们更喜欢《金枝欲孽》剧,因为《金枝欲孽》剧反映了社会现实,四个后宫女人的明争暗斗、钩心斗角、尔虞我诈折射了"现代职场的斗争",是"办公室斗争的古装版",教人"如何适应这个残酷的社会",提醒人"害人之心不可有,防人之心不可无",教人如何做人,如何成长,等等。偏爱《大长今》剧的有14人,他们普遍认为《大长今》剧对人的影响要比《金枝欲孽》剧好,赞扬《大长今》剧中反映的大长今精神值得学习,能起到激励人的作用,他们喜欢女主人公大长今的"善良"、"正直"、"奋发向上"、"坚韧"、"持之以恒"、"对生活的执著",包括剧中"浪漫、温婉、含蓄、细水长流的爱情"等,而批评《金枝欲孽》剧对"争权邀宠"、"尔虞我诈"的权力斗争宣扬过分,影响不好。

从这里折射出了受众的电视剧观看心理和对电视剧的心理期待。剧中的人物和生活会进入他们的视野,与现实产生一种对比,他们从中获取自己的认同:希望自己是什么样的形象;怎样生活;做什么样的人;如何去做;等等。他们从电视剧里找到自己的喜好:怎样的服饰、怎样的发型和化妆、怎样的说话方式和风格等。对两剧的赞成或反对,在对理由的陈述中,反映出他们在电视剧中观照自己的生活方式、处事风格、价值观念和思想状态,从而建立起自己的身份认同。值得一提的是,电影对受众的影响和电视剧类似,而且电影因其在多个电视台的播出而强化其影响。2001 年夺得戛纳大奖的《花样年华》公演后在中国乃至世界各地的时装界掀起了一股"旗袍热",大街上到处都是穿着旗袍"招摇过市"的女人,从"文化大革命"开始到80 年代一直沉寂的旗袍开始流行。因为,《花样年华》简直就是一场旗袍时装秀,片中张曼玉的全部服饰是 23 件花样迷离的旗袍,花色、质地和款式都引人注目。身着旗袍的张曼玉成熟、婉约、优雅、性感、美丽,气质非凡,其带着挥之不去淡淡的怀旧的感伤,勾起了不少女性心中的向往,无怪乎旗袍也跟随流行起来。在各种各样的影视剧的观看中,在与剧中人物命运感同身受的沉浸中,在进入情节的忘我迷醉中,受众把自己的欲念和向往向剧中人物转移,仿佛认可剧中人物就是自己,在经历着人生的沉浮变化,情感的酸甜苦辣。这种对影视剧的观看和沉湎,成为受众一种替代性的生存方式。现实生活中的平凡、无味和黯淡,可以被影视剧中的辉煌、美好和跌宕所打破,通过自己喜爱的剧本和演员,在幻想中的舞台体验非凡的生活和经历,这是充满了各种变异的"灰姑娘童话"的电视剧给受众的一种消费主义生活的虚幻体验,是在沙发上享受的消费主义生活的海市蜃楼。

下面两篇文章,就形象地概括了电视剧的消费示范作用。

假如像韩剧那样生活　就像只有糖果罐头①

韩剧大热,在观众中复制病毒,最直接的作用是,观众开始奢望过着韩剧一般的生活。借用《东邪西毒》中的一句经典对白:每个人都要

① 本文来源于雅虎娱乐频道,http://ent. cn. yahoo. com/050304/352/26iae. html。作者为《华商报》记者刘哲。

经过这个阶段。空想,是观众的至高权利! 在武侠小说中,有一种毒是毒中之首,叫做鹤顶红,喝后立刻肝肠寸断,绝无挽回的余地。如今电视剧中有一种"毒药"最为厉害,这就是韩剧。假如我们像韩剧一样生活,那又是何种滋味?

一、像韩剧一样恋爱

范本:新款跑车接送、钻石项链相赠、痴情公子挂念

COPY 指数:★

效颦:无论自己怎么折腾,穷爱人也不能让他一夜暴富;长相对不住观众的,总不能推去整容。

虽然没有"拉风"的跑车,不过可以让男友骑上单车。

都说爱看韩剧的是女人,而且是那种爱做梦的女人。韩剧的男主角绝对符合白马王子的标准,帅帅的样子让人无比着迷。要么稳健如自己的大哥哥,要么调皮如邻家小弟,而且必然对女主角一往情深,非常专情,在女主角痛苦与无奈的时候这两种人都无怨无悔地陪着她。不过还有一点最重要,韩剧中的男主角绝对不是什么穷小子。

当一辆"拉风"的跑车停在你和同事面前时,你如何能够拒绝。这样的男人给你的"surprise"绝对不是用易拉罐的拉环做成的戒指或是

路边摊上的一碗凉皮,而是出自名师之手的钻石项链或是一栋漂亮的大房子。在一个大舞池里,女主角穿着漂亮晚装和英俊的男主角幸福地旋转,这种成为焦点的感觉是无与伦比的。除了能说"我愿意",女主角还能说什么?

二、像韩剧一样家居

范本:泡菜、绣花围裙、榻榻米

COPY 指数:★★

效颦:把自己家的床单、床罩全部扯了下来,换上韩剧中使用频率最高的白色床单。买来和《看了又看》银珠系的那条一模一样的粉红色围裙,一下班就冲到厨房,微笑着看老公吃饭,微笑着洗洗涮涮。然而不久后,粉红色的围裙也沾满了油渍,再也没有系它的兴趣。韩国的饭菜也总是那么几样,吃腻了,根本比不上博大精深的中国菜。

韩剧中每次吃饭时间都特长,女人们贤惠起来绝对没得说。而韩国家庭厨房也干净得一尘不染,漂亮的女主角系着粉色带绣花的围裙在桌台边唱着歌边做饭,一脸微笑地等待爱人回来,为爱人递上拖鞋,接过爱人脱下的外衣。等爱人吃完饭后,再一脸幸福将碗碟收拾好。但是仔细算算,韩国女人结婚后就得做家庭妇女,否则哪有时间将那些烦琐的家庭事务处理完? 估计看完《看了又看》后,除了在讨论金珠和银珠谁更可爱外,不少人都爱上了那样的生活。粉色、白色、蓝色温暖而又洁净的床上用品,睡起来非常舒服的榻榻米,擦得发亮的木地板,又简单又时尚。

三、像韩剧一样"fashion"

范本:新款手机、流行配饰

COPY 指数:★★★

效颦:精致生活,绝对是生活中最时尚的。和别人约会时,除了咖啡馆,别的地方都不要选;办公室的桌子上,永远放着一个精致的水杯,和朋友郊游,一定要去烧烤。

知道"hellokitty"吗? 有没有使用一款精致的白色翻盖手机呢? 有

没有在手机上挂上一个可爱的毛绒玩具呢？知道今年最流行什么样的服装吗？如果没有，那说明你不够时尚，也说明你绝对没有看韩剧。

《冬季恋歌》播完，裴勇俊戴的玳瑁眼镜一下子就火了起来，在《天国的阶梯》中，那条象征着爱情与永恒的情侣项链相当流行。因为韩剧的风靡，日本一家金店因仿制《天国的阶梯》中的项链成了被告。《浪漫满屋》和《九尾狐外传》中女主角漂亮的耳环和项链，瞬间就会让女人产生出扎耳洞的冲动。

四、像韩剧一样穿

范本：翻毛的圆头皮鞋、毛线围巾、格子呢大衣

COPY 指数：★★★★

效颦：耳朵上挂环也是不能免的，每天一大早起来"捣鼓"是不能少的。就算早上跑步也要把嘴唇涂得一丝不苟。一口烂牙无论如何得配上一副烤瓷牙套。买衣服必然是不能少的，职业套装，时尚的小件。不过如此下来，一定要当心自己的荷包。

韩剧中的另一卖点，就是男女主角清爽干净的打扮和逢上场必换的服装。在长长剧情的折磨下，我们也会考虑自己有没有翻毛的圆头皮鞋，有没有长长的毛线围巾和带帽子的格子呢大衣。不少人说，看完《冬季恋歌》，爱上了女主角双排扣的大衣和男主角的围巾。看完《看了又看》，又爱上了金珠那些备感家庭温暖的家居服，金珠结婚时漂亮的婚纱以及回娘家穿的礼服，非常精致。据说看了金珠结婚那一集，不少人都产生结婚的冲动。在《对不起，我爱你》中，女主角恩彩颜色丰富的毛衣、可爱的裙子、毛茸茸的靴子，让人看了绝对想去做个可爱女人。

五、看韩剧，打造完美精致生活

日剧的风潮已经过去，看韩剧的人越来越多。电视里每天都有俊男靓女上演着爱情，虽然故事的片段如此相似，但这么长的剧集仍然吸引了不少人，我们深夜独自守候在电视机旁彻夜不眠，稀里哗啦流着眼泪，也让我们为男女主角的快乐而快乐，悲伤而悲伤。《看了又看》一百多集的剧情，男女主角恋爱几十集了还没让家人见着。金珠被婆婆

如此欺负也贤惠得不说一句埋怨话,但我们却不得不被电视剧中的生活细节所吸引,看到《澡堂老板家的男人》中父亲用拖鞋追着儿子打的时候,你是不是会忍俊不禁,这就是生活的细节。

有人说,韩流像一瓶成品罐头,里面装着漂亮的水果,色泽鲜嫩,看起来让人很有食欲。罐头只是罐头,做不了主食,我们也没有给它建立生活样本的打算。不过它多少为我们提供了另一种参照——生活还是很有表面文章可做的。

追逐韩剧衣着打扮　你也过把时尚明星瘾①

近年来,韩国电影和电视剧大受欢迎,喜欢韩剧的人,普遍会被片中浪漫唯美的画面所吸引。但其实,除了这些精致的画面外,剧中男女主角的服饰打扮也不能错过哦……

左图:简单的麻质小上衣,虽然看上去朴素,但令MM显得楚楚动人。

中图:情侣装? 情侣装! 原来款式不同也可以给人很情侣的感觉哦……

右图:如果没有了头上的鸭舌帽,可能这个打扮会变得很平凡哦。

---

① 本文来源于千龙网 2005 年 1 月 28 日,http://ent. qianlong. com/4543/2005/01/28/999@2493447. htm。

左图:腰间的粉红丝带成为画龙点睛的一笔。

中图:颈巾+帽=帅气!

右图:带了头巾的宋承宪有型好多哦!

左图:想清纯? 不妨学孙艺珍穿校服。

中图:项链与衣服是配套的?

右图:宋承宪的粗犷项链,孙艺珍的白色小腰带,令两人简单的衣服变得不简单。

左图：帅哥的帽子好有型！

中图：这种帽子很好配衣服，不错！

右图：衣服漂亮还不行，首饰的配衬也很重要！

　　以韩剧为例来探讨消费文化的电视示范作用，有着不同一般的说服力。在近十余年的时间里，"韩流"风靡，哈韩文化席卷亚洲，尤以电视剧掀起的热潮为甚。由 MBC（韩国文化放送）、KBS（韩国电视台）、SBS（汉城电视台）三大电视公司掀起的韩剧风暴席卷包括中国、日本、新加坡在内的多数亚洲国家，特别是在中国市场上获得了巨大的成功。在 2002 年到 2004 年，几乎所有的中国省级电视台都播放过韩剧。韩剧的热播为各级电视台赢得了众多观众，特别是取得了深夜 11 点以后 10% 的收视份额，超过很多黄金时段的电视剧。[1] 2002 年一年，中国内地播放韩国电视剧的数量就达到了 67 部。[2] 在香港和台湾，韩剧风潮同样威力不减。2005 年，《大长今》在香港无线的收视率曾达到 42 点，最高收视达到 50 点，打破香港无线电视台最高收视纪录[3]，在台湾也创下了 5.46% 的最高收视纪录。[4] 在日本，长期模

---

① 参见王丹娜：《从韩剧热播说"韩流"》，《文化交流》2007 年第 4 期。

② 参见《韩流与韩流经济》，《中国高新技术企业》2008 年第 6 期。

③ 参见侯越：《从韩流看"影视表象"与"旅游地形象"的构筑》，《旅游学刊》2006 年第 2 期。

④ 参见张国涛：《韩剧："咸鱼翻身"的奇迹》，CHINA BUSINESS UPDATE. 2006 年 4 月 1 日。

仿日剧的韩剧在剧情设计上更多考虑东方观众的审美需求,逐渐形成了青出于蓝而胜于蓝的局面。

韩剧带来的不仅是动人的爱情故事、跌宕的人生情节,它同时也将韩国的饮食习惯、生活方式、服饰潮流、消费习惯,乃至道德观念、家庭伦理等民族文化持续地对外输出。事实上,韩剧已经成为文化输出的主要途径,具有经济和文化的双重含义。

韩剧的成功,是文化产业的商业成功,同时也是文化输出的成功,并由电视剧的消费示范作用建立的消费认同带动了相关产业链的大发展。如今,中国服装市场流行的是韩版服饰、淘宝网上热门的是韩国品牌、各大超市叫卖声很响的是韩国泡菜、公交车广告荧屏上不停播放的是韩美味餐厅,还有韩国的手机、化妆品、汽车、医药产品、家电等,"韩流经济"渗透力之强可见一斑。韩国的经济效益得益于韩剧编剧文化输出的自觉意识或者这种自觉意识根本就是后续商业目标的要求,不管怎样,由于这种自觉意识的存在,韩剧最大限度地将韩国的饮食、服饰、消费习惯、道德观、家庭伦理等对外输出,使其国人的生活方式、消费行为、价值观念乃至韩国的国家形象深植于观众脑海中,建立了对于异域文化的基本认同。

韩国人的生活方式在韩剧中的体现主要表现在其服饰文化和饮食习惯的传播上,它向世界展示了一个生活安定美好又极具民族特色的韩国。

韩剧将市场定位于女性群体,本例主要从韩式服装对我国女性服饰消费的影响进行分析。

韩式服装可分为韩服和韩版服饰这两大类。韩服主要是指韩国自古流传下来的传统服装。在《大长今》、《女人天下》等古装历史剧中,大量韩服络绎不绝地展现在观众面前。韩剧将目标受众定位在女性观众,而韩剧中韩服的展示亦是以都市女性为主要目标。它在向观众传递着这样一种观念:韩服是端庄娴雅、是展现女性柔美的象征。韩国人对韩服的重视和喜爱,在镜头中毫无保留地展现在观众面前。在《乞丐王子》、《可爱的你》等任何一部现代剧中,都会有结婚时主人公认真准备、隆重穿戴韩服的情节。可以说,韩国人的韩服情结已经成为他们的一种民族自豪感。这无疑使众多观众对韩服印象更加深刻,难以忘怀。

韩版服装不同于传统的韩服,它没有像韩服一样的深刻内涵,但是它却比韩服占有更大的消费群。受韩剧影响,存在基数庞大的年轻人成为韩版服装的忠实消费者。韩版服装主要有两个发展方向。一种是以学生为目标群体的搞怪休闲类。《新娘十八岁》中的贞淑尽管身着校服,但却极尽能事地搭配上色彩鲜艳的围巾和手套,整体风格奇特而抢眼。另一种则是以都市白领为目标受众,以新奇的搭配、得体的剪裁、典雅的设计夺得中国消费者,特别是女性消费者的青睐。

这种消费示范和消费认同的作用无疑是巨大的。韩服、韩版服装陆续成功登陆,使得韩国服装饰品企业也不断积极进军中国市场,这就是有力的证明。20 世纪 90 年代第一毛织、迪可、衣恋公司等开始进入中国。2000 年以后,韩国服装饰品的消费群体进一步扩大,更多的人开始将目光停留在韩国品牌上。这种现象引起了韩国服装企业来华投资的热潮,到 2004 年,利用自有服装品牌进军中国的韩国企业达到了 21 家。①

韩国电视剧风靡十余年,它的另外一些特色,就是美食飘香。在韩剧中,韩式烧烤、酱汤、拌饭、酒酿,甚至泡菜都有着一丝不苟的讲究。韩式餐饮在中国已经借韩流东风进入白领餐饮选择的主流。

韩剧中随处可见韩国的传统文化元素,温暖的小吃馆、街头排档常常成为韩剧的场景,展示了韩国独特的泡菜和清酒文化。《Only You》、《蓝色生死恋》、《新娘十八岁》、《人鱼小姐》等,几乎所有的现代剧中都有这样一些场景:男女主角坐在街头的小排档里喝酒聊天或是女主角一个人、婆婆妈妈辈的妇人盘着腿在家喝闷酒,等等,而贤惠的主妇制作泡菜的场面几乎出现在每部现代剧里。

韩国饮食在中国的市场随着韩剧的热播拉开帷幕。韩式泡菜、石锅拌饭日益红火,韩式烧烤遍布京城乃至全国各大城市。韩国料理虽然价格昂贵,但依然人气十足,特别是《大长今》播放以后,韩国饮食在中国的口碑达到了最高峰。

从韩剧热播以及随后韩国服饰和饮食消费在电视剧播出国的兴起,电视剧的消费示范和消费认同机制作用可见一斑。

---

① 参见孙姗姗:《论韩流对中国流行服饰的影响》,《流行色》2007 年第 8 期。

第二节 电视娱乐节目:为消费而生产

电视娱乐节目就是指通过电视这一特定的传播媒体传播的,大众广泛参与的,以审美性、娱乐性、观赏性和趣味性为突出特点的电视节目。我国的电视娱乐节目发端于 1990 年 3 月开播的《综艺大观》,经过近二十年的发展,娱乐节目已经成为电视台收视率贡献的主流力量,"周末看娱乐节目"几乎成了都市人的一道休闲大餐。由于创新意识匮乏,节目同质化严重,低俗化倾向普遍,2000 年至 2002 年,我国电视娱乐节目曾遭遇整体"降温",在经历了三年的低潮之后,从 2003 年起,总体收视份额开始回升,尤其是 2004 年,娱乐节目在全国 76 个城市所有频道的人均收视时间为 3707 分钟,娱乐节目在所有节目中所占的份额达到 6.7% ,为近几年来最高。①

电视娱乐兴起以来表现出两个方面的明显特征:一是娱乐栏目和时段越来越多,二是娱乐性越来越强。与传统的对传媒内容"寓教于乐"的要求不同,在"寓教于乐"中,"教"是目的,"乐"是手段,"乐"本身没有自己的合法性。而对于 90 年代以来,尤其是 90 年代后期以来兴起的电视娱乐来说,教育不是目的,娱乐才是目的。如果说电视娱乐节目发挥了一定的传播知识和思想教育的功能,那也更多的只是它的副产品,而不是电视娱乐节目的自觉追求。因为,随着文化市场化的竞争压力,娱乐节目已经成为收视率贡献的主要力量之一,因此,各种娱乐节目挖空心思,通过提供各种新奇刺激的内容策划和节目形式,给受众提供吸引力尽可能强大的娱乐消遣。中国电视娱乐节目发展到今天,经历了晚会时期、娱乐时期、竞猜时期、真人秀时期四个时期。② 在近几年的同质化竞争中,电视娱乐节目形成了如下几种吸引人的招数:性、恶作剧、搞笑、游戏、冒险、博彩、隐私。尤其是一些省级和地市级电视台,更注重通过把这些因素糅进各种类型的娱乐节目,来增强节目的吸引力。

---

① 参见谢耘耕、王彩平:《中国电视娱乐节目报告》,人民网,2005 年 8 月 25 日。
② 参见上文。

　　电视娱乐节目可以划分为以观众观赏为主的综艺晚会型；在与观众相互交流中形成娱乐氛围的益智型；有特定规则的、以竞技竞赛项目为核心的游戏型；有一定情境设计的、以纪实手段完成的真人秀型；以满足观众的表演欲望并为其提供舞台的表演秀型等多种节目样式。各类娱乐节目中主持人黄色笑话和当众调情在西方发达国家的电视和港台电视中非常常见；而随着《综艺大观》的停播，传统的严肃有余、活泼不足的综艺晚会型节目已经成为历史。后起的益智型节目如《幸运52》、《开心辞典》、《财富大考场》等则博彩气息浓厚；代替传统晚会型娱乐节目的游戏型娱乐节目《快乐大本营》、《欢乐总动员》等则是以游戏为手段"制造快乐"；"真人秀"节目泛指由制作者制订规则，由普通人参与并录制播出的电视竞赛游戏节目，它打破了新闻、纪录片等真实的电视节目与电视剧等虚拟的电视节目的界限。①真人秀型娱乐节目的始作俑者是2000年美国哥伦比亚广播公司制作的《生存者》：把16名参加者放在一个与世隔绝的小岛上，接受严酷的生存条件的考验，竞争者还可以通过暴力以外的任何方式逼迫对手离开，最后一个坚持下来的就是胜利者，获得巨额奖金。我国的真人秀型节目除《完美假期》外，其他节目几乎千篇一律是"野外生存挑战"类的"野外真人秀"，如《走进香格里拉》，后期则是以"海选"、"全民娱乐"、"民间造星"为主要特征的"室内真人秀"，如《超级女声》、《梦想中国》和《莱卡我型我秀》，它们既有浓厚的博彩色彩，又有冒险和隐私展示的因素。

　　性、恶作剧和搞笑则是不少娱乐节目的必备调料。比如台湾的著名大型婚恋娱乐节目"非常男女"，主持人胡瓜时常有"色"语言出现，与女主持乃至嘉宾之间的带色调笑也是该节目的特色之一。这种情形在内地的出现是近些年才有的事，却也并不鲜见，几乎各省台的综合娱乐节目都有类似男女主持之间、主持与嘉宾之间暧昧的调笑现象，并且因此引起了相关管理部门的注意。有些娱乐节目根本就是带着"颜色"的，比如在内地部分落地的星空卫视的真人秀节目"美人关"：让穿个裤头光着膀子的年轻男子在那里摆着POSE，向一群大呼小叫的女人展示他们发达的肌肉，女观众看不上眼的男人们一个个被"美人"的代表们推下冰水池里去，剩下的那一个就成了

---

①　参见谢耘耕、王彩平：《中国电视娱乐节目报告》，人民网，2005年8月25日。

所谓过了美人关的英雄,获得奖金,并有资格留在台上为美人们做最后的表演。这种节目除了博彩性质,其情色意味也是比较强的。内地省市级电视台也有类似的克隆节目,如湖南经济电视台 2003 年播出的男性选秀节目《绝对男人》。此外,搞各种恶作剧让嘉宾和参与节目的观众出丑则是游戏类娱乐节目中最常见的娱乐手段。

这些电视娱乐节目给观众提供的是什么样的快乐?暧昧或公开展示的性;无聊的恶作剧和搞笑调侃;低俗的游戏(《快乐大本营》曾有过让嘉宾们比赛在一分钟内下蹲马桶的次数的游戏);疯狂的冒险;增长赌徒心态的博彩;赤裸裸的隐私展示……这是一种与审美和超越很少关联的娱乐,因其低俗广受责难。在收视率的压力下,电视娱乐节目提供的肤浅甚至恶俗的"快乐"是感官满足和欲望发泄式的,是缺乏思索和精神参与的。拿近几年风行的真人秀节目来说,它用肥皂剧的叙事技巧和纪录片的写实风格对隐私与性进行了超常规的展示,将人性中隐秘的一面作为卖点,制造了窥私的或赌徒般刺激的"快感"。这是消费文化影响下消费主义色彩浓厚的电视娱乐节目消费:感性的快乐与感官欲望的宣泄。

值得补充的是,我们经常可以在别的地方看到对电视娱乐节目的另一种读解,比如用巴赫金的狂欢理论来解读,就会有不同的评价。巴赫金在研究狂欢节文化时提出了一个重要观点,他认为,人们在现实社会生活中过着两种生活,一种是日常的生活,一种是狂欢式的生活,这两种不同的生活产生两种不同的世界感受,也就是两种不同的世界观。他把狂欢节中所产生的民众的世界感受明确当做一种民众的世界观来看待,并拿它同官方和教会的世界观相对立。他认定狂欢的精神是一种快乐的精神,自由的精神,狂欢式的世界感受张扬的是一种快乐的哲学。[①] 因而"应该从人类生存的最高目的,即从理想方面获得认可"[②]。英国学者约翰·多克(John Dork)也认为"与娱乐有关的作为社会批评的狂欢思想不一定被认为比'公共领域'理念低劣"[③]。他还沿用本杰明的观点说,大众媒体较新的形式,如电影,可

[①]　参见程正民:《巴赫金的文化诗学》,北京师范大学出版社 2001 年版,第 137 页。

[②]　《巴赫金全集》第 6 卷,河北教育出版社 1998 年版,第 10 页。

[③]　约翰·多克:《后现代主义与大众文化》,吴松江译,辽宁教育出版社 2001 年版,第 380 页。

以使较古老的集体娱乐方式成为可能并且延续下去。并由此判断："毫无疑问,20世纪许许多多的大众文化使得风行几个世纪的公共街巷和市井娱乐滞留于19世纪,进而转为屋内娱乐,例如电影院和起居室的电视。"①荷兰学者约翰·赫伊津哈则认为,文化本来就是在游戏氛围和游戏形态中推进的,从一开始它就处在游戏当中。甚至远古时代那些目的在于即刻解决生存需要的活动,比如狩猎,也倾向于采取游戏的形式。他由此指出,游戏的价值在于游戏形态赋予社会生活以超越于生物本能的形式,"正是通过游戏,人类社会表达出它对生命和世界的阐释"②。

　　如此说来,对电视娱乐节目的批评好像很不客观。然而,电视娱乐节目与"古老的集体娱乐方式"和几个世纪以前的"公共街巷和市井娱乐"根本不是一回事,就像打电话、视频聊天和面对面聊天不是一回事,写信和发电子邮件也不是一回事一样。这是不同的社会接触与人际交流,他们产生的社会意义和文化后果都不是一样的。电视娱乐和狂欢节娱乐以及日常生活中的游戏至少不能完全等同。情形正如赫伊津哈接着说的:当考虑游戏的形式特点时,所有人都强调游戏的非功利性,它不作为"平常"生活,而是"立于欲望和要求的当下满足之外",它实际上"打断了欲望的进程"。③然而,从上面的分析中已经可以发现,当下的电视娱乐节目实际上更多地与感官享乐和欲望有关,与狂欢节意义上的社会游戏距离甚远,它恰恰是功利的而不是超越当下欲望和要求的。更重要的是,在资本的操纵下,这些节目的形式和内容都是瞄准观众眼球的,赢利的目的远远盖过了自由和非功利的娱乐目的。事实正像这位美国学者所说的:"商业化的消遣正在铸造着我们的文明——不是按照应该的那样去铸造,而是随着商品的意志",因此他指出,"娱乐活动必须受到社会的约束,如果想把娱乐变成文明的信使而不是相反的话。"④

---

① 约翰·多克:《后现代主义与大众文化》,吴松江译,辽宁教育出版社2001年版,第368页。

② 约翰·赫伊津哈:《游戏的人——关于文化的游戏成分的研究》,多人译,中国美术学院出版社1996年版,第49页。

③ 参见上书,第10页。

④ 丹尼尔·杰·切特罗姆:《传播媒介与美国人的思想——从莫尔斯到麦克卢汉》,曹静生等译,中国广播电视出版社2004年版,第110页。

第六章　视觉图像——消费的完美诱惑

第一节　"读图时代"的图像霸权

20世纪80年代以来,世界范围内媒介文化的一个显著变化就是视觉形象(包括图像和活动影像)在媒介内容表达和受众吸引中起着越来越重要的作用。90年代以来,我国印刷媒体的图像比重越来越大,而以视觉形象见长的电视也已经取代报纸和广播成为社会的强势媒体,这表明形象已经取代文字成为媒介传播的强势符号,实现了媒介文化的视觉转向。

媒介符号重心的转移具体体现在视觉媒体的兴盛、媒体对视觉图像的重视和传媒视觉技术的发展上。视觉媒体的兴盛首先表现电视在当今大众传播媒介中不容置疑的优势地位。从受众的广度和忠诚度,以及受众的平均接触时间来说,都可以说明问题。各种调查的结论说明,90年代以来,随着电视机的普及,电视在这三方面的数据都是独占鳌头的。可以说,电视是当代中国最有大众性的大众传播媒体,这首先取决于它的视觉媒体的特性。作为以文字为重心的传统印刷媒体,报纸和杂志,尤其是杂志,对图像的运用越来越重视。首先是图像与文字比例的变化,从最初的文字占绝对优势很快过渡到了"图文并重、两翼齐飞"的状态,很多时尚生活类杂志的图片甚至早已远远超出文字的篇幅。其次是图像技术也越来越高,从摄影和绘画本身的设备、人力水平、图片水准到制版和印刷的水准,都已与此前不可同日而语。各平面媒体摄影记者人数的增加、摄影水准要求的提高和摄影记者地位的上升以及摄影方面理论研究的加强,都体现了平面媒体对视觉表现手段的重视。在相关的研究中,有人发现,广告的表现手段也发生了越来越倚重视觉形象的变化。已有学者的研究表明,在 1988—1994 年间,中国报纸广告创作从广告构成要素来看,用文字内容独立地直接陈述产品或服务信息一直占主流地位,从 1990 年开始,文字内容和视觉内容并重,互补传递广告信息的创作一直保持上升趋势。到了 1995 年,这种重视视觉内容的报纸广告创作替代了以文字单独传达广告信息的创作占据了明显的主流地位,并仍呈上升趋势。研究进一步发现,从 1995 年开始,文字内容和视觉内容并重,互补传递广告信息的广告,从 1995 年占总量的 55% 左右上升至 1997 年占总量的 66%。从 1995 年到 1997 年,视觉内容在广告文本中占较大比重的广告,占报纸广告总量的比例维持在 6%—7% 之间(此前,这个比例不超过 2%)。① 现实社会中的种种消费文化现象正越来越多地通过广告中的视觉化内容得以形象化的呈现。

各媒体对视觉传播技术的改进也体现了视觉在当代媒体传播中的重要地位。拿报纸来说,视觉形象(照片和图片)的大量增加,除扩版所提供的大量空间外,它更多地和技术的改进有关。在我国,到 1993 年,2039 种报纸中有 700 多家实现了激光照排,绝大多数报纸告别了"铅与火"的传统排印技术,中央几家主要报纸采用了彩色电子印刷技术,有的已使用卫星传输彩色版面,微机系统的使用使写稿到编排都实现了电脑化。到现在,这种种技术早已普及并历经几次更新换代,使采集和印刷高质量的照片和图片成为非常容易的事情。但是,它又非常昂贵,因而该产业需要有一个大的市场,较为理想的是世界规模。因此,数字和网络传输技术的进步,很快使各种商业和非商业性的图片资料库建立起来,对视觉形象的使用更方便也更廉价,从而使视觉形象在世界各地得到更普遍的运用。

第二节　视觉图像与消费的诱惑

媒体视觉传播比重增大的同时,视觉传播的重点也在发生变化。比如,

---

① 参见何辉:《"镜像与现实"——广告与中国社会消费文化变迁以及有关现象与问题》,《现代传播》2001 年第 3 期。

新中国成立前后一直到80年代初,新闻摄影都被看做是"我国社会主义革命和建设在意识形态上的一种反映"①,摄影界前辈概括的此间的典型佳作是:《开国大典》、《斗地主》、《宋庆龄接受斯大林国际和平奖金》、《观众》、《红绸舞》、《战火已到鸭绿江边》、《在结婚登记处》、《第一汽车厂的早晨》、《平炉前的战斗》、《鼓动》、《毛主席与亚非拉朋友在一起》、《送别亲人》、《欢送志愿军回国》、《龙口夺粮》、《少奇同志与周总理下矿归来》、《报捷》、《客人来到草原》、《雨越大干劲越大》、《巧绣大地》、《雷锋》、《西藏林卡的观众》、《毛主席访苏归来》、《跃进中的无缝钢管厂》、《捡起来!》、《川藏公路全线通车》、《邓小平去苏联》、《周总理视察邢台地震灾区》、《钢锭》等。②从标题就可以看出来,这些摄影作品的主题都是重大时事和人民的经济建设热情、建设成就以及社会新风貌,强调的是"新闻性、思想性、艺术性兼备"③,其宣传教育的目的非常明显。在1957年"反右派"斗争中,摄影界还把不讲政治只讲美感当做一种"右派"言论作了批判,强调新闻摄影"在党的领导下作为阶级斗争的工具"的意义,反对从"艺术要求"着眼,片面强调艺术性。甚至出现了从"政治需要"出发的摆布、补拍和客里空以及八股调,还有像"政治挂帅,该摆就摆!"这样的荒谬言论。到了80年代,情况慢慢地发生了变化,1980年全国新闻照片评奖中得票最多的是《王光美亲迎少奇同志骨灰》和《拾金不昧》,与人们的感情和日常生活贴近了一点,尤其是《王光美亲迎少奇同志骨灰》的拍摄,使摄影界发现新闻摄影不但能够传真纪实,而且能够传情寓意,于是1981年年底,在首都新闻摄影展览评奖会上,对新闻摄影总结提出了五个要求:不但要求求新、求真、求活,而且要求情(表现人物的思想感情和记者的思想感受,引人共鸣)、求意(表现新的思想,反映新的时代风貌,有意境,引人思索)。④发展到90年代尤其是现在,图片和照片包括影视活动画面中意识形态和宣教色彩明显淡化,更多的视觉作品与政治无关,甚至也无关教育,而是着力于表现日常的消费和休闲生

---

① 蒋齐生:《三十二年的新闻摄影事业》,载《中国新闻年鉴·1982》,中国社会科学出版社1982年版,第30页。
② 同上。
③ 同上书,第31页。
④ 参见上书,第34页。

活或单纯审美,更加平民化和世俗化,尤其是对物质商品和消费生活方式的展示使视觉形象具有浓厚的消费主义气息。

在消费主义价值观的主宰下,消费商品对人们无非具有这样两种意义:表现和维持社会差距,并因此实现自己对商品的满足和取得某种社会地位;满足情感快乐与梦想、欲望等。① 现代人有太多的自我实现和自我表达依赖于消费商品来完成,这是一种感情、观念和私人生活等方面的全面物化,而正如弗雷德里克·詹姆逊所言,"今天的物化是一种美化,商品现在也以审美的方式消费。"②因此,商品的这两种意义的实现,都需要以现代广告、名人报道、影视剧等为代表的媒体视觉形象的大力配合。媒介对视觉符号的倚重,一方面是出于商品和服务的形象化展示的需要,另一方面,也是替商家培养消费者和创造不断翻新的消费欲望的结果。

视觉符号与欲望之间的关系,前人多有论述。有人认为,形象占据中心的文化所建构的主体更趋向于感性的经历,因此,形象的兴盛对感官欲望的开发有利。"当代视觉形象是一种表层形象和欲望的形象。"③因此,在视觉形象占主导地位的社会,"消费主义的视觉文化取代了上帝。"④更有人明确指出,符号体系和视觉形象的生产对于控制和操纵消费趣味与消费时尚发挥了越来越重要的作用。现代广告和传媒形象在当代文化实践中是一种强大的整合力量,它不再是普通意义上的信息传递,而是通过与所欲推销的商品有关或无关的形象来操纵人们的欲望与趣味。"通俗的印刷媒体中消费品或性感模特光滑的照片却能够压倒文字,在心理上对读者进行十分有力的操纵,这种差别不可小视。"⑤更有学者指出,"当视觉文化与消费社会的

① 参见迈克费·瑟斯通:《消费文化与后现代主义》,刘精明译,译林出版社2000年版,第18页。
② 弗雷德里克·詹姆逊:《论全球化和文化》,载王宁编:《全球化与文化:西方与中国》,北京大学出版社2002年版,第110页。
③ 周宪:《视觉文化与现代性》,载《文化研究》第1辑,天津社会科学出版社2000年版。
④ 弗雷德里克·杰姆逊:《文化与金融资本》,载韩少功、蒋子丹主编:《明灯还是幻象》,云南人民出版社2003年版,第74页。
⑤ 理查德·凯勒·西蒙:《垃圾文化——通俗文化与伟大传统》,关山译,社科文献出版社1999年版,第39页。

特征结合在一起时,形象的狂欢遂变为一种生活的审美化景观。"①而生活的审美化"首先是一种快乐主义的政治,是视觉文化从深层意义的反思走向表层感性愉悦的一个发展过程"②。

然而,也有人指出,"只要图像不具有影响我们感官、我们情感的奇异力量,或简略地说,以一种非沉思的方式说服我们,当前的'图画转向'就可能仅仅是对词语在社会和历史中的持续作用的一种补充,可能仅仅是不久前还处于一个相当边缘领域里的视觉文化的有益的扩散。而且,图像还正借助于补充语词在实际上来扩展(而不是削弱)这些符号的存在领域。"③所以,问题并不在于媒体传播了太多的视觉形象,而是在传播着什么样的视觉形象,是他们通过这些视觉形象在向受众"言说"什么。90年代以来,我国媒体的视觉转向,其驱动力首先就是赢利的需要。实际上,在今天,商业逻辑对媒介形象生产的支配已经是不容否认的事实,诚如杰姆逊所言,真实的文化今天受到了视觉文化产业的威胁,并越来越被拖进为利润而生产的王国。在90年代的媒介市场化、产业化的环境中,视觉转向后的媒介在商业利润的驱使下,正越来越多地以娱乐产业为方向来运作传媒,其视觉形象的传播形势不容乐观。媒体视觉传播对色情、暴力等刺激性形象的偏爱已经成为世界性的危害,形象传播致力于对感官享乐的迎合和对窥私欲的满足的情形正变得越来越严重,视觉形象对消费欲望的刺激则更是商家瞄准的目标。总之,当代图像的世界性的扩张无不借助着资本的力量、遵循商业的逻辑。正像美国著名批判学者杰姆逊所言:"后现代社会……同样是彻头彻尾的资本主义文化体系之逻辑的一部分;这些特征从内容到形式完全融入到商品生产和消费中。"④在这个社会里,"商品消费同时就是其自身的意识形态"⑤。媒介是社会文化价值的守望者,为了使这种守望得到很好的

① 周宪:《审美化的形象生存》,载周宪《崎岖的思路——文化批判论集》,湖北教育出版社2000年版,第160页。
② 同上书,第164页。
③ 阿莱斯·艾尔雅维茨:《图像时代》,胡菊兰、张云鹏译,吉林人民出版社2003年版,第34页。
④ 弗雷德里克·杰姆逊:《后现代主义与文化理论》,北京大学出版社1997年版,第8页。
⑤ 同上书,第29页。

坚持,社会也就必须守望媒介的行为。既如此,为了抵制和改变这种媒介传播渲染欲望的反文化状态,我们就应该充分发挥文化逻辑在形象生产过程中的支配性力量。

第七章　传媒消费文化的运作机制

　　在由生产社会转向消费社会的过程中,市场经济规则及消费文化观念逐渐浸淫于社会生活,包括文化(传媒)的创造和传播过程中。传媒在传播消费主义文化的同时,消费主义文化又渗入到传媒的肌理之中,使得传媒自身发生消费文化的变异,带有消费主义文化象征的意味(此处所论同样主要指广播电视及市场化传媒,不包括传统意义上的党报)。从整体来说,传媒自身的消费文化变异使新闻传播中的传者由传统意义上的信息的提供者、环境的监测者变得更是传媒产品(传播内容)和市场商品的推销者;受众由享用媒介公共服务的公民变为传者眼中的传播内容和市场产品的消费者;由此,媒介生产与消费的商业逻辑开始入主市场化传媒,消费主义文化语境下的传媒运作,遂由此前的生产决定消费变成了消费决定生产,从而驱使传媒内容生产围绕"可消费性"旋转,并注重成本利润的算计,促使传媒的运作机制发生重大变化。下面就从传播运作机制的几个主要方面:运作理念、制度安排、生产流程和叙事模式来具体分析这种变化,以揭示传媒消费主义的内在机制。

第一节　运作理念

　　在遵守党的宣传纪律的前提下,市场化传媒运作理念的重大变化,就是真正实现了从计划经济到市场经济的观念转变,计划经济条件下的新闻传媒内容生产是生产决定消费,而市场经济下的传媒生产则是消费决定生产。认识到这一点,市场化传媒普遍开始树立按市场规律来组织新闻生产的意识。

　　这种意识具体体现在传媒对自身和受众的身份、地位和作用、报道要求等问题的重新认识和调整上。在以宣传教育和鼓动为基本使命的时代,传媒对自己的定位是宣传者、引导者、教育者、鼓动者和组织者,受众则是受教育和指导的对象,是媒体作用并施以影响的被动受体。媒体为完成党的宣传组织任务而工作,媒体的基本性质就是党的宣传组织机构,是党的宣传工具,是党和人民的"耳目喉舌"。列宁在战争年代提出来的报纸是集体的宣传者、鼓动者和组织者的观点成为我国媒体长期恪守的信条。因此,媒体的基本意识就是一种宣传意识而不是新闻服务意识,其时媒体对自己的宣传报道也主要是强调"党性、阶级性、战斗性、指导性、群众性"等方面的要求。而当传媒成为市场意义的推销者时,传媒也由此一改以往"教育者"甚至"训导者"的姿态,转而具备更多的"服务意识",强调为受众服务,满足受众的娱乐和信息服务要求、尊重受众的传媒接近权和信息知情权而不是仅仅从思想上、知识上指导和教育受众。这种服务意识与之前的指导意识相比,根本的区别是动机不同。如果说此前的指导意识更多的是从教育、训导的目的出发,是带有站在精英和主流意识形态要求的立场上为大众提供"健康的精神食粮"和"文明生活的导引"的话,那么,作为推销者的传媒更多地是因为明确地意识到自身具备和众多的物质产品商家一样的市场主体的共性,深知自己的命运与受众对自身产品的喜好攸关,因此才会自觉服务乃至迎合受众,其实际动机更多的是市场赢利的诉求。由此,媒体把新闻传播的价值标准交给了受众的需求、趣味而不是从自身责任出发的精英立场,对传播内容的服务性、接近性、趣味性、人情味等方面的强调越来越多,媒体更多地强调服务于受众的日常生活尤其是休闲和消费生活而不是政治和意识形态的宣传。传媒这种市场生产者和推销者角色意识的深化,一方面使传媒的传播观念由平面的"宣传理念"趋向立体的"传播理念",从本质上说,是我国传媒向媒介文化的本体回归①;另一方面在实际运作中也可能导致市场化传媒的其他本质规定性的淡化,比如对社会责任的承担、为社会公共利益的呼吁和为净化社会所做的努力。

---

　　①　参见高鑫:《中国电视文化理念的嬗变和趋向》,《现代传播》2001 年第 5 期。

　　传媒被认为是具有公共性的传播载体,在我国亦应如此。因为我国的新闻传播类媒体都是国有的,应该对社会公共利益负责,为全体公民服务。从理想的传媒观点来看,公众有利用传媒行使包括知情权、表达权等在内的民主权利。哈贝马斯在论述资产阶级公共领域时,曾经对传媒的这种作用给予高度评价,他说,公共领域是"我们的社会生活的一个领域,在这个领域中,像公共意见这样的事物能够形成。公共领域原则上向所有公民开放。公共领域的一部分由各种对话构成,在这些对话中,作为私人的人们来到一起,形成了公众。那时,他们既不是作为商业或专业人士来处理私人行为,也不是作为合法团体接受国家官僚机构的法律规章的规约。当他们在非强制的情况下处理普遍利益问题时,公民们作为一个群体来行动;因此,这种行动具有这样的保障,即他们可以自由地集合和组合,可以自由地表达和公开他们的意见。当这个公众达到较大规模时,这种交往需要一定的传播和影响的手段;今天,报纸和期刊、广播和电视就是这种领域的媒介。"①传媒确实是西方社会公共领域的重要组成部分,然而,在市场的消费逻辑入主新闻传播业之后,西方传媒的公共领域功能正在减弱,并因此受到广泛的社会批评。在我国,由于曾受泛政治意识形态的影响,受众最初被视为信息的被动接受者,是政治监管下的传媒意识形态控制和宣传教育的对象;在改革开放以后传媒开始返回自身的本质规定性,试图为全社会提供意见交流的平台和舆论监督的载体的过程中,又遭到了来自社会各方面制约,因而受众始终没有成为真正意义上的信息权利的主体。如今,随着市场生产逻辑向传媒的渗透,受众的身份也就演变成了消费者,这种受众作为消费者的市场理念是传媒通过诸多传播运作的改变来体现的。

　　新闻理念和市场理念是根本不同的两种媒体运作理念。在西方媒介史上,正是这两种不同的新闻运作理念导致了以上对受众的两种不同认识。在新闻理念的指导下,媒体对受众的认识是享有信息知情权的"公民",强调满足受众应有的信息需要,重视媒介作为社会子系统的责任和功能,新闻价值的判断不仅来源于受众的喜好,更来源于具有社会责任的从大众立场

---

　　① 尤根·哈贝马斯:《公共领域》,汪晖译,载汪晖、陈燕谷主编:《文化与公共性》,三联书店 1998 年版,第 34 页。

出发的精英意识。而市场理念下的受众被定位为"消费者",强调传播内容对受众的吸引力和满足受众消费信息的欲望,它表现了西方价值观念中个人主义的倾向,即消费者决策的内在驱动力是对于快乐的追求,因此,西方市场化媒体认为有价值的新闻应当最大限度地满足个体追求快乐的欲望,新闻运作应尽量迎合普通受众的趣味。在这里,对新闻价值的评判权完全交付给了作为消费者的受众,受众的喜好决定了对新闻的选择。这种传播价值观正被我国市场化媒体不同程度地遵从。

　　传媒的这种认识是以传媒对自身的经营者和经济主体地位的明确认知为基础的。就像《羊城晚报》社长梁国标所说,对于《羊城晚报》而言,"思想的转变更重要"。《羊城晚报》2002—2003 年开始的"中兴之路",其实就是真正实现从计划经济观念向市场观念转变,按市场经济规律办报的过程。改变过去那种"书生办报"的作风,把"经营报纸"的观念视为首位的报纸运作理念。他说,"在市场经济条件下,单纯的文人办报就是把报纸做成了花,如果卖不出去,也不能叫做把报纸做好了。"他认为,如果《羊城晚报》上上下下能转变思想,"把报社看做企业,把报纸看做产品",时刻记住读者的需要,记住为客户服务的理念,那么晚报这个品牌所散发的竞争力就是无穷的。2002—2003 年,《羊城晚报》的改革方向就是改变思想观念,真正实现从计划经济向市场经济观念的转变,按市场经济的规律来办报,从而将"经营报纸"的理念深入人心。[1] 正是这种迟来的"经营报纸"的理念造就了《羊城晚报》2003 年开始的"中兴"。[2]

　　消费主义文化使传媒成为市场意义的推销者,仅算计于受众的信息消费及由此而带来的经济回报,也就必然使商业逻辑入主新闻传播,成为新闻传播活动的内在驱动力,这就使得新闻传播这种人类的精神交往活动被物化,从而改变了新闻传播活动应有的本质规定性。众所周知,传媒作为信息传播的载体和意见表达的平台,在西方自由主义传统看来,它是民主社会的组成部分,在公共领域中承担着不可替代的责任。作为行政、立法和司法之外的"第四权力",传媒对社会民主的实现起着重要作用:既鼓励和保障大

---

① 以上参见喻乐:《〈羊城晚报〉的中兴之路》,《传媒》2004 年第 7 期。

② 参见上文。

众参与公众生活讨论、表达各自意见的自由权利,又对国家机器和民主进程行使批判和监督功能。当然,我们也看到,随着资本主义的发展,传媒受到政治和经济的双重控制,保障和推动公共领域的功能日渐式微。这种变化的根本原因,在于传媒政治模式和经济模式的矛盾,是强大的市场利益驱动和政府利益集团控制的两股力量共同作用的结果。在我国,由于市民社会的缺失等原因,传媒推动公共领域的功能很难得到发挥,传媒还不是完整意义上的公共领域的一部分。然而,在社会日益走向进步、民主与协调发展的今天,传媒应当也必然在给社会提供公共论坛、监督政府、促进民主,从而在保证社会公共利益的实现方面发挥更大的作用。

在我国,长久以来,人们对传媒抱有极大的期望:传媒被誉为"社会公器"、"党和人民的耳目喉舌"等,人们要求媒介及时、准确和公正地报道社会事物,向他们提供据以判断和行动的信息,从而为社会的公共利益服务。比如有学者提出,媒体是社会公器,它的信息传播的权利应该属于社会所有,编辑记者无权想传播哪类信息就传播哪类信息,想让谁看就让谁看,不想让谁看就不给谁看。编辑和记者是媒介信息的把关人,如果这个关口把得很含糊和武断,却不断地宣传"办老百姓爱看的报纸、电视",就会显得十分荒唐和可笑。这位学者认为,"与媒体所宣称的口号相反,我们现在的媒介正处于一种霸权状态"。① 这种霸权状态主要是指某些市场化媒体为了追逐一己经济利益,无视媒体的公共性和它必须负担的社会责任。

由此,消费主义文化正促使传媒社会角色发生根本性的变异:新闻传媒就其最一般的意义而言,应该是信息的传播者、环境的监测者,但在消费主义文化语境下,它同时又在客观上成为了市场意义上的推销者。这里包括两个层次的含义:新闻传媒首先是自身产品(传播内容)的推销者,它把新闻及信息像商品一样推销给受众,传媒自己则成为大大小小的信息超市。当人们在一叠叠报纸中寻找自己感兴趣的信息时,当人们利用遥控器按键选择自己喜欢的电视节目时,也就如同游走于超市一般。其次由于传媒和消费主义的合谋,传媒又是市场商品的推销者:它既直接推销广告商和赞助商的商品,也通过消费主义价值观念和生活方式的宣扬间接地推销所有的

---

① 彭伟步:《广告影响下的中国媒体》,《新闻记者》2003 年第 5 期。

市场商品。这种市场意义的推销者的行为被人归结为"二次售卖"：一次售卖是向受众推销信息，二次售卖则是向广告商推销受众。一次售卖是二次售卖的基础。① 就大多数传媒而言，主要是通过二次售卖得到丰厚的利润，从而实现社会消费与传媒的联姻。也因此，二次售卖又倒过来规约一次售卖，使一次售卖更好地服务、服从于二次售卖，也即是服务、服从于传媒的经济利益目标，这从客观上来说，是使传媒的内容生产服从于传媒的利润生产。这种以市场主体为媒体的基本定位，按照市场规律来组织生产，使内容生产服务于经济利益目标的运作理念，从 90 年代以来逐渐成为了市场化传媒消费主义化运作的基本指导思想。

第二节　制度安排

"制度"是定义、制约和促成社会个体行动和互动的正式或非正式的规则。它的作用是限制某些行为或互动形态出现的可能，同时又为另一些行为或互动提供产生的机会。② 此处所说的制度，仅指新闻传媒的内部管理制度，探讨新闻传播组织内部的制度安排是如何围绕传媒市场经营目标而设计，进而影响到传媒的内容生产的，也就是传媒的消费目标是如何决定了传媒生产的制度安排的。

在"推销者"角色意识明显的市场化传媒，经济利益正在成为传媒的主要乃至根本的奋斗目标，原先的政治逻辑主导也就逐渐让位于商业逻辑主导，传媒的运作机制得以改变。这一转变给传媒带来的最根本的变化就是传媒制度安排的变化，主要表现在经营部门地位的上升和传媒评估体系的变化等方面。

经营部门地位的上升几乎是所有市场化传媒的制度安排。拿报纸来说，国际上通行的经营与采编人员比例大致为 7∶3，而在报业经营管理体

---

① 参见汤李樑：《传媒为什么能售卖广告》，《中华新闻报》2003 年 1 月 13 日。

② 参见新闻潘忠党：《改革与新闻体制的改造——我国新闻改革实践的传播社会学之探讨》，《新闻与传播研究》1997 年第 3 期。

制改革以前,我国报纸的经营与采编人员比例正好相反,甚至到了 2：8。经营部门不仅人少,而且素质差。各大报社有的实行总编辑负责制,有的实行社长负责制,社长与总编辑之间的关系长期无法协调。在《广州日报》和后来的《南方都市报》的激烈竞争下失去优势地位的《羊城晚报》痛定思痛,认定拥有巨大的品牌、市场和人才优势的全国第一大综合性晚报之所以会在竞争中力不从心,问题就出在报社内部管理体制和运作机制上,于是,在1996 年,《羊城晚报》率先进行经营管理体制的改革,实行社长领导下的总编辑和总经理负责制。社长总揽全局,总编辑负责采编,总经理负责经营。首次将经营和采编放在同等重要的位置,让总编辑与总经理平起平坐。如今这种"三驾马车"、"两个轮子"的管理模式已经成为报社通用的管理模式。尽管这一机制规定经营部门与编辑部门要严格分开,经营部门不得过问编辑业务,但在市场竞争带来的经营压力下,为了经营的高效率,市场化传媒不得不打通各部门之间的区隔,他们认为,传媒所普遍存在的采编、发行、广告的相互脱节、各自为政造成了"内耗",于是要求按照"整体运营"规律"实现内容、发行、广告之间的互动","围绕统一的利益驱动运转三个环节"。[1] 人们引进整合营销的理论,正力图拆除编辑部门与广告经营部门之间的壁垒,使整个媒体的各个部门和环节"注重以客户为中心的跨职能的协调活动"[2]。正是因为经济利益的驱动,使经营部门实际上已经拥有了影响编辑部门的力量,影响到媒介内容的生产及其客观公正的新闻原则。作为中国国家媒体代表的中央电视台,2004 年也成立了经营管理委员会,召开了建台以来的第一个经营工作会议,提出要实现"宣传型向经营型,单纯依赖广告向多元化经营,计划主导型向市场主导型经营"等方面的转变,并提出"巩固广告经营优势,拓展新闻经济增长点,构建跨媒体跨行业的产业链,发展高新媒体经营产业,加强资本市场运营"的五项经营战略。[3] 这些措施无一不是针对央视的赢利目标,把媒体经营摆在了突出的位置。

　　传媒成为市场意义的推销者,就必然把信息、新闻的"可消费性"作为

---

① 龙奔:《从"报纸经营"到"经营报纸"》,《中华新闻报》2004 年 3 月 29 日。

② 丁俊杰:《媒介整合营销》,《中华新闻报》2003 年 8 月 4 日。

③ 参见孙正一、柳婷婷:《2004 中国新闻业回望》(下),《新闻记者》2005 年第 1 期。

内容生产最重要的标准,这就引起了传媒激励机制和约束机制的变化。具体来说,这些变化更多地体现在媒体的评估体系上。众多传媒的节目、栏目和新闻报道乃至记者个人业绩考核评价的标准,都主要是以量而不是质为标准,以收视率、阅听率和发行量作为传播活动的指挥棒。如电视台建立以收视率为主体的节目评价体系,实施栏目(节目)收视率的末位淘汰制,等等,这就迫使传播者想方设法适应乃至迎合受众的需求与兴趣。促使他们无论在报道时事新闻、灾害新闻、战争新闻,还是娱乐新闻、社会新闻等,都不再是仅仅以为受众提供信息服务、优化决策为目的,而是要尽可能地考虑它的可售卖性。在具体的经营管理措施上,为了发行量和收视率,各媒体加强了迎合受众的力度,并通过一系列管理措施保证这一目标的实现。央视节目管理改革的历程就很能证明这一点。1998 年年底开始进行的频道制改革,以频道专业化、栏目个性化等口号为号召,开始了如何满足受众需求的探索过程。从 2003 年年初开始,央视栏目末位淘汰制正式启动,根据"一年内连续两次或累计三次被警示的栏目,即被淘汰"的规定,淘汰不叫座的栏目。央视一套的《新闻早八点》就是被末位淘汰制淘汰的,业内许多人士认为节目本身并没问题,而是播报的方式使它被淘汰了。央视二套同时间播出的读报节目就没有被淘汰,因为它采取的是说新闻的方式而不是播报的方式,不一样的主持人形象,讲述的口气轻松自然,语言的选择也是聊天式的,因而形式灵活得多,以自己的方式吸引了人。2004 年央视实行制片人公开竞聘上岗试点工作,截至 2004 年年底,共有 25 个栏目实行制片人公开竞聘上岗。制片人竞聘上岗制度的推行,客观上促进了央视节目的平民化,增强了其"可看性"。在收视率指标的压力之下,竞聘上岗的制片人必须尊重电视观众的收视需求,不断制作出观众喜欢的电视节目来。2005 年年初,央视进一步提出"频道品牌化",并对各个频道都提出了明确的收视份额和收视率的硬性指标要求,这一举措客观上激发了各频道为了追逐收视指标,更加倾向于制作受观众欢迎的娱乐化节目,从而增强节目和频道的竞争力。此外,近些年业界所纷纷付诸实践的"新闻策划"乃至"策划新闻",除一部分软广告以外,也在很大程度上体现了这种追求传播内容的"可消费性"的倾向,其目的无非是为了调动受众对于媒介及其特定信息的消费兴趣,以最终获得良好的经济回报。因为人们已经认识到,媒介产品的消费一般是通过商品形式的交换来实现的,市场的本质即大众胃口,市场认定最畅销的文化产品就是最好的产品,它的铁律不能接受一个没有销路的好的文化产品。

市场运作的核心是争取广告。因为广告目前还是中国媒体的主要经济来源,2003 年央视事业收入的 92.7% 就是来自广告。① 因此,许多报社、电台、电视台内部制定了一系列奖惩文件,鼓励和督促记者、编辑拉广告,按照完成的广告额发放回扣。在这样的利益驱动下,不少编辑、记者眼里只有广告商的利益,公众利益就只好退居其次甚至被抛诸脑后。在广告市场大战中,许多媒体,尤其是中小媒体对于自发来登广告的企业、个人来者不拒,并且往往不对广告内容的真实性进行调查。一方面,关于虚假广告造成的对消费者的损害和相关官司的报道连连出现;另一方面,各类虚假不实的医疗广告、快速致富信息、征婚广告、色情电话广告仍在充斥报纸版面和电台电视台时段和栏目。更有甚者,由于市场力量的无处不在,出于经济利益的考量,不少党报党刊也开始刊登上述虚假广告,使不少迷信党报党刊权威性的受众上当受骗。而根据已有报道,这些上当受骗者大多是文化程度不高、生活状态极差的农民和下岗失业人员。在这样的媒体经营管理严重失范的情形下,寄希望于媒体很好地对社会公共利益负责是不现实的。更有甚者,在对经济利益的片面追求中,新闻报道的"暗箱操作"成为普遍的媒体腐败现象。许多媒体不是出于维护社会正义的目的,而是根据与广告商的关系来处理受众投诉或利用负面报道要挟被报道者,收受贿赂或强迫他们在媒体上刊登广告。② 对那些经常在媒体投放广告的商家,如果受到消费者投诉,媒体总是采取安抚手段,帮商家说好话。因为广告商是节目最终的赞助人,他们会要求提供销售产品的适当的节目环境,支持的环境要求不对物质的价值形成挑战,要求媒体在财富的氛围中,展现人们通过购买和消费得到社会地位。③ 他们的要求正在得到满足,因为,吸引广告商的关于旅游、郊游、养宠物、花卉展示、富人的生活方式、社会名流的昨日与今天的等主题正越

---

① 参见孙正一、柳婷婷:《2004 中国新闻业回望》(下),《新闻记者》2005 年第 1 期。

② 参见彭伟步:《广告影响下的中国媒体》,《新闻记者》2003 年第 5 期。

③ 参见爱德华·霍尔、罗伯特·麦克切斯尼:《全球媒体——全球资本主义的新传教士》,甄春亮等译,天津人民出版社 2001 年版,第 175 页。

来越多地在媒体出现。同样,在我国这样的传媒市场化初期,传媒为了自身的利益,往往不愿意因舆论监督、公众利益而开罪于大宗的广告商,反而是尽可能有意识地保护他们。

在这种情况下,新闻传播者也就成了布尔迪厄所称的"新型文化媒介人"。就像费瑟斯通所指出的,新型文化媒介人从事着符号商品服务、生产、市场开发与传播,"这些人掳掠各种传统与文化,目的是为了生产新的符号商品、并对使用这些商品的人提供必要的解释"①,新闻传播者角色所发生的异化由此可见一斑。

第三节　生产流程

当受众被视为消费者,受众也就成为传媒文化产品和市场商品的捕获对象。为了捕获受众,传媒甚至更强调为受众服务,但服务受众本身不再是传媒的根本目的,而是传媒为达到自身赢利目的而采取的手段。受"可消费性"追求的指引,传媒内容生产的生产流程实现了逆推,即由过去的生产决定消费变成了消费决定生产。消费决定了为谁生产,生产什么,不生产什么以及怎样生产。

为谁生产,也就是媒体的受众定位的问题。消费主义背景下的媒体在逐利动机的驱使下,其受众定位首先发生变化。在广告赢利模式主导下,最好的受众就是消费能力最强的受众。这就使消费主义化的媒体变得前所未有的势利。如今的媒体都瞄准些什么样的目标受众呢? 看看下面一些典型的受众定位就知道了:2002 年广告增速全国第一的"广东报业黑马"《新快报》就曾一次次公开宣称它"要做白领中产的代言人"。它的总编辑张洪潮承认:《新快报》既然是一张日报,一张综合性的报纸,严格地说是一张大众的报纸,但是在面向大众的同时,在新闻价值的取舍上,包括咨讯的安排,栏目的介绍,我们有意识地往白领的报纸上靠。张总编直言不讳地说:"每天

---

① 迈克·费瑟斯通:《消费文化与后现代主义》,刘精明译,译林出版社 2000 年版,第 27 页。

主要的周刊上面大多数的资讯类的东西,是给白领做的。"①《经济观察报》总编何力做客新浪财经,主持人问到《经济观察报》所代表的一种人群是不是对学历与收入有挑选的人群时,何先生解释说,《经济观察报》是以社会主流阶层,以社会中间阶层为读者对象的一份报纸。② 互联网上的信息服务面向的受众更是"社会精英",根据健康中国的信息发布,它的用户月收入在 1000 元以上的占 58%,学历在大专以上的占 81%,年龄在 20—35 岁的占 96%。现在的情况是,越来越多的媒体倾向于选择那些能吸引消费能力强的受众群的新闻,以此取媚广告商。相当多的媒体无暇顾及社会弱势群体的生活和信息接受的权利,也不可能顾及弱势群体的生活状况。换句话说,那些下岗在家的工人、消费能力低下的农民在很大程度上成了媒体的"弃民"。媒体很少具体和深入地报道他们当中的新闻,很少报道有助于改善他们生计、帮助他们走出生活困境的新闻。③ 正如李希光所批评的,新闻媒体在内容、选题和信源上都存在着一个倒金字塔:被报道者越来越多地来自富人俱乐部,被采访者也越来越多地来自富人俱乐部,这意味着弥漫在这个媒体新环境空气中的信源越来越多地被富人俱乐部所控制。④ 在 2002 年的中央电视台观众调查中,近半数的观众认为农村题材的电视剧偏少⑤,这可以说是观众对媒体的这种嫌贫爱富提出的间接批评。

生产什么,不生产什么,涉及传媒内容生产的第一步:题材的选择。基于对内容吸引力、生产成本和风险的考虑,媒体选题的总原则是受众感兴趣,而且成本低、风险小。首先是受众的兴趣,对受众兴趣的研究和满足是所有媒体的第一要务。比如,作为国内比较有水准的电视节目之一的《探索·发现》栏目,它的选题可量化的标准就包括"叙事结构属于单线还是多线,有多少知识点和趣味点等等,如果少于 5 个,那么就 pass……"因为它的受众拥有一定的知识背景,体现出对知识的渴求,节目就服务于受众的这种需求,给他们提供知识,但是强调结构的多线性(有起伏)和内容的趣味性,

---

① 《新快报:要做白领中产的代言人(聊天实录)》,搜狐网,2003 年 10 月 17 日。
② 参见《经济观察报》总编何力访谈实录,新浪财经,2003 年 3 月 19 日。
③ 参见彭伟步:《广告影响下的中国媒体》,《新闻记者》2003 年第 5 期。
④ 参见李希光:《畸变的媒体》,复旦大学出版社 2003 年版,第 13 页。
⑤ 参见《中国广播电视年鉴·2003》,中国社会科学文献出版社 2003 年版,第 435 页。

也就是故事性,要能用叙事的方式展开,而且"我们强调故事一定是要有冲突,有矛盾,最核心的就是纠葛和矛盾,进行探索和解决"①。他们用所谓"四维空间"的方式来选题。其基本原理就是:假定有四个象限:包括广告商怎么看、版权市场如何、终端受众市场如何以及收视率和收视份额的高低,然后根据这四个象限来选择作为节目核心的题材。这自然是把握了受众兴趣的中心点的选题标准,在这一标准之外的知识,不管它对受众有多重要,也不管它在整个知识系统中的位置如何,都很难进入受众的视野。因为不是所有重要的知识都会有这么强的故事性,能够用复杂的、曲折的、矛盾丛生、情节跌宕的故事来展示,这一类知识就被摈弃于电视的选择范围之外,受众期望从电视获取更多的具备深度和系统的知识几乎是不可能的。可见这里的知识不是真正的服务,而是作为一个诱饵抛向受众的。传播者关心的不是受众最终能得到多少知识的熏陶和智慧的启迪,而是有多少受众的眼球被吸引到了他们的电视屏幕上来。作为有一定水准的央视名牌节目尚且如此,对其他的节目也就更不能奢望了。除此之外,还涉及成本和风险的问题,这一点可以部分解释绝大部分传媒报道中城市题材的集中和舆论监督题材的稀少。因为城市题材对传媒的主要广告目标受众——城市居民的亲和力大一些,更容易受到他们的关注;城市题材报道出得快,在距离、交通、通信上的便利和语言上的无障碍减少了成本,也减轻了报道的难度,对城市和城市人心态和生活的熟悉也便于报道者深入和把握报道主题,城市中被采访对象更懂得与报道者配合,因而也更容易使节目出彩。正因为这样,农村题材,尤其是深山或最贫困地区的题材就很少。为数不多的农村题材也集中在离城市不远或交通、通信便利的地方。一位电视记者以自己的切身体会解释道,一般来说,现在的节目制作都实行经费包干制度,一期节目制作下来,比如经费是六千元,那么采访的时间越短,所花的费用越低,落到自己腰包里的钱就越多。这就决定了他们尽可能选择成本低一点的、容易做的题材,于是城市题材占的比重就要大多了。而且,对于外聘的记者来说尤其如此,因为他们制作的节目只有被播出才能报销费用,因此到太远的地方或选择代价和风险太大的题材如舆论监督是不大可能的。这位记者

---

① 刘星:《CCTV - 10:〈探索·发现〉之娱乐纪录》,《现代广告》2005 年第 10 期。

归纳他们选材的标准时提出了距离、交通、通信、语言、风险等方面的内容，距离、交通、通信和风险与成本和节目制作难度有关，而语言则除了成本和难度之外，还与内容的吸引力有关。因为太偏僻的地方有语言障碍，采访费时又费力，而且很难出彩，节目不好看。她解释道，北京的许多媒体做农村题材偏向于选择东北农村，是因为除了距离、交通和通信的原因外，东北方言与普通话最接近，容易懂，易出效果是最重要的原因，他们认为东北农民"很能说"，"个个都像赵本山"，节目好做又好看，所以去那里的多。这位记者举了女性问题报道的例子，她说，如果基于传媒的社会责任感和职业精神，应该对下岗女工、农村贫困女性、失学女童等占中国绝大多数的女性弱势群体给予更多关注，可是"我们做得更多的是白领、女性 CEO 等精英和上层人物，是城市女性"，因为城市题材方便报道，也因为我们了解她们而更容易沟通，甚至还会有获得赞助的机会，另外观众也爱看。她说为了寻找"卖点"，做这些女性报道的时候，与以前的工作卖力、生活勤俭、作风正派的"铁女人"形象塑造不一样，她们几乎都少不了介绍主人公的感情生活方式，而且很喜欢表现另类生活方式，比如探险、特色旅游、跨国婚恋等，从而颠覆了传统的女性观念（当然，她也指出，这里面也有双向性，因为媒体形塑社会，同时更是社会的反映，但是，作为一种媒体运作的潜规则，它对社会生活的选择性表现无疑会影响人们对社会现象和社会环境的认知）。

对内容传播风险的规避决定了传媒不生产什么：成本太高的；风险太大的（政治的和经济的）。调查性新闻，即所谓"硬新闻"，涉及公检法及政府部门的，媒体会尽量回避。因为，这类题材不好做。除了受宣传纪律的制约之外，还有各种各样的具体规定会人为设置障碍。在这种情况下，真正的舆论监督媒体很少做，县以上的政府和部门不敢随便批评，确实是"打苍蝇不打老虎"。为了规避政治风险，希望体现社会关怀的媒体就只好选择那些与公众利益相关但又与政府直接部门有所分开的社会性话题，也就是所谓的"民生新闻"。此外，前瞻性的话题媒体也不敢轻易去做，比如社会转型期出现的各种话题讨论，新闻调查很少做，因为话题性新闻需要面上的调查才有概括性，难度很大，对记者素质要求也高，成本也不小，而且总结时很容易出偏差，风险大，所以不敢碰。遇到难题绕道走，成为媒体"成熟的记者"明智的选择。政策解读性的话题除非有宣传任务，一般也基本不做，因为这些话题难得吸引人，受众甚至会有逆反心理。如果要做，就去通过宣传人物来解读政策，因为个人命运总是吸引人，而且故事性强，有感染力。选题倾向于社会的焦点和热点问题，因为能吸引很多人关注，但是一些边缘问题很少涉及。此外，媒体倾向于选择比较容易做的选题，还有尽量不得罪广告商和赞助商。所以说，选择做什么和不做什么不是从社会对媒体的要求出发的，而是利益的权衡。而且选题设计样式还会强调不要一次性的消费，而是重视新闻性题材的再利用，考虑题材时要考虑是否便于节目推广，以后是否可以形成产品再出售，或者与地方台联播而获得更多的经济效益。

怎样生产：当生产围绕消费目标旋转，传媒内容生产就呈现出两大主要特点：从"可消费性"着手处理收集到的报道材料；可能的话，尽量使商业流程与传媒生产流程相结合，在传播信息的同时宣传和推销商品、服务或企业等。

真正的服务受众和为了捕获受众而取悦受众，对传播的内容取舍和形式选择遵循的是不同的价值标准。从"可消费性"的角度去针对既定报道题材所收集的资料进行整理和加工成成品时，传播者就会主要从这样一些角度去考虑问题：设想哪些是受众最感兴趣、最想知道的，即哪些是最能吸引受众眼球，或挑起他们的好奇心，或刺激他们的感官神经的（而不是哪些是受众最应该知道的）。而服务受众的意识强调的是给受众提供他们应该知道的而不仅仅是受众想知道的，这时的传者在内容取舍和形式选择时对传播内容的思想内涵和道德趣味、审美水准等深层标准会有更严格的要求，也就会更多地从社会责任、公益承担和文化传承等方面去考虑问题。而如果传媒的主要关注是如何取悦它的文化产品的"消费者"，它的主要选择标准就会变成对受众而言的"卖点"，即强调受众的接受兴趣。所以，那些刺激性的、情节曲折的、矛盾冲突强的、奇异的、另类的、反常的甚至变态的内容或细节，只要不超出法律和宣传纪律的范畴，往往会得到青睐。如今在网络社会新闻和娱乐新闻，当然也包括很多都市报、晚报或其他市井小报以及电视娱乐节目等，这方面的倾向非常明显。比如网络新闻，尤其是社会新闻和娱乐新闻，为了吸引点击，往往在标题上做足工夫，以提高点击率。这一做法使传统的新闻标题制作要求部分地被网络抛弃。因为，题文相符一直是传统新闻标题制作的一条基本原则，标题要求准确概括新闻的基本内容。而在网络新闻标题上,这一原则受到了冲击。对点击率的追求使网络新闻标题制作者想方设法把自己认为最能吸引人的新闻事实以最吸引人的方式表达出来,因此,出于煽情和诱惑的需要,网络新闻标题故弄玄虚、断章取义、"挂羊头卖狗肉"的现象非常普遍。导读标题和主页面标题内容冲突,主页面标题和二级页面标题冲突、标题和正文内容不完全相符甚至牛头不对马嘴的情况时有出现,让读者点击之后大呼上当。这种现象在娱乐新闻标题制作中尤其突出,比如,把某艺人在某部影片中的身份或情节作为现实生活中的事实来表述,是网络新闻骗人点击的惯用伎俩。"张学友:四个女人不偏不倚",说的原来是他对"雪狼湖"歌舞剧中四个女搭档的评价。"经济学家吴敬琏专访:莫扎特音乐陪伴我一生",其实通篇主要内容是吴敬琏对炒作经济学家的反应、媒体频繁采访对自己生活的干扰和自己的身体状态给研究工作带来的困难以及当初为什么选择到美国留学,还有教育学生的方式等,喜欢莫扎特音乐的话题,只是在记者问及他平常如何调节紧张的生活节奏时,他才顺便提到的。因此,这类标题的制作手段无异于商场小贩把质量和外形相对较好的商品陈列在最显眼处的招揽伎俩,作用都是以欺骗的手段贩卖诱惑。

此外,对材料趣味性、人情味和接近性的强调是材料选取的常识。人物报道中喜欢挖掘个人的感情生活,离不开爱情、婚姻、家庭、孩子、父母、亲人等的关系,想方设法要把它们和人物形象的表现结合起来,使人物"有血有肉",当然也更有人情味,使受众产生共鸣,产生亲切感。命运的坎坷细节、事件的曲折和悬念、冲突是最受欢迎的材料,因为它使一个报道像故事片一样精彩,后期的《艺术人生》就因其对煽情的细节的过分挖掘和表现遭到批评和质疑。正如李希光所批评的:媒体的产业化、商业化给新闻界带来了一种新的运作模式,但是这种模式带来的是新闻报道追求丑闻化、片面化、脸谱化、简单化、戏剧化。[1] 而对新闻事件戏剧化、煽情化,大肆渲染新闻事件的情感因素和细枝末节,形成对受众感官的强烈刺激,是在政策、人才、技术和资金上没有采编硬新闻优势的媒体选择的难度低、花费小却市场效果好

---

① 参见李希光:《破解媒体商业化谜局》,《青年记者》2004 年第 10 期。

的软性内容和技巧,它"实际上是新闻的一种商业经营"①。

当被视为消费者的受众同时还是市场商品的捕获对象时,市场化传媒的关注除了确保传播内容对受众的捕获,还要适应广告商的要求实现广告商品对受众的捕获。由此,在强调传播内容对受众的吸引力之外,还注重通过内容传播使商品对受众产生吸引力。这就经常促使传播者和商家合谋来捕获作为消费者的受众。由于业外资本的进入,许多电影电视节目,包括报纸杂志栏目都有投资方直接投资或协办或投入广告费用,因此,这些节目和栏目从定位和创意开始就把商品营销纳入了节目推广计划。最典型的是一些女性节目和少儿节目,它们的服务性内容和商品营销往往结合到了一起,在进行信息服务的同时,也实现了商品的宣传。通过节目中角色的穿着打扮、生活习惯等来展示将要或已经推出的商品,是这类节目或栏目的典型手段。近几年热播过的动画片《蓝猫淘气三千问》和《天线宝宝》就是典型的例子。随着动画片的热播,当蓝猫和天线宝宝已经深入孩子的心灵,受到他们的热爱的时候,商家不失时机地推出了蓝猫和天线宝宝的系列产品,从衣服鞋袜到文具用品、玩具、食品甚至家庭日用品等,几乎无所不包。很显然,商家投资拍片的主要目的不是为了给孩子提供知识和见闻,尽管节目在某种程度上做到了这一点。商家的目的是创造孩子喜爱的形象,然后通过孩子的移情心理推销自己的商品。许多女性节目中对于所谓成功女性、女性名人明星的访谈和介绍,往往会利用通过这些人对生活技巧、生活常识等加以介绍或对生活中出现的问题的加以解答,但它们通常会通过图片或文字的描述把某件或某类商品表现出来,有的只是品牌的介绍,有的则是从品牌的优点到价格全有介绍,有的则是通过对特定生活方式的渲染和褒扬来推广消费主义的价值观念和生活方式。在这种种情况下,受众与其说是信息服务的接受者,不如说是传媒替商家瞄准的消费者。

此外,还值得一提的是,在媒体对成本收益的算计中,还引发了媒体生产中的跟风现象。因为,首先,创新性栏目的设立和创新性内容的传播需要更大的人力和物力的投入,风险也更大,这就使媒体倾向于对成功节目和栏目的克隆,从而引发一波又一波的模仿热潮:"快乐大本营"火了,一大堆以

---

① 见水根:《关于电视新闻娱乐化的误区》,《电视研究》2004 年第 11 期。

"欢乐"、"快乐"、"开心"为关键词的"兄弟姐妹"就在各电视台露面了;韩剧热了,全国的媒体跟着"哈韩"了;"超级女声"赚了,各色"海选"的真人秀节目跟上了;情感专栏好卖,大伙都跟着"倾诉"隐私了……其次,基于成本的考虑,媒体对部门之外的新闻来源接触少了,主动寻找和发掘新闻的少了,而是更多地倾向于从宣传者或其他媒体获知新闻来源,或者从媒体已有的计划、以前的报道以及送上门来的信息(匿名的内幕消息、跟踪报道和计划报道)等来报道新闻①,仔细观察不难发现,媒体对这些以消极的、省钱的方式发现的新闻的传播远多于积极主动的发现和挖掘的新闻。两者综合的结果,一方面导致的是媒体内容同质化,这对公众知情权的实现和公共利益的保障是极为不利的,因为,"探究答案的机构越多,越有利于公众理解真相"②;另一方面,互相抄袭和浮光掠影的报道使媒体对社会问题的深入变得不再可能,也因此失去了媒体应有的环境监测功能。更重要的是,被动地发现新闻,等于附属政府、大公司和富有阶层等强势利益集团,放弃了对公共信息的控制③,更容易沦为宣传的工具和资本意识形态的传声筒而不是社会公共利益的载体,这种在西方市场化媒体中存在的现实危险,对我们走上市场道路的传媒也有一定的警示意义。

正如有的学者所指出的,在新闻机构内部,新闻生产的过程具体表现为记者编辑和各种资源的权力互动过程。在这个过程中,"新闻判断"是权力互动的目标和结果。事实上,"新闻判断"即是从业者对于新闻信息是否值得报道的评估,其核心在于"共识",而这"共识"不是天然形成的,而是源自包括新闻专业训练以及在新闻从业实践中的专业控制在内的职业社会化过程。编辑部内的权力关系,体现在新闻生产过程中,资深、地位高的编辑会在业务指导、指示中,将组织的价值取向传递给每一个新手,而每个新手又都有专业的和物质的动因而遵从组织内成文或不成文的规定、规范和标准。这里所揭示的实际是一个体制内权力运作的常态,这种常态是形成"共识"的重要前提,其中宣传控制、专业控制和以市场诉求为目标的商业控制之间

---

① 参见约翰·H.麦克马那斯:《市场新闻业:公民自行小心?》,张磊译,新华出版社2004年版,第145—160页。

② 同上书,第159页。

③ 参见上书,第160页。

的权力关系,以及在媒介组织内部的权力实践中的矛盾,也越来越凸显出来。① 如今,在市场经济条件下,市场消费主义话语因其与政治权力主流的"发展话语"暗合而达成了某种合谋,使三种权力的矛盾冲突和互动的结果形成了对专业控制力量的挤压,因而使传媒生产流程实现了从消费到生产的逆推。

市场运作的传媒是如何实现从消费到生产的逆推的? 如前所述,传媒以"消费"为中心来组织生产,既意味着以促进社会产品的消费为中心来组织生产,也意味着以自身产品的"可消费性"目标来组织生产。

90 年代以来媒介文化的消费主义转向,从整体上看,可以归结为四个方面,即媒介内容的重点从社会"生产"逐渐转向社会"消费";相应地,活跃在媒介的主体人物形象从改革开放前在社会生产的各个领域涌现的"生产英雄"过渡到以各种明星为重点的"消费偶像";媒介的主要功能从以往的"宣传教育"向娱乐消遣转移;媒介符号正发生从文字语言主导到视觉形象主导的转换。媒介文化的这些变迁客观上有利于消费主义生活方式和价值观念的展示与张扬,同时,它们本身也是社会消费主义文化影响的结果。更重要的是,以上种种变化的产生,与传媒自身的消费主义化不无关系,从某种程度上可以说是传媒对其传播内容的"可消费性"极度关注的结果,因而这种变化本身又使传媒传播的内容具有更明显的消费主义色彩。

---

① 陆晔:《权力与新闻生产过程》,《二十一世纪》2003 年第 6 期。

第八章　消费社会语境中的
传媒与消费文化

　　传媒消费主义具有复杂的文化意味,对它不可以作简单的价值评判。从传媒传播消费主义文化这个角度来看,对传媒消费主义文化的评价主要取决于对消费主义的认识,因此传媒消费主义的复杂性首先来自消费主义本身的复杂性。因为消费主义的作用和影响随着时间和环境的发展变化而改变,在不同的社会及其不同的发展阶段也有着不尽相同的文化含义。从传媒自身的消费主义化这个角度来看,对传媒消费主义文化的评价同时又取决于传媒自身的消费主义对传媒、受众乃至整个社会到底意味着什么。应该说,它的积极意义和消极意义同样存在。此外,市场经济从一定意义上讲就是消费经济,传媒消费主义总是和传媒市场化问题紧密相连,且后者是前者的直接内因(西方消费主义文化的灌输只是外因),因此对传媒消费主义文化现象的认识也离不开对传媒市场化这个问题的认识。而传媒市场化的问题同样具有复杂性,在不同的社会环境和传媒制度环境下,甚至在传媒的不同发展阶段,它的意义、影响和作用也是不同的。在目前的中国,传媒消费主义文化可能造成的危害也许更多地来自不当的市场干预和市场的不完善所造成的“市场失灵”,而不像西方发达的市场社会那样更多地来自市场本身固有的消极外部性而引起的“市场失败”。总之,传媒市场化条件下商业逻辑与传媒文化生产逻辑的交织,改变了媒体的生存环境与存在方式,从而使媒介文化产生深刻的变化。而作为社会文化生产的主要机制的媒介文化生产,其变化必将影响到社会文化的未来走向。因此,传媒消费主义包含复杂的文化意义,需要我们认真地研究和思考,并采取一些行动来平衡传媒文化生产的文化逻辑与商业逻辑,充分发挥市场的积极作用来调动传媒消费主义文化积极性的一面。

第一节　消费主义的复杂性

　　虽然很多人对消费主义的消极作用都已经有了比较多的批判,但是,我们还是应该认识到,不管是从共时的角度还是从历时的角度来看,消费主义都是一种具有相当复杂性的文化现象。

　　首先,从共时的角度来看,人们对消费主义的认识是不尽相同的。学界对消费主义的基本评价态度就有这么三种:否定批判的、肯定赞成的、价值中立的。

　　第一种是历史更为久远、影响更为深刻的批判的观点。在批判学派或者对社会发展持相对保守观点的人士看来,首先,作为一种价值观念和生活方式,消费主义对个人的文化生存和人类的可持续发展是不利的。因为,从人类生存的角度来看,个人的幸福感取决于他的物质生存状态,更取决于他的精神生存状态。而消费主义只能从物质生存上暂时地和部分地为个人生存提供幸福的来源。因为,一方面,消费主义是一种物质主义的价值观念和生活方式,它只能给人提供物质上的一些满足而无法满足人的更深层次的精神生存需求;另一方面,消费主义价值取向的物质消费是无法被满足的,因为它是一种被诱导的、自动攀升的欲望,就像有人说的,"欲望并不能让欲望得到满足,相反,欲望使得欲望成为欲望"①,因此,消费主义价值取向的欲望满足永远是暂时的,而且这种不断攀升的欲望还使人成为物质的奴隶而无法得到真正意义上的自由。

　　其次,作为一种意识形态,消费主义的消极作用还体现在它和资本的结盟上。与资本的合谋使之成为对个人的一种欺骗性的控制力量。从阿多诺、霍克海默到马尔库塞、弗洛姆,再到丹尼尔·贝尔(Daniel Bell)和布尔迪厄(Pierre Bourdieu)、波德里亚、弗雷德里克·詹姆逊(Fredric Jameson)等

---

　　①　M.C.Taylor and E. Saarinen, *Imagologies*:*Media Philosophy*. London:Routledge,1994:11.

人,对消费主义文化的"符号的操纵"等现象进行了深入的揭露与抨击。以波德里亚和詹姆逊为代表的后现代主义认为,在后现代消费社会,消费不再是工具性活动,而是符号性活动;消费越来越涉及失去了固定"所指"的、"自由的"和"被解放了的""能指",成为"对符号进行操纵的系统性的行动",他们因此表达了对人类文化生存处境的焦虑和对意识形态宰制的反抗。丹尼尔·贝尔是较早从事消费主义文化批判的西方学者之一。他认为:"在市场成为社会与文化的交汇点之后……经济逐步转而生产那种由所展示的生活方式……以便提倡享乐型生活方式,诱导人们去满足骄奢淫逸的欲望。"①不仅如此,贝尔还准确地揭示了消费主义与众不同的特征:"它所满足的不是需要,而是欲求。欲求超过了生理本能,进入心理层次,因而是无限的要求。"②马尔库塞认为,在发达工业社会,"人与商品的关系完全颠倒了,不是商品为满足人的需要而存在,而是人为了使商品得到消费而存在。在这一意义上,消费文化是一种'异化'的文化,它根据商品生产的逻辑而不是人类全面发展的要求来生产个人的需要。"③还有人则从全球化和文化帝国主义的角度分析消费主义文化。莱斯理·斯克莱尔(Leslie Sklair)在其《全球体系的社会学》一书中,就明确指出消费主义是以美国为核心的资本主义的意识形态,并通过借鉴相关媒介研究结果证明,这种迎合资本需要的意识形态正通过大众传媒扩散到第三世界,成为资本主义在第三世界的意识形态。并且他认为,发展所需要的是最大限度的生产主义,而消费主义在根本上是和发展相对立的。超前的消费主义即使在以进口替代为基础的产业政策的促进下,也根本不会带来发展。书中引用了维尔斯针对电视广播在拉丁美洲的影响所做的大量研究,证明了在拉丁美洲的电视广播中,美国在消费主义方面具有巨大影响,而在生产主义方面的影响则非常微弱。他认为,要弄明白作为生产主义对立面的消费主义是如何为美国在第三世界国家中的利益服务并不是很容易的。但是,却可以很容易地弄明白:消费主义是为全球资本主义体系服务的,这个体系在 20 世纪的大部

---

① 转引自袁爱中:《默多克传媒消费主义研究》,中国人民大学 2004 年硕士论文。

② 同上。

③ 陈学明等编:《痛苦中的安乐——马尔库塞、弗洛姆论消费主义》,云南人民出版社1997 年版,第 26 页。

分时间内由受美国所驯化的跨国公司所支配。正是对资本主义企业产品的消费永恒增长这样一个动态过程,贯穿了它各个个体单元最大限度地获取利润的运作,从而维持着整个资本主义体系,丝毫不顾及它会对这个星球带来什么后果。他说,全球资本主义部分体系在第三世界有一个特别的任务,就是向人们推销消费主义,而不让他们去考虑自己的生产能力。在这种意义上,消费主义和满足人们的生理需要没有任何关系,因为,生理需要是不需要别人提醒的;消费主义所造成的,只能被称为"诱导出的需求冲动"。这就意味着,在满足"诱导出的需求"的意义上,第三世界的人们只有接受教导才知道如何去"消费"。他还指出:这种媒体帝国主义在逻辑上是由文化帝国主义所导出的。如果允许美国或者西方对文化的控制,那么它显然是通过对大众媒体的控制来达到的,因为它制造了使人服从于霸权文化的条件,并且限制了对它进行有效抵抗的可能性。这种霸权文化显然就是资本主义的消费主义意识形态。①

此外,很多人从资源、环境和生态的角度来批评消费主义的生活方式的不可持续性,呼吁人类的可持续发展。这一点在本书前文中已经有所说明,在此不复赘述。

尽管对消费主义的否定和批判之声不绝于耳,却并不能掩盖对消费主义的支持和肯定的另一种声音。文化主义学派和对社会发展持相对乐观观点的人认为,消费主义的存在是一种解放的力量,是消费民主的体现,并且客观上使民众的生活更加富足和自由,消费主义文化给民众提供了前所未有的自由表达的空间,成为普通民众意义的来源,也是生活满足感的来源。前面提到过的以费斯克等人为代表的文化主义认为,在物质极大丰富的消费社会,原来的某些消费领域不再被特权阶层所占领,而是成为大众消费的场地,各种消费形式平等向下层社会开放的结果,是消费者获得了前所未有的消费自由,因而是消费民主的一种表现。此外,消费者的创造性的消费行为还可以创造出自己的积极意义,而不一定受资本意识形态的操纵。发源于英国的"伯明翰当代文化研究中心"的文化研究学派,一反法兰克福学派

---

① See Leslie Sklair, *Sociology of the Global System*, London: Prentice Hall/Harvester Wheatsheaf, 1995:150–158.

对"消费主义"所采取的"精英主义"（Eitism）的批判立场,转而从"大众主义"（Popularism）立场出发,对包括消费主义在内的大众文化持相对积极的态度。这是一种"快乐主义"的范式,它把消费主义看做是一种创造性的、寻求新奇的、想象性的快乐活动和浪漫伦理（Campell,1987）。此外,像"女性主义"这样的视角在揭示消费文化所隐藏的男权社会中男女不平等关系的同时,也指出了消费购物作为女性"反叛"的符号意义①,由此挖掘了消费主义的积极一面。

对消费主义的相对中立的观点来自自由主义的思想家,他们拒绝对消费主义的社会和文化后果进行估计,而是从社会权利主体的角度对消费主义做出自己的判断。他们认为,消费者的权力正是个人自由的集中表现,因此个人的消费权力是至高无上的。任何人都有权实现自己的需求和愿望,因此,这种个人的需求和愿望不应被外部的权威剥夺或者压抑。在自由主义者看来,消费者的利益只有在市场经济中才能得到保障,因为市场经济通过竞争和价格机制,使生产者必须适应和服从消费者的要求,而市场在他们看来不是一种外在权威而是一种非个人的社会机制和社会合作方式,它通过"看不见的手",从个人追求的无政府状态中自然地产生秩序,因此它是对个人自由的保障。② 然而,也有人认为,自由主义者对现代消费主体的推崇和赞美暴露出一些难以掩盖的问题。首先,它们推崇的消费理性,说到底,不过是一种如何花最少的钱来获得最大满足的算计能力,一种理性地认识和确定自己的需要、同时理性地追求和实现这种需要的能力。这种算计是直接与所欲对象的功利性和有用性联系在一起的,它把人对物的丰富需要简缩为对一种"有用性"的需要,用冷冰冰的量化计算取代了丰富的社会和文化意义。因此这种理性只是一种片面的"工具理性"。其次,自由主义者主张"我买故我在",企图由个人的消费行为来推定主体的独立存在,也是很不可靠的。因为消费者的具体消费行为不可避免地受到各种社会和文化因素,包括它所属的社会阶层的趣味、流行的时尚、广告与传媒等的支配

---

① 参见王宁:《消费社会学——一个分析的视角》,社会科学文献出版社2001年版,"绪论"部分第5页。

② 参见罗钢、王中忱主编:《消费文化读本》,中国社会科学出版社2003年版,第12页。

和左右,使他常常在不知不觉中就已经沦为各种控制力量的俘虏。①

　　事实上,世界范围内的消费主义发展到今天,它的破坏意义已经远远超过了它的解放意义。值得庆幸的是,人类尚未丧失自我反思与审察的能力。1968年,世界经济学博士贝恰(Peccei)首先发出"拯救人类危机"的呼吁。同年,来自不同国家的30多位科学家聚集罗马,创立了著名的NGO组织"罗马俱乐部"。他们以"人类的未来"为研究主题,先后发表了以"增长的极限"为代表的20多份报告,引起了联合国官员的注意,从而形成了波及全球的绿色革命运动。1976年,联合国在瑞典召开世界环境与发展会议,发表了《人类环境宣言》。1987年,联合国与发展委员会在东京首次提出"可持续发展"的新观念。1992年联合国环境与发展大会的《21世纪议程》指出:"地球所面临的最严重的问题之一,就是不适当的消费和生产模式。"1998年,德国绿党成为执政党之一,并将"生态现代化"作为治国方针。之后,法国、丹麦、瑞典、瑞士、奥地利、挪威、荷兰、芬兰、比利时、意大利等国紧跟其后,提倡生态平衡,开展绿色革命。② 除此之外,20世纪70年代美国开始出现了反城市化的趋势;日本在80年代末也出现了"务农热",通过这些活动来抵制城市文明奢靡和浪费给人带来的精神压力。在90年代,美国的舆论转向反对极端的物质主义,其民意测试发现支持保护环境反对经济增长的比例是70%,欧共体的比例是55%。③ 然而,这种反消费主义现象在民间的出现并不会改变资本要增殖就要消费的本性,对扭转消费主义仍无济于事。消费主义的欺骗性是由它的意识形态性质决定的,其背后就是资本的逻辑,所以消费主义实现了资本的增殖,但并没有兑现它向大众许诺的自由、平等和幸福的普遍性。就像有的学者所说的,"没有哪一种社会体系会将'德性'提升到决定性原则的位置——无论在艺术、政治或经济领域。"④

---

　　① 参见罗钢、王中忱主编:《消费文化读本》,中国社会科学出版社2003年版,第12—13页。

　　② 参见王代月:《试论消费主义的意识形态性》,《理论学刊》2004年第11期。

　　③ 参见上文。

　　④ 泰勒·考恩:《商业文化礼赞》,严忠志译,商务印书馆2005年版,"绪论"部分第7页。

　　总的来说,首先,对社会的持续发展而言,消费主义的存在有其必然性和积极意义。因为没有消费就没有生产,适度的消费主义是经济发展的推动力量,尤其是在当代"丰裕社会",高新技术革命的发展和深入,使社会财富极大增长,消费成为社会生产与再生产矛盾的主要问题时,适度的消费主义是社会经济正常运转的保障,并最终有利于社会整体生活水平的提高。因此,消费主义在现代社会中的一定程度上的存在有其必然性和正当性,是不以人们的好恶和意志为转移的,简单否定是没有意义的。当然,消费主义的快速推广又必然对资源、生态和环境造成地球无法承受的消耗和破坏,因此对消费主义的发展我们必须保持必要的警惕。其次,对社会个体而言,消费主义也具有正当性,因为个人对物质生活的享受本身具有它的正当性,人类发展的目标,最终是为了人类的幸福生活,而幸福生活对物质和精神两个方面都是有要求的。问题是消费主义不能发展到使人类把消费生活作为人生的根本目标和所有的意义来源,不能使消费主义的过度发展导致人自身的物化和精神追求的弱化,丧失人生的终极关怀和对终极意义的追寻。

　　就中国的情形而言,总的来说,消费主义使重视道德说教的禁欲式文化转变为承认、尊重和满足人的多方面、多层次的需要。它使乌托邦式的禁欲式文化转变为享乐主义的文化。禁欲式文化的产生一部分是生产力不发达条件下的无奈选择,一部分也是人为造成的以革命的理想主义替代现实主义的结果。我们不能否认消费主义在这个意义上的积极性,但基于消费主义的欲望并不能最终给人类带来满足,反而增生不安和焦虑的社会心态,加之其对环境的破坏和对人类可持续发展的危害,更基于它的全球资本主义意识形态本质,我们不得不对它的本性和后果提出更多的反思。在我国,随着生活水平从温饱走向小康,国人的消费标准由注重"吃饱、穿暖、够用、能住"已经变为"吃得好、穿得漂亮、用得方便、住得舒适",消费心态由"将就"变为"讲究",消费需求从内容到形式都在发生一系列的变化:从简单到复杂,从单一到多样,从稳定到多变,从清醒到模糊。现在市民更多考虑的,是如何住得科学,住得舒适,用得高档,行得方便,玩得刺激。但在这样一个贫富悬殊非常大的特殊历史时期,奢侈品消费还只是少数人的特权,与普通大众无缘。消费从根本上可以说是个人的事情,是属于公民自由的范畴,但政府作为公共服务机构,对它必须有明确的态度。正如温家宝在 2005 年政府工作报告中曾经提出的:要大力提倡节约能源资源的生产方式和消费方式,在全社会形成节约意识和风气,加快建设节约型社会。但事实上,国人都知道,奢侈性消费作为一种实际存在,作为一种风气,并没有被明确反对。"花明天的钱"、"提前享受生活"是媒体大肆宣传并由国家相关信贷政策提供着支持的。然而,熟悉中国国情的人都明白,一个国家的消费方式要与本地环境、资源和生态承受能力相匹配,一味模仿只能给中国带来无穷后患。① 因为,从人均国土和耕地资源来看,2002 年我国每 134 人拥有 1 平方公里国土,2000 年人均耕地面积只有 1.43 亩,远低于发达国家水平;水资源方面,中国是世界上 13 个贫水国之一,淡水总资源虽位居世界第 6,但人均占有量仅为世界人均的 1/4,居世界第 121 位;此外,我国人均能源可采储量远低于世界平均水平,2000 年人均石油、天然气和煤炭的可采储量分别只有世界平均值的 11.1%、4.3% 和 55.4%。因此,社会学者王宁说:"追求奢侈品,将造成社会总福利的损失,因为它在某种程度上造成了稀缺资源的浪费。在我国这样一个资源、环境和生态压力都比较大的国家,奢侈消费在资源和生态的意义上是不可持续的消费。"②面临这样一个消费的时代,对于消费主义的价值观念和生活方式的兴起,应该保持清醒的警惕和理性的批判。此外,从历时的观点来看,对于中国消费主义的分析,还必须紧密结合具体的历史语境,只有放在具体环境中才能阐述清楚,因为它是不断被历史语境所改写的。70 年代末到 80 年代初的时候,体现日常生活关切的消费主义的确发挥了进步的政治意义,因为那时的泛政治意识形态还左右着人们的日常生活。但到了 90 年代以后,知识分子与普通大众的政治参与热情急剧消退,消费主义本身成为意识形态,日常生活话语的政治含义也已被迅速地改写,变为围绕时尚与市场旋转的欲望化叙事了。③ 这个时候,消费主义所带给我们的,就更多的是文化的冲击了。

---

① 参见张辉:《消费结构不断升级,居民收入有待提速,我国消费小康指数为 69 分》,《小康》2005 年第 7 期。

② 同上文。

③ 参见陶东风:《研究大众文化与消费主义的三种范式及其西方资源》,《河北学刊》2004 年第 5 期。

第二节　传媒消费主义与传媒市场化

正如前文所说的,传媒市场化是传媒消费主义的直接内因(西方国家传媒消费主义文化的灌输只是外因),因此,传媒消费主义的产生及其实质以及影响等问题,都是和传媒市场化问题联系在一起的。对传媒消费主义的认识和评价,实际上涉及对传媒市场化问题的认识和评价。

就像市场本身自有其积极作用一样,传媒市场化自有其积极意义。对于市场,有人认为市场意味着自由竞争和公平交易,对促进民主和社会发展都是利大于弊的。也有人认为,市场经济也许不是人类最好的制度,但它是目前我们所能找到的最好的制度。还有人说,艺术上不成功的产品决不会取得商业上的成功,因为文化产业的性质决定了其产品的成功必须定位在商业性和艺术性的最佳结合点上。他们认为,市场的价值规律和竞争机制决定了大众文化产品要取得成功必须拥有广大的受众,这些千差万别的受众都有自己充足的理由来接受或拒绝它,但绝不是我们所认为的那样是某种一致的简单的东西,因此,成功的市场文化产品必然有其可取之处。当然,在肯定市场的积极作用的人群中,也有认为对市场的作用还是应该区别情况对待的。典型的观点认为市场不应该覆盖社会的每一部分,这些人不反对经济的市场化,但对文化的市场化持保留态度,其依据就是文化的公共性质。支持文化市场化的人则认为,与其让文化受政治意识形态的控制,沦为专制政体的意识工具,不如让文化在市场中发展它的多元性,让人们各取所需,择善而从。对文化的市场力量大加赞美的代表,可以算得上是《商业文化礼赞》一书的作者泰勒·考恩(Tyler Cowen)。考恩从经济角度对商业环境中西方的文化艺术发展进行了研究,他的研究结果表明,市场经济更多的是促进而不是阻碍像音乐、文学和视觉艺术等诸如此类的文化的发展,供求关系的经济力量是有助于而不是有损于对创造性的追求。他的主要论点包括:艺术在现代资本主义制度中得到了繁荣发展;市场经济促进了艺术家的独立性,使其从文化消费者的直接需求中解放出来;技术进步使文化受益匪浅,金钱是实现创造性表现和艺术交流的途径;发育良好的市场拥有各种机制来支持文化的多样性;资本主义的财富和文化多样性增加了艺术家培育批评者和受众的自由。① 问题是,作为自由主义文化观点的倡导者的考恩,在其论证中很少提供与之相对立的观点和论证,而这些观点和论证比比皆是;此外,他对政府干预市场之外的问题也讨论得很少。由于商业化的负面影响,许多艺术家受到同辈的尊敬,在丰富文化观念方面作出了杰出贡献,但是在经济上却并未获得成功,这种随处可见的事实却都被作者所忽略;此外,他的论证逻辑也值得推敲:他认为,竞争促进创新,创新形成高质量的艺术品,艺术的多样性本身就是值得称赞的东西。然而,批评者却认为,尽管现代的资本主义财富肯定有利于文化创新和多样性,但是艺术品的多样性和数量的增加并不意味着品质的提高。艺术多样性并非与市场的规模成正比关系,买主数量的增加也并不一定带来多样性。我们熟悉的例子是美国的电视网——所谓的大市场反而缩小了受众拥有的选择范围。只有更多的消费者与更多的生产者相结合才有可能形成艺术(市场)的多样性。②《商业文化礼赞》关注得更多的是艺术领域而不是大众传播领域,所以它的结论可以给人思考却不能全部照搬用以考察大众传媒的市场境遇。

对于大众传媒来说,有人认为,把市场作为大众传播体系的基础尚存在若干重大问题。有人就对西方市场化大众传媒的"市场失败"做过比较全面的概括:第一,市场把观众看做是消费者而不是公民,因此行使公众领域的职能就在其管辖范围以外了。第二,尽管市场把观众看做是消费者而不是公民,但是消费者并没有选择的支配权。因为节目的选择权取决于业主和经理,往往还要听从广告商的建议,而作为消费者的观众只能在市场控制者提供的节目里进行"自由选择"。第三,由于商业媒体得到广告商的投资,就必然要按广告商的条件为观众服务。第四,以市场为基础的大众媒体有关的问题使所有权日益集中,与广告商的联系和对政客的依赖不断加强,这就使大众媒体对待不同意见以及在讨论挑战现状的问题时,均持保守和敌对态度。第五,市场鲜有充分的竞争,并有可能受到垄断的制约。③ 比如

① 参见泰勒·考恩:《商业文化礼赞》,严忠志译,商务印书馆 2005 年版,第4—6 页。
② 参见上书,"中译者序"部分第7—8 页。
③ 参见爱德华·霍尔、罗伯特·麦克切斯尼:《全球媒体——全球资本主义的新传教士》,甄春亮等译,天津人民出版社 2001 年版,第244 页。

市场化竞争中媒体同质化的增强,实际上是一种多元话语的缺失,它是社会多样化的萎缩,也必将是社会的损失。因为,媒体并不仅仅是商品,媒体还是民主制度、社会文化的一环。①

　　具体来说,西方对于对市场规则入主大众传媒业,尤其是新闻业的严肃批评主要集中在商业逻辑对文化的挤压和对大众传媒公共性的侵害上。比如,有人曾不无痛惜地感叹:"19 世纪某一时期的'文化'或者'艺术'曾经扮演市场以及工业文化的对立面,文化或者艺术被尊为物欲横流之世的'人性'守护神,现在,如同工业生产一样,文化生产终于和商品、利润互相认同了。"②《市场驱动新闻业》一书的作者认为,在市场主导的新闻业,新闻部门根据竞争市场的情况形成了两种内部规范:新闻规范和商业规范。新闻规范提出了义正词严的要求:新闻应当能够向社会公众提供关于环境变动的尽可能多的消息,使其知情,进而作出合理决策,推动社会民主的发展;而商业规范也振振有词:只有市场才能准确反映出社会需求,与其按照新闻工作者自己的认识去提供新闻,不如寻找市场需求,尽量去满足他。书中认为,这两种规范发生冲突的时候,后者常常压制了前者。在抱有新闻纯粹主义观点的人看来,市场逻辑介入新闻工作的潮流,是一种玷污,一种亵渎。曾参与揭露"水门事件"的卡尔·伯恩斯坦就曾经批评当代新闻业的市场导向制造了一种"白痴文化":"至少 15 年以来,我们已经从真正的新闻转变为制造一种龌龊的'信息娱乐'文化。""通过这种提供新闻刺激的新文化,我们教导读者和观众,鸡毛蒜皮具有重大意义,耸人听闻和异想天开胜过真正的新闻。"③皮埃尔·布尔迪厄在其名著《关于电视》中深入地剖析了新闻内部循环所导致的同质化问题和文化生产场与商业逻辑的相互关系,并得出结论说,电视在当代绝不是一种民主的工具,相反,却带着压制民主的强暴性质和工具性质,已经从文化和交往的传播手段沦落为了一种典

　　① 参见张锦华:《商业考验报业》,选自汪琪编:《世界传播媒介白皮书1995》,(台北)远流出版公司1995年版,第10页。

　　② 雷蒙德·威廉斯:《文化与社会》,吴松江、张文定译,北京大学出版社1991年版,第65页。

　　③ 约翰·H.麦克马那斯:《市场新闻业:公民自行小心?》,张磊译,新华出版社2004年版,第12页。

型的商业操作行为。① 哈贝马斯对报纸发展道路的分析也得出了类似的结论，他说，报纸正越来越成为资本主义企业，在这样一种背景下，报纸也就受到了企业内部利益集团的各种影响。他认为，19 世纪后半期大型日报的发展历史表明，报刊业在商业化的过程中，自身也越来越容易被操纵了。自从编辑部版面的销路与广告版面的销路越来越密不可分，报刊业变成了某些私人的一种机制。也就是说，变成了有特权的私人利益侵入公共领域的入口。②

对于中国来说，一方面，中国的传媒市场方向、步骤和管理方式都是政府主导的，国家的相关管理也还很直接，在传媒市场从无序到有序的整合中，随处都有管理部门的介入。比如，当 30 多个省级电视台的节目都通过人造卫星上了天，50 多套电视节目所进行的激烈的节目和广告竞争使 1999 年年初出现全国 18 个省的卫星电视台几乎在同一时间一起播出香港电视连续剧《天龙八部》的时候，面对大量涌入内地的电视剧播出带来的不良影响，国家广播电影电视总局对节目播出时间做了政策性调整，要求各级电视台黄金时间（晚 7∶30—9∶30）必须播出国产电视剧，这就说明中国传媒的市场运作还不是完全自由的。另一方面，对新闻内容的管制没有根本的变化，这也决定了中国传媒走的不是完整意义上的市场道路，传媒一直是在政府、市场和公众之间小心地维持着平衡的。需要指出的是，这种从未真正建立的平衡正在被打破，传媒的市场偏向已经非常明显。表面上，政府和主流意识形态对传媒有着绝对的主动权，但实际上，传媒所做的一切都表明：它正极力俯就和迎合的是市场。因此，中国的传媒所受的市场影响和由此引起的传媒运作的变化，都会越来越和真正意义上的西方市场化媒体接近。

新加坡《联合早报》总编辑林任君在谈到香港媒体市场的恶性竞争以及由此引起的传媒生态恶化时不无担心地指出，媒体竞争再自然不过，也需要竞争。但是，竞争之所以被称为恶性，是因为"竞争没有让媒体强化报道质量、确保新闻准确、客观、平衡，反而必须快速出街、主观偏颇、添油加醋；

① 参见皮埃尔·布尔迪厄：《关于电视》，许钧译，辽宁教育出版社 2000 年版，第 114—115 页。

② 参见哈贝马斯：《公共领域的结构转型》，学林出版社 1999 年版，第 222 页。

竞争没有让版面成为雅致、悦目的图画,反而必须美女俊男、清凉上阵,或以血腥恐怖的图片,刺激感官;竞争没有让媒体完整成为传递信息、社会公器的载体,反而助长无厘头、夸张渲染、舍本逐末、侵犯隐私、政治扒粪,带来的结果就是制造外表绚丽刺激欲望的即食产品,一次性消费,既矮化高层读者的智慧,也无法开启一般民众的民智,甚至将民智引入下降的通道。"①他指出,中国香港、中国台湾以及一些欧美市场的经验告诉我们,单纯同业组织的自制、知识分子精英的不齿,有识之士声嘶力竭的呐喊,都是无济于事的。他由此问道:正在走向开放的大陆报业是否也会走上这条恶性竞争之路?

林任君认为,由于大陆对报章喉舌地位的重视以及政府部门对报纸仍保留很强的主导权,加上深厚的文化传统以及长期对媒体为社会公器的认知,中国的报业竞争还未出现类似港台般恶性和不负责任的情况。但他还是担心大陆未来是否会步港台的后尘。所以他分析道,尽管中国对媒体的严格监管常被认为是中国报业发展的一大障碍,但是他认为,只要处理得当,有意识地朝开放和松绑的方向前进,这个"障碍"其实是可以转化为一大优势的。他希望大陆可以乘着其报业生态环境还未被恶性竞争破坏之际,赶紧建立起一套符合本身情况的管制模式,在未来中国报业市场化的过程中,逐渐调整完善,形成媒体在蓬勃发展、自由竞争中不会恶俗化的中国特色。

可惜的是,林任君的担心实际上已经部分地成为现实。市场给中国传媒带来的活力是有目共睹的。90 年代以来传媒开始走向市场的短短十年内,中国传媒从依靠财政拨款、政府津贴维持的事业单位发展成了庞大的信息产业中相当重要的一部分,传媒产业出现了空前繁荣的景象,以其巨大的利润空间被誉为中国的"朝阳产业"。然而,由于市场体制的不健全、市场运作的不规范、相关管理的滞后以及市场本身的经济理性与传媒公共性的固有冲突等多方面的原因,市场也对传媒产生了不容忽视的消极影响。在内地,除了小部分严肃的主流媒体,走向市场的内地传媒,恶性竞争及由恶性竞争引发的类似弊端不同程度地存在,并且目前看不到改善的可能。可

---

① 林任君:《在报业恶性竞争狂澜中找寻华文报的中流砥柱》,在第四届"世界华文传媒与华夏文明传播国际学术研讨会"上的主题发言,香港,2005 年 9 月 24 日。

以说,在市场的激烈竞争中,大陆传媒的消费主义化是一种不可逆转的趋势。这是由传媒生态的现实决定的:从全球背景来说,市场经济全球化是个不断发展、不断深入的过程,谁也拒绝不了;从媒介本身来说,我国媒体的市场化进程也不会停止,而是会继续深入进行;从媒介政策环境来看,在现行政府的媒介决策导向下,媒体的消费主义倾向也没有停止的可能;从媒体的消费者来看,受众存在的消费主义气息浓厚的文化环境,决定传媒消费主义文化将继续拥有广阔的市场。

有人指出,被赋予公共领域神圣职责的媒体,其完整和质量既可能受到意识形态的影响,也可能受到私有媒体系统的偏向性和自我新闻检查的威胁,还可能受到从外部入侵媒体系统的力量的威胁,比如势力强大的跨国利益集团会根据自己的目的来改造媒体的形式。上述三种形式的威胁也可能得到政府或私人利益集团的支持,外国代理甚至会与当地政府或私有媒体集团合作而合并为一体。① 在各种力量的作用下,形成的是同一个合力:媒体对商业资本意识形态的传播和媒体自身对经济利益的追逐,总的来说就是媒介文化的消费主义化。

在媒介文化不可避免地走向消费主义化时,我们能否做到像林任君所说的那样,乘着内地的媒体生态环境还未被恶性竞争破坏之际,建立起一套符合本身情况的管制模式,以使在未来媒体市场化的过程中,逐渐调整完善,形成媒体在蓬勃发展、自由竞争中不会恶俗化的中国特色?

商业正在考验着我们的媒体,传媒市场固有的消极外部性所导致的"市场失败"在我国也不同程度地存在,这种"市场失败"来自于传媒市场化条件下文化逻辑与商业逻辑的固有冲突。商业逻辑和文化逻辑从根本上来说有着天然的对立,因为文化逻辑要求按照人类自身的尺度来生产,体现的是全人类的利益,生产的标准和目标是对人类的精神超越和文化的提升,在形式上给人的应该是审美的愉悦。而商业逻辑是按照消费的尺度来生产,体现的是市场经济主体,比如商家和资本的利益,为了能被更多的人消费而达到自己的赢利目标,它不一定遵从精神的和文化的目标,不拒绝甚至偏爱

① 参见爱德华·霍尔、罗伯特·麦克切斯尼:《全球媒体——全球资本主义的新传教士》,甄春亮等译,天津人民出版社2001年版,第5页。

感官的享乐和刺激。因此,商业逻辑危害文化逻辑的可能性客观存在。比如有人就分析说,媒体商业化对公共领域是不利的——公共领域的节目不好出售。对一切积极的、有益于社会良好发展的东西(如市民了解情况、有良好民主的工作秩序,甚至社会可能更稳定)都和私人媒体业主"无关",他不会从中获利,因此,他也不会把对社会有益而对自身无利的内容放在节目中。这就是"市场失败",会带来潜在的严重的社会危害和政治后果。[①] 麦克马那斯所总结的新闻生产的市场理论:一个事件/议题成为新闻的可能性,与信息可能对投资者、赞助者等各方造成的损害成反比;与发现新闻的成本成反比;与报道新闻的成本成反比;与所吸引的广告商愿意为之出资的目标受众的规模成正比[②],说明市场新闻业的危险确实存在。市场中消费主义化的媒体的日益成熟也许真会像美国学者指出的那样,将并不仅仅意味着用娱乐取代大众服务,而是随着媒体的成熟,我们能听到的观点越来越趋于单一,并且既得利益得到越来越多的保护。[③]

　　从中国媒体的实际运作过程来看,文化生产的文化逻辑和商业逻辑之间的矛盾和冲突确实存在,而且的确在危害文化生产的自主性。阳光文化媒体集团董事局主席杨澜,一个为了文化理想而苦心经营阳光卫视,同时希望通过这种高品位的文化生产实现自己的商业目标的电视人加媒体经营者,在市场打拼几年以后,发现单纯的文化并不是国内市场能畅销的产品,在国内宽频电视和数字电视发展缓慢、收费电视模式无法发展,以及政策限制只能实现在内地的有限落地而无法实现他们的赢利目标之后,面对连年的亏损(开播于 2000 年 8 月的阳光卫视,三年以后已经整整亏损 2 亿港币),再也无法坚持"为文化理想买单"(杨澜的丈夫、阳光文化媒体集团董事局董事长吴征语),无奈于 2003 年 6 月把 70% 的股权卖给另一家传媒集团——星美传媒,并于 2004 年 3 月与台湾东森电视台合作成立阳光娱乐电视有限公司,依双方签订的内容供应联盟协议而改版:原来作为历史文化专

---

　　① 参见爱德华·霍尔、罗伯特·麦克切斯尼:《全球媒体——全球资本主义的新传教士》,甄春亮等译,天津人民出版社 2001 年版,第 170 页。
　　② 参见约翰·H.麦克马那斯:《市场新闻业:公民自行小心?》,张磊译,新华出版社 2004 年版,第 130 页。
　　③ 参见上书,第 178 页。

题频道的阳光卫视,自 2004 年 4 月 1 日起,只保留晚间 9:30—11:30 两个小时的访谈、纪录片节目,而新增加了由台湾东森电视台提供的 16 个小时滚动播出的综合娱乐节目,阳光卫视由此从一个人文历史纪录片专业频道变为综合娱乐频道。商业逻辑的无情,使被业界广为称赞的"阳光文化"生产再也"阳光"不起来。身为电视节目制作人,杨澜要对节目质量和观众负责;而身为阳光文化媒体集团董事局主席,杨澜则要为公司业绩和股民负责。"企业家"和"文化人"有时候难免打架。这种文化生产中的商业逻辑与文化逻辑的矛盾,在记者的多次采访中,杨澜都有所提及。"比如做一个节目需要 20 万元才能做出最好效果,作为文化人或者电视人,当然希望节目效果臻善臻美。但是你又很清楚,投入超过一个界线就会发生效益递减,就赚不到钱,所以企业家的这一面就会说:不行,投入每一分钱,都要在屏幕上体现出来。"①当记者问她,作为一个创业者,赚取利润是应该的,但在你的电视文化理想和商业化的运作中,会不会有些碰撞时,杨澜说,两者不是绝对的矛盾的,但两者之间的这种平衡她还一直在寻找,她举例说:为了做一个好节目,无论多少钱我都舍得花,但是,作为一个管理者,我就要计算一个投入产出比,这里有个成本的问题,如果这个片子我加大了海外的采访量,那当然会更好看了,但有时候我会说:不行,你不能为了在上面撒一点点胡椒面,就花那么多钱,我会说,对不起,没法加钱! 杨澜说,这对她来讲其实也是挺痛苦的,因为放在过去做电视时的想法,就是你越给多些预算,我就越能做出好作品,达到我艺术追求的目标。杨澜说,还有一个很大的不同,过去,作为一个创作人,往往都是先完成创作,然后拿到市场去卖,现在不同了,先要看市场上缺什么,再设计什么,而且通常是一边策划,一边要找买家,等你做完了才去卖,时间就紧了,也许就卖不出去了。② 这就是商业逻辑,在这种逻辑之下,真正意义上的文化生产是不太可能的。但是也有文化人占上风的时候,杨澜说自己放弃过不少投资机会,因为做"阳光"不只为了赚钱。但是,当只占整个集团资产额的 5%、资产额营业额的 20% 的阳

①　孙丽萍:《杨澜:游走在"文化人"和"企业家"之间》,http://www.sina.com.cn 2003/09/18/05:22。

②　参见江洁:《杨澜:还有很长的路要走——阳光文化媒体集团董事局主席杨澜访谈录》,《沪港经济》2004 年第 1 期。

光卫视,其亏损却占了整个集团的80%以上的时候,杨澜承认"我们不能再整天为文化理想买单了"。杨澜的传媒理想与吴征的商业追求两种理念相互博弈的结果,是文化理想在商业追求面前败下阵来。情形正如现任中央电视台副总编辑、中数传媒总裁的著名电视制作人孙玉胜的评论:文化历史的定位有品位,也很诱人,但在市场的竞争中,有时理想主义是要付出代价的。①

　　在传媒市场不成熟的环境下,商业逻辑对文化逻辑的逼仄尤为严重。阳光卫视的文化尴尬,在众多的原因之中,国内不成熟和不纯粹的传媒市场环境,可能是最主要的原因。阳光卫视的专业化频道要赢利,需要靠卫星频道的广告收入和宽频的收费模式"两条腿走路",然而,宽频的收费模式由于种种原因在国内老是发展不起来,迫使他们只能靠广告"一条腿"来支撑,而国民整体偏低的文化水准使面向高端受众的阳光卫视受众面太窄,因而广告并不多;更不幸的是,做内地电视的内容供应商的赢利模式,由于内地市场的地方保护主义也很难实现。就像城市电视台的台长对杨澜所说的那样:我知道你这个节目,同样的类型,你做出来一定比我这个好,我看了你们的创意就比我们的这个好,你们这个制作团队也非常好,但是我不能够要你这个节目,因为我要了你这个节目,我原来这个制作班底的人就要下岗了,我现在要保持我台里人员的稳定性,所以我不能让他们下岗。所以说,这不是一个纯粹的市场经济的环境。媒体的经营比杨澜一开始想象的要复杂得多,它不是一个单纯的商业行为,而是涉及很多复杂的方面。正像孙玉胜所说的,杨澜对电视台交易的潜规则没有足够的重视:从国内的情形看,电视台的竞争并未完全市场化,其本身还带着浓厚的事业单位色彩。电视台扮演着资源垄断者的角色,他们的运作并不完全按商业化规律进行。有时供应商的节目内容再好,如果电视台不播,节目内容制造商也无可奈何,根本谈不上任何收入。这种情形使得节目内容供应商在双方的交易中,反而成为弱势的一方。在双方的谈判中,节目定价权、黄金时段、黄金频道的资源配置权,往往被牢牢掌控在购买者手中。供应商为达成最后目的往往

---

　　① 参见《累计亏损两亿港币　缺乏成熟制作队伍　退出阳光卫视　杨澜自揭谜底》,《中国妇女报》2004 年 1 月 13 日。

退让,只好不惜以节目换广告时间的方式达成交易。这无疑也让阳光卫视的另一条生存之路也没有了前景。①

商业逻辑就是利益最大化的逻辑,因此如果文化卖不起价钱,文化逻辑必然被商业逻辑打败,这一点从内地卫星频道的运行情况也可以看出来。当初国家给各省上卫星电视,是为了给各省一个展示各省风貌和发展文化的平台,可是在商业利益的驱动下,各省很少上新闻和文化类节目,而是更多地把它拿来搞电视剧和娱乐节目大战;国家广电总局要求公益性节目如央视十套(科教频道)、七套(农业频道)、十二套(法制频道)必须在各省落地,可是在很多城市,它们根本无法落地,因为各地把有线都给了当地电视台,以此获利;国家有投资的公共媒体,也不满足于循规蹈矩地生产基于它们的公益性应该提供的高品位文化或服务,而是设法参与市场竞争,以谋取经济利益。各地公共电视台的可识别性并不明显,主要原因就在这里。此外,国内的电视从中央到地方都学西方,可是由于娱乐消费性节目更加好卖,所以优秀节目如科教节目等克隆过来的就少,克隆过来更多的是体育、娱乐和综艺节目,是那些消费性的节目。这也是文化生产的文化逻辑在商业逻辑面前所面临的尴尬现象。杨澜的阳光卫视,它的许多节目是很有文化品位和美学水准的,可是卖不好,叫好不叫座;王长田的光线专攻娱乐,是大众化的,只提供消遣,没有做文化的想法,他的节目却很红火,光线因此大赚。倒是刘长乐的凤凰卫视也许可以给我们提供一些启示,给业界提供一个研究的空间:凤凰卫视用儒家思想来做,立意做全球华人电视,是公司运作的方式,运作算是成功的。它也做纯文化的比如《粉墨人生》,它的一些节目也很有文化品位,比如《凤凰早班车》、《鲁豫有约》、《时事开讲》。可是它也有消费色彩浓厚的节目,谈时尚,谈名车,谈名牌化妆品、服饰什么的,高低都做,可以说是做到了文化和消费比较好的结合。比如同是名人访谈类节目,阳光卫视的《杨澜访谈录》注重文化、精神、人性等问题的探讨,往往注意社会背景,体现平等关怀、理解、善良,人文味很重,一点也不媚俗。它的访谈对象都是文化科技等领域奉献大的,是对社会有价值的人物。而

---

① 参见许智博:《阳光卫视——一次不成功的尝试》,《文化综合西部时报》2004 年 10 月 27 日。

凤凰卫视的《鲁豫有约》除了这些社会影响、社会贡献比较大的名人之外，也关注偶然成名的人，不一定要有多大的社会贡献，对一些争议性、时尚性的题材，他们也不排斥，比如它选取的人物甚至包括高峰私生子的母亲王纳文。此外，凤凰卫视的《戈辉梦工厂》远比内地一些所谓名人访谈有品位（比如东北某电视台曾学《杨澜访谈录》做文化名人专访，但是专门关注人家隐私和家庭生活什么的，主持人问话也很不到位，做成了没有文化的文化名人访谈），但它也有很浓重的时尚气息，节目收视不错，也不至于对文化本身的逻辑产生太大的挤压。

所以说，文化生产的文化逻辑和商业逻辑之间的冲突是客观存在的，但是，市场本身无所谓好坏，存在区别的只是成熟的市场与不成熟的市场。一个成熟的市场要有相应的自由竞争的机制，有成熟的市场环境，有完善的法规保障，有强有力的监督机制和平衡机制，等等，这样就能保证文化生产的文化逻辑和商业逻辑很好地结合。而且，商业逻辑和文化逻辑并不是所有的时候都是互相冲突的，比如在文化生产成本日益加大的现时代，市场的融资能力有时确实能给高品位的经典文化作品的生产提供某种可能。事实也证明，正如杨澜所说的，商业逻辑和文化逻辑的冲突并不是那么绝对。要使商业逻辑与文化逻辑尽可能好地结合，需要成熟的市场环境、真正的自由、公正的市场竞争，需要公开、公平的游戏规则，需要完善的法律和合理的政策，需要科学规范的管理。

正如新加坡《联合早报》总编辑林任君所言，在激烈的商业竞争态势下，欧美和港台这些比较成熟发达的报业市场都已经出现了结构性的转变，年轻人不爱看报，转而从可受性更强的电子媒体获取所需的信息或简要的新闻，加上不择手段吸引眼球的小报和免费报章乘虚而入，纷纷崛起甚至当道称霸，引发恶性竞争，造成主流传统大报的发行量和读者数目加速下滑，报章的素质在争夺眼球的混战漩涡中不断下沉，一起走上低俗、迎合、渲染、哗众取宠、暴力色情的下坡道……林任君分析认为，香港市场这10年来的竞争，简直可用"惨烈"形容。《苹果日报》的崛起，带来了小报意识形态的飓风，彻底改变了香港报业的生态环境。充满八卦、耸动和官能新闻的报纸将不少正经、守成的传统报纸一一挤垮。他引用评论者林沛理在2005年9月份的《亚洲周刊》的一篇评论《苹果日报》十年功过的文章指出，"它（《苹果日报》)的不择手段却令狗仔队文化、名人文化、反智文化和消费主义在香港建立霸权,直接将香港社会送上无止境地'笨下去'的不归路。"①事实正是如此,香港传媒生态的改变非常明显:唱片公司及电台专销情歌;《壹周刊》、《东周刊》等反复以淫乐为专题;漫画商用"二级"包装,出版"三级"少年漫画。还有色情电脑光碟,都以中学生为推销对象。商业利益压倒一切的特性,可谓表露无疑。②

在传媒市场化趋势日益明显的情况下,香港媒体的今天也许就是内地媒体的明天。文化生产与经济生产的交织,传媒与消费的合谋越来越紧密和公开化。文化生产的文化逻辑与商业逻辑之间,冲突越来越明显。作为独立的经济实体,传媒必有自身的利益追求。在市场中,媒体参与了社会精神产品的生产、交换和消费的全过程,独立核算,自负盈亏,和其他竞争中的产业部门一样,媒体需要现代企业的管理制度和高素质的经营团队,方能生存并发展,为传媒坚持"文化理想"创造物质基础,追求尽可能大的经济利益,这就是传媒的功利主义。如果没有良好、有序的市场环境,必然带来传播内容的媚俗。在当今各类媒体激烈竞争的形势下,大众的注意力成了稀缺资源,每家媒体都以争取最大数量的注意力为追求目标,争夺的方式就是尽可能使自己的节目通俗,迎合大众的文化趣味。在通俗文化、快餐文化当道的今天,"功利至上"是大多数传媒的无奈之举。这种低水平过度竞争的结果,只能使节目越来越缺乏实质性思想,内容的一次性、垃圾化倾向日益明显。而受众长期受这种内容的陶冶,精神生态逐渐失衡,它们所造成的后果是可想而知的。阳光卫视的遭遇已经基本上可以证明这一点。阳光卫视在思想深度和节目制作的专业和美学水准上都为国内的电视节目制作提供了一个值得仿效的样本。在开播之初,杨澜就曾表示:不管娱乐节目的利润有多丰厚,我们都不会染指娱乐节目。然而,商业的力量最终还是使阳光卫视由人文历史频道转型为了人文历史、财经娱乐综合频道。其实,迫于经营的压力,从2004年11月开始,阳光卫视就已经在其扩版中加入了大量娱乐

---

① 林任君:《在报业恶性竞争狂澜中找寻华文报的中流砥柱》,在第四届"世界华文传媒与华夏文明传播国际学术研讨会"上的主题发言,香港,2005年9月24日。

② 参见马杰伟:《如何"净化"香港传媒生态》,载汪琪编:《世界传播媒介白皮书1995》,(台北)远流出版公司1995年版,第195页。

内容和韩剧。作为坚持自己的文化品位,面向有一定文化素养和经济实力的高端人群的精英电视,阳光卫视在市场的无情法则下的跌落凡尘提醒我们不能忽视市场的商业逻辑对文化的形塑力量,也提醒我们注意,要注意防止的,不仅仅是市场固有的消极外部性所带来的"市场失败",更要注意的是如何完善市场和改进大众传播内容的管理,避免由此导致的"市场失灵",充分发挥纯粹的和成熟的市场环境在相对保证文化生产自主性中的作用。

第三节　传媒消费主义的历史评价与价值判断

对于中国传媒的消费主义文化的评价,主要涉及传媒消费主义对传媒本身和受众乃至整个社会文化、经济和政治的影响,以及全球化进程中的作用。而且,由于传媒和社会环境随着时间的推移而改变,对传媒消费主义的认识也必须因时而异,但最终离不开对中国国情的认识。

从传媒消费主义对传媒自身的发展来看,一方面,传媒消费主义使传媒增强了市场意识和受众意识,有利于传媒生产力的解放和对受众要求的满足;另一方面,又容易导致传媒的过分功利和对部分受众的不适当迎合,从而产生相应的消极影响。对于受众来说,传媒传播消费主义文化,注意传播内容的"可消费性",同时也是一种文化大众化的进步,是接近民众,肯定和尊重民众的世俗生活自身独立存在的价值,而不是服务精英和主流意识形态。就像费斯克所认为的,"文化"的定义应该同时包容了高雅文化与大众娱乐文化的含义,他指出,所有的文化形式都只是意义流通的载体,高雅文化与大众文化其实只是一种人为的划分。经典化其实也只是一种神圣化、权威化,是对民众的一种疏离行为。按照费斯克的理解,传媒消费主义文化无非是肯定民众世俗生活的乐趣和他们享受这种生活的权利,传媒消费主义所带来的对民众的贴近和迎合的姿态是一种文化民主,因而是一种文化的进步而不是倒退,是给民众意识形态抗争的机会而不是文化—意识形态的钳制。还有不少人不同意用阿多诺的模式来批判以电视、报纸、杂志、广播、网络等为主体的大众传媒所传播的中国大众文化,也不同意在此基础上的所谓中国大众文化已形成"文化霸权与文化生态危机"的推论。相反,他们认为,中国兴起的大众文化更多的是对大众心理的解放,是对从 20 世纪初一直到 70 年代末的意识形态偶像崇拜思想禁锢的解除,对神化的政治的厌倦和对泛政治意识形态的拒绝,对世俗人生的关怀和对自己感情存在的确认。① 他们认为,传媒消费主义作为一种宣扬世俗享乐的大众文化,是对主流意识形态的英雄主义、理想主义、禁欲主义等的一种反叛。然而他们同时也认为,包括消费主义在内的大众消闲话语"热衷于世俗欲望的表达,其本身一方面具有对意识形态话语唯唯诺诺、应声虫式的品性,另一方面也有抵消意识形态话语,解构阳光叙事的作用"②。与此呼应,撒切尔夫人就曾无可奈何地感叹:西方文化娱乐工业使政治成为不相干的东西。因此,有人认定,知识精英话语不应毫无分别地将大众消闲话语视为敌人,而似乎应当利用它对意识形态话语的消解作用。

应该承认,上述观点不无合理之处。传媒消费主义文化的传播对民众的贴近性是增强了,对民众的态度也不再是高高在上,而更多的是一种俯就、讨好和迎合。此外,它也确实存在一定的对主流意识形态的冷淡和回避。然而,事实上,对民众的迎合并不都意味着进步,因为媒体的社会责任和社会公共利益载体的性质决定它应该向全社会传播的是受众需要的东西而不仅仅是受众想要的东西。正如哈贝马斯所指出的,像本雅明那样把大众文化的解放功能宗教化是不能被接受的。因为,大众文化的主要社会功能应当还是在于启蒙与教化。在哈贝马斯看来,发达资本主义的大众文化已经丧失了其社会批判和政治批判的功能,变成了一种统治的工具。它给我们带来的只有两样东西,一个就是消费主义,再一个就是人为的公共领域。③ 此外,传媒消费主义话语本身的解放意义是非常有限的。它可以被归纳为一些学者所说的那种来自民间的大众消闲话语,这种话语是休闲型、快感型的,"这种大众消闲话语是为了适应新兴的市民阶层物质生活需要而不是精神需要而产生的……大众消闲文化不是对人的个人性的肯定而是

---

① 参见葛红兵:《障碍与认同——当代中国文化问题》,学林出版社 2000 年版,第 131 页。

② 同上书,第 295—296 页。

③ 参见潘知常、林玮主编:《传媒批判理论》,新华出版社 2002 年版,第 94—95 页。

否定,不是对人的创造力本质的肯定而是否定,不是对人存在的精神性的肯定而是否定,它是物役世界的结果,又是物役世界的手段。"①这种消闲话语与新时代大街上的霓虹灯一起借着夜色的掩护走进千家万户,可以称之为"月光叙事",它是主流意识形态的英雄主义、理想主义、禁欲主义等"阳光叙事"的补充物,而且,"月光叙事"本质上与阳光叙事对立却又常常与阳光叙事合谋,它使人们在快感享受中自觉自愿地放弃了个人性和精神性,误以为"精神性"也可以像衣服一样在地摊上买到。②

更重要的是,传媒消费主义文化本身就是一种意识形态,它对主流意识形态的拒绝是很有限的,就算是对精英政治的冷淡态度可以视为一种反叛,但它在疏远政治意识形态的同时又投入了资本意识形态的怀抱,成为资本意识形态的载体,全球资本控制的"帮凶"。正如斯克莱尔所说的,消费主义是全球资本主义的文化—意识形态,各种承载消费主义文化—意识形态的跨国机构和组织(主要大众传播媒体)竭力控制着意义的领地,在全球生产着跨国经济扩张和政治威权所需要的意识形态,消费主义的文化—意识形态实践是全球体系的保险栓和黏合剂。③

从全球化的角度来看,对传媒消费主义的评判离不开经济和文化的双重视角。正像有的学者所说的,媒体是全球市场经济的一个组成部分,因此只有以市场经济为出发点,才能理解全球政治文化的本质。市场经济增加着全球的等级,推行着家庭商业价值观,并降低了公民的道德品质。市场经济的力量造成了一种极大的自相矛盾的现象:民主形式在扩大,实质却在衰弱,并产生一种政治无力感。④ 因此有人说,在商品生产和销售的这种意义上,经济变成了一个文化问题。同时还存在着从文化到经济的运动,而且它同样重要,这就是娱乐。因此,不能仅仅根据文化品位来考虑文化帝国主

① 葛红兵:《障碍与认同——当代中国文化问题》,学林出版社 2000 年版,第 131 页。

② 参见上书,第 295 页。

③ See L. Sklair, *Sociology of the Global System*, London: Prentice Hall/Harvester Wheatsheaf, 1995:95.

④ 参见爱德华·霍尔、罗伯特·麦克切斯尼:《全球媒体——全球资本主义的新传教士》,甄春亮等译,天津人民出版社 2001 年版,第 249 页。

义,事实上,经济问题先于这种模糊的作为公众趣味的文化问题。① 同样是全球化的角度,也有人从文化多样性的角度来评估消费主义通过传媒全球传播的影响,认为经济全球化导致的一个直接的后果就是文化上的全球化或趋同化现象。它使西方的(主要是美国的)文化和价值观念渗透到其他国家,在文化上出现趋同的现象,它模糊了原有的民族文化的身份和特征,使其受到严峻的挑战。② 也有人对这种文化挑战作出具体的解释说,"跨国资本所涉及的范围早已超越了经济和金融领域,进入了中国的文化界、文学界和电影电视界,一些在国际电影节上获得大奖的中国影片就直接得益于跨国资本的支持和干预。而相比之下,那些既不属于主旋律的重大题材范围,又缺乏跨国资本资助的电影人,只好走一味取悦市场和观众的'第三条道路',但这条道路实际上是十分艰难的。"因此,"毫无疑问,就全球化的本来含义来说,它隐含着一种帝国主义的经济霸权和文化霸权"。于是,"我们不能仅仅认同于全球化,而是应该看到在全球化过程中的主导者不是我们,全球化的规则也不是我们制定的。加入这个进程是我们别无选择的选择,但我们的加入必须冷静而清醒,保持一种批判性是非常必要的。无论对于跨国资本或者跨国媒介的批判性会使得我们不再陶醉于幻想之中。不能简单地将普遍性作为绝对的价值,因为那种所谓的普遍性无非是'西方中心主义'的遁词而已。"③

从传媒消费主义的文化影响来看,在传媒高度发达的社会,传媒是社会文化生产的主要力量。因此,媒介文化是与社会文化紧密关联的。也因此,媒介文化消费主义化必然对社会文化的走向产生深远的影响。媒介的消费主义文化传播影响了人们的价值观念和生活方式,它还通过引导个体依赖消费来实现自我确认和自我表达而改变了社会个体的身份认同。具体来说,个体身份认同从以往的阶级认同变成了消费认同,人们不再通过阶级身

---

① 参见弗雷德里克·詹姆逊:《论全球化和文化》,载王宁编:《全球化与文化:西方与中国》,北京大学出版社 2002 年版,第 109—110 页。

② 参见王宁:《全球化时代的文学及影视传媒的功能:中国的视角》,选自《全球化与文化:西方与中国》,北京大学出版社 2002 年版,第 123 页。

③ 张颐武:《全球化的文化挑战》,载王宁编:《全球化与文化:西方与中国》,北京大学出版社 2002 年版,第 161 页。

份甚至职业身份等来分辨"我是谁",而是通过各种消费行为来定义和表达自己,从而完成了物质化的社会关系的再生产。媒体引导的这种社会位阶的消费分层使消费表达在"地位竞争"中变得异常重要,并因此刺激了社会的消费欲望,社会文化也因此走向欲望的文化。

文化作为和物质生活并列的一极,是人们生活中不可缺少的一部分。"文化乃是人类行为的结果"①,但文化也是人类行为的原因,文化形塑人类,并且使人类从动物世界中分离出来。文化使人的精神生活成为可能,使人从物质生活的感官满足中有所提升。正如卡西尔在他的名著《人论》中所揭示的,人类创造性的符号能力(语言、艺术、宗教、科学等)使人具备了人的本性,符号人不再直接地面对物理实在,"人的符号活动能力进展多少,物理实在似乎就相应地退却多少"②。而且,人的符号能力发展后,"即使在实践领域,人也并不生活在一个铁板事实的世界之中,并不是根据他的直接需要和意愿而生活,而是生活在想象的激情之中,生活在希望与恐惧、幻觉与醒悟、空想与梦想之中"③。因此,从本质上说,文化再生产(创造性符号的再生产)实际上也就是人的再生产。

在中国当代社会,文化生产由一度呈现出主流文化、精英文化和大众文化三足鼎立的态势,社会文化生产机制也由此三种文化的生产和消费而组成。80 年代末以前的中国文化生产,可以说是主流的意识形态文化占据绝对优势地位。然而,正如前文中所指出的,90 年代以来,在文化市场化的趋势下,中国社会的这三种主要文化形式之间的力量对比已经发生了根本的变化。大众文化开始独领风骚,以电视为主的大众传播媒体主宰了人们的文化生活。已有调查表明,人们每天花在电视、报纸和杂志、广播和网络上的时间是所有休闲活动中最多的,尤其是电视,央视—索福瑞的调查数据表明,我国城乡居民平均每天看电视的时间一般稳定在 3 个小时左右。此外,新兴的网络媒体已经成为都市年轻人主要的资讯来源和娱乐工具。总的来说,接触大众传媒已经成为当代中国社会最主要的休闲方式,大众传播媒体

---

① 克拉克·威斯勒:《人与文化》,商务印书馆 2004 年版,第 233 页。
② 恩斯特·卡西尔:《人论》,甘阳译,西苑出版社 2003 年版,第 44 页。
③ 同上书,第 45 页。

也就因此成为当代中国文化再生产的主要机制。

　　传媒的商业化在给大众文化带来发展的机遇的同时,也带来了巨大的精神损失。大众文化的商业化生产使其必须遵循市场经济的规律,以经济利益为其最终目的。真正的文化生产要求生产出的产品必须是文化的而不是非文化或反文化的,是审美的而不是功利的,是精神超越的而不是物质沉沦的。然而,在消费主义文化气息笼罩的社会环境里,当审美与功利不能两全时,大众文化舍弃了形而上的精神追求而选择了当下的物质利益。文化生产已经被整合进普遍的商品生产中,人文价值和精神特质在对经济利益的追求中被消解,由此产生的文化弊病,前人已多有提及,在此不复赘述。对于中国而言,市场经济环境下衍生的大众传媒消费主义文化正如有学者指出的,具有"巨大的解构力(解构主流意识形态)、浸染力(把世俗生活渲染得不可抗拒)和吞噬力(所有文化资源都可能被这一文化形态纳入市场)"①。"这种吞噬性是可怕的,它使经典不再具有经典的意义,在世俗化的过程中,所有的权威都将失去光彩,偶像已不止是到了黄昏时分,而是被暗夜全面覆盖……市场文化与精英文化和主流文化的冲突,在它生成的时候就已经存在。"②因此,90 年代是消费主义文化高唱凯歌的时代,是人们告别政治领袖和文化英雄的时代。对神化的政治领域的疏远和对与主流意识形态关系暧昧的文化英雄的冷淡也许同时有着积极的解放意义,但是,如果快速蔓延的消费主义成为新的宰制性的意识形态,其价值观念和生活方式甚至存在颠覆我们赖以实现内心平衡的传统文化价值的危险,使我们从心理上实现"文化断乳",则未必不是一件值得忧虑的事情。

　　传媒的消费主义文化传播加剧了世界范围内消费主义统治的危险。尽管文化进化论者认为,文化趋同现象是不能用文化传播的观点来解释的。在文化进化论者看来,世界不同地区的文化趋同现象(比如全球商业社会中消费主义文化的发展)是人类共同个性的表现,由此文化进化论者把世界文化视为单线进化的过程,每个民族都将是按照一条路线走完各个历史文化阶段的。但就中国的情形而言,可以看出文化传播论者的观点更值得

①　李陀等:《差异性问题笔记》,《天涯》1996 年第 4 期。
②　同上文。

相信。文化传播论者认为文化趋同现象恰恰是文化传播的结果。他们认为正是因为由同一个发源中心向外扩散才能形成不同地区的文化趋同现象。① 文化传播学者把文化看做是人类行为的一种形式,但不存在单纯的文化封闭发展的直线模式,而是每一种文化都将随着它对过去行为及经验进行的反思而增长扩大,文化交流是不可避免甚至必要的。从这个角度来说,我国消费文化的兴起,离不开文化传播的作用。然而,文化交流拒绝文化征服和文化控制,强调每一种文化自由的、独立的选择,坚持每一种文化都有自己生存的权利和发展的可能。因此,对文化权利的宣言就象征了每个民族保卫并最终引导自己文化发展的自由。文化不应该成为少数人的便利。"当世界看到了个人的位置时,它也就摆脱了社会黑暗。"②因此,面对消费主义文化的全球传播,文化所应该采取的下一个步骤就是,意识到自身正在拥有和发展着的文化,并且通过对文化权利的系统阐述来迎接未来的挑战。基于此,对消费主义文化冲击下的中国传统价值变迁进行省思,无疑成为认识和发展民族文化的第一步,成为争取民族文化权利的第一步。

　　传媒传播的消费主义文化与中国传统文化的不相容是非常明显的,本书前文就已经有所解释。在对传统的以崇简戒奢为核心的消费伦理的冲击之外,消费主义对中国传统文化,尤其是传统消费文化的改变主要表现在人们的价值观念和生活方式的改变上。

　　价值观念的变化主要体现在人们对幸福生活的期待和评价的标准从精神为主变成了物质为主。在精英文化和主流意识形态文化占主导地位的中国传统社会,人们的价值取向被更多地导向精神层面而不是物质层面,文化更多地强调精神超越和精神满足,满足的途径更多的是个人对社会的贡献而不是个人从社会的索取,尤其是物质索取。衡量人的身份和地位也在很大程度上要看他的德行,所以古代圣人、贤人即使是一贫如洗,也会得到很多的尊重,受到很高的礼遇,社会地位很高。中国传统的精英阶层甚至视物质财富的追求为不高尚和不光彩的行为,所以他们说:"君子喻于义,小人喻于利。"而传媒消费主义的话语却鼓励和宣扬物质主义,媒体中的拜金主

---

① 参见克拉克·威斯勒:《人与文化》,商务印书馆 2004 年版,第 4—5 页。
② 同上书,第 307 页。

义色彩非常浓厚。它更多的是以金钱和物质财富衡量人的人生价值和社会地位,其势力和世俗化特征十分明显。简言之,传媒消费主义以其对物质享乐的推崇淡化了社会对精神和灵魂等人类生存的终极关怀,使社会价值观念沦为物欲主宰的功利话语。

　　传媒消费主义影响下的国民消费生活方式变迁涉及消费生活的每一个方面,使人们的衣、食、住、行都发生了巨大变化,总结为一句话就是从基本消费的满足进化到了对消费的符号意义的追逐。传统社会中,也不乏奢侈消费、炫耀性消费、攀比消费等消费主义色彩浓厚的消费现象,但它远远没有成为一种普遍的社会行为。一方面是经济的限制,另一方面是制度的制约,更多的却是价值观念的引导。传统社会里也有富人斗富而一掷千金的故事,可是对不露富、为富要仁等观念的倡导却是社会的主流。而现在,在传媒传播的消费神话里,超前消费、奢侈消费、攀比消费、炫耀消费等都已经取得了道德上的合法性——以人的自由、权利、尊严和幸福的名义。基本生活需要的消费和符号消费的最大不同就是消费的目的区别。一个是满足生存的需要,它更多的是低层次的物质上的生理需要;一个则是满足地位和身份、荣誉等方面的需要,它更多的是一种精神上的心理需要。这无疑有它的积极意义,因为一般来说,心理需要是在基本生理需要得到满足后才会被激发和发展的需要。心理需要的普遍性说明人们的物质生活质量确实有了提升,消费生活方式的选择上也就更为自由,消费作为身份表达和自我认同的工具性作用也就发挥得更为充分。对消费自主性增强了,表达自我的空间扩大了,生活的满意感一般来说也就增加了。然而,在物质还并不是极大丰富的中国社会,当消费成为生活意义的中心,当消费表达的欲望远远超出消费表达的能力,生活的失败感就会增加,各种问题也就随之而来。

　　什么是欲望?存在着种种不同的理解和表述。在我国,欲望是很久以前就被先哲们讨论过的概念,孔子就曾经说过:"富与贵,是人之所欲也",他认为人们都有着对物质财富和社会地位的追求,此即欲望。先秦思想家们对欲望都有过相关的解释,尽管说法不同,但评判却惊人一致:他们都认为欲望是罪恶和动乱的根源,主张对欲望进行约束和节制。这种对欲望的道德评判延续到后来演化成了宋明理学的"存天理,灭人欲"的禁欲主义。总之,欲望在中国传统文化中代表着恶,具有先定的恶的性质。

　　与中国传统文化对欲望的读解相反的是,欲望在西方文化,尤其是文艺复兴以来的西方文化中经常被视为社会和个人生活中的一种积极的力量。文艺复兴以来的西方文化关注世俗欲求,重视发现人的欲望并赋予欲望以合理性。黑格尔就认为,"欲望是人类一般活动的推动力",马克思主义也从不否认人的欲望的合理性。马克思就说过,人们首先必须吃、喝、住、穿,然后才能从事政治、艺术、宗教等。并且认为,需要是生产的观念上的内在动机,没有需要,就没有生产。现代西方非理性哲学则更是强调欲望的合理性及其作用,甚至把欲望和人的自由解放联系起来。使人认识到本能、欲望等问题与人的固有联系。

　　两种文化中对欲望的理解无法分辨孰优孰劣。事实上,它们之间存在共同点,这些共同点首先就是承认欲望的存在,承认欲望是人本性的一部分。然而,欲望到底会产生什么样的作用,应该节制欲望还是张扬欲望,欲望在必然性之外是否存在合理性(其实有必然性就有合理性,只是我国传统道德观念的发展中,曾经有过否定一切欲望的倾向),欲望的合理性如何衡量,即什么样的欲望才具有它存在的合理性等问题上,中国传统文化的理解与西方文化,尤其是西方现代文化的差异非常明显。本书认为,首先欲望的产生是有其必然性的,欲望是人类与生俱来的,是人类对感觉匮乏或欲求的事物的期待和追求;其次欲望的存在又是有一定的合理性的,因为追求幸福,不管是物质的还是精神的,都是人固有的权利,自由地追求个人所拥有的幸福,是通向人类解放的道路。然而,并不是所有的欲望都是合理的,没有限度的欲望无法带来真正的幸福,反而使人陷入欲望牢笼的囚禁。正如有人所说的,在欲望之海中沉沦,纯粹的人性"恶"的展览并不能担负个性解放的重任,无法助人抵达自由的彼岸。人如果仅仅遵照本能欲望释放弘扬的向度来思想和行动,非但不能达成真正意义上的自由,反而意味着人在实质上完全陷入本能原欲的控制,为物质性力量所驱使,这必将对人性的本质力量构成消解。①

　　为了正确理解欲望,必须对欲望、需要和需求这一组相互联系又容易混

----

① 参见张光芒:《从"启蒙辩证法"到"欲望辩证法"——20 世纪 90 年代以来中国文学与文化转型的哲学脉络》,《江海学刊》2005 年第 2 期。

渭的概念有所区别。社会学者认为,欲望(desires)是一种主观的、感觉到的
并常常是强烈的希望、愿望和倾向。它既包括人体器官在匮乏状态下渴望
得到功能满足的生理冲动(如饥饿、性欲),又包括个体渴望获得某种东西
(占有欲望)或进入某种状态的心理倾向。欲望具有如下特征:第一,欲望
具有主观性,是人们意识到的渴望和希望。第二,欲望具有无限性,正如叔
本华所说的,一种欲望满足了,又会生出新的欲望,如此层出不穷,永无终
止。第三,欲望具有想象性。人们常常在欲望状态中想象欲望得到满足时
的情景。有些欲望由于没有现实性,永远无法满足,人们就只能在想象中得
到满足。第四,欲望具有可塑性。欲望是一种主观心理现象,其强度和广度
(所欲范围)可以通过某种手段的作用(如宣传和广告)而加强、扩张或膨
胀,它也可以通过抑制而减弱。而需要(needs)指的是维持某种生存质量、
满足某种生活要求的客观标准。需求(demands)则是指在商品经济条件下
的有支付能力的需要。① 可见,需要是人生存的必需,尽管这种生存必需的
客观标准会因时因势而变;需求则是与人的支付能力相关,是一种能得到经
济保障的需要。而欲望与生存的基本需要往往无关,也通常无视人的实际
支付能力。这样看来,对欲望加以调整和引导就是很有必要的了。

　　然而,90 年代以来的中国大众传媒,充满的却是劝导和刺激欲望的内
容。针对广告、影视剧、文学创作、名人报道、时尚生活类杂志、情感专栏等
媒体形式对欲望的渲染所提出的分析和批评,不计其数。正如波德里亚在
《消费社会》里所分析的,大型技术统治(媒介技术)引起了无法克制的欲
望。欲望的不断刷新引发了一波又一波的消费热潮,它使消费社会成为现
实,成为可能。而这消费社会是"由大众传媒尤其是电视竭力支撑着的"。②
正如彼德·康德拉(Peter Kondra)所说,"电视机本身是消费主义的胜利纪
念品……在看电视的时候我们是双重消费者,即既是媒体的消费者(作为
观众),又是媒体正在展示的商品的消费者(作为潜在的顾客)。电视屏幕

---

　　① 参见王宁:《消费社会学——一个分析的视角》,社会科学文献出版社 2001 年版,第
29—30 页。
　　② 让·波德里亚:《消费社会》,刘成富、全志刚译,南京大学出版社 2001 年版,"前言"
部分。

就是商店橱窗,电视机就是仓库。"①这种消费欲望的衍生,来自于媒体用消费水准、消费方式和消费风格等定义了新的社会等级,用以取代旧的阶级区分。用消费来区分社会的结果,就是破坏了旧的等级标准,使社会位阶似乎变得流动和自由了,谁也不必然属于社会底层,他能以选择性的消费行为来使自己成为自己希望从属的那个等级,那种地位(然而事实是,消费社会尽管是产品极大丰富的社会,似乎是消费民主的保障,但消费社会并不是任何人都可以自由消费的社会,最终决定人们的消费等级的,还是其消费能力。而消费能力仍然是由个人在社会中的阶级、阶层、职业等传统的社会位阶所决定的)。这就不可避免地促使符号消费盛行,并且激发消费攀比行为,开发不断攀升的消费欲望。正如《奢侈病》一书的作者罗伯特·弗兰克(Robert Frank)所说的,"年薪为4万美元的人可能是快乐的,也可能是悲哀的,但是,如果他们的同事的收入是3.5万美元而不是6万美元,那么他们极有可能对自己的物质生活标准感到满意。"②确实如此,行为科学家发现,在一个国家中,当人们一旦跨进了富裕水平的门槛,他们的平均幸福程度与物质消费的数量几乎毫不相干。③ 事实正是这样,人们的生活满足感更多的是从比较,横向的和纵向的比较,尤其是横向的比较中得来的,大量论述幸福感决定因素的科学文献都证明,人们对于相对处境的关注是十分强烈的,还有证据表明,人们日常生活中的大量行为都是由于对相对处境的关注引起的。就像凡勃伦(《有闲阶级论》)、西美尔(《时尚的哲学》)、布尔迪厄(《区隔》)、桑巴特(《奢侈与资本主义》)等人的理论所主张的那样,人们的社会性存在和地位竞争是非理性消费的根源。罗伯特·弗兰克认为,人们对相对处境的关注无论可能出现什么样积极的结果,有一点很清楚,这些情感反应也是造成世界上大量痛苦和不幸的根源。④ 就连马克思也曾经说过:一栋房子可能是大的或者是小的,只要周围的房子同样都是小的,那么,它就满足了所有的作为住宅的社会需求。但是,如果在这栋小房子旁边竖

---

① 罗钢、王中忱主编:《消费文化读本》,中国社会科学出版社2003年版,第485页。
② 罗伯特·弗兰克:《奢侈病》,蔡曙光、张杰译,中国友谊出版公司2002年版,第15页。
③ 参见上书,第99页。
④ 参见上书,第177页。

起一座宫殿，那么，这栋小房子就变得渺小了，成了一间茅屋。① 而且，无论我们对相对处境的关注如何使我们无法忍受，这种关注不会从我们心中消失。而且，正是由于这样的关注意识在强烈地支配着我们的消费模式，帕卡德所说的这种"地位追求者"使我们的消费主义生活模式停不下它的脚步。然而，这里的问题还不在于消费攀比与人生活的满意度的关系，关键在于人的生存环境发生了变化，拥有消费物品已经成为衡量身份、地位、成功与生活品质的首要甚至唯一标准。

这一切变化都是怎么发生的呢？理解这个问题，不能不把它和现代社会变迁联系起来。安东尼·吉登斯告诉我们，现代世界的变革过程是如此迅速而激烈，因而导致了许多重要的社会难题的出现。传统的生活方式、道德、宗教信仰和日常生活方式瓦解了，却没有提供明确的新价值观，涂尔干把这种令人不安的状态称为失范。这是一种由现代社会生活所引起的失落感或者绝望感。现代社会的发展极大地动摇了过去由宗教（在国内，是主流意识形态和传统的民间道德）所提供的传统道德控制的标准，这使得现代社会的许多人都感受到他们日常的生活缺乏意义。②

高度发达的媒体恰在此时成为了人们的主要意义来源。广告给人制造梦想，告诉你只要消费特定物品，这些梦想就能实现。它的手段是赋予各种商品人们想要的符号意义：成功、荣耀、地位、身份、品位、个性等。影视剧给人示范：什么样的生活是幸福的表征，它的秘诀是展示都市繁华的生活和美化层出不穷的欲望。好莱坞向人们兜售欲望，它的诀窍是把欲望变成美丽的、刺激的、吸引人的故事出售：软弱和怯弱者的成功欲望；文明禁忌压迫下的放纵欲望；受虐心理支配下的寻求刺激的欲望；人的最基本的欲望（性欲、温情、成功、暴力、施虐等）；等等。明星报道给人提供榜样，它的方法是神化，引起偶像崇拜，引发对美丽、性感、成功、传奇、奢华生活的向往……它们的共同点在于，它们给受众提供的，都是一种欲望化的情感话语，一种生活的物质标准。作为一种我们与现实世界发生联系的中介，它们以其技术

---

① 参见罗伯特·弗兰克：《奢侈病》，蔡曙光、张杰译，中国友谊出版公司2002年版，第180页。

② 参见安东尼·吉登斯：《社会学》（第四版），赵旭东等译，北京大学出版社2000年版，第12—13页。

的优势,在人们的生活中无处不在,无孔不入,令人无法逃避。因此,大众传媒已经成为现代社会人们现实认同的主要知识来源,也就成为消费主义价值观念和生活方式的发源地。

正像有人曾经指出的,在消费社会中,大规模的物(商品)的消费,改变了人们看待这个世界和自身的基本态度。生活在这个社会中的人们和他们的前辈的根本差异,并不在于物质需要以及满足这种需要的方式有了改变,而在于今天人们的生活目的、愿望、抱负和梦想发生了改变,他们的世界观和价值观发生了改变,"最终是作为人的本体的存在方式发生了改变"①。

这种生存方式的改变实际上就是欲望的统治。这种欲望与人生来就有的本能欲望已经有了根本区别,首要的区别就是:它是一种被操纵的欲望,是和制度化的体系需求相连,而不是与人的原始状态相连的欲望。可以说,传媒消费文化激发的欲望已经成为一种被社会体系"变异"的欲望。它代表的是人类需求乃至人类整体生存的一种异化状态。从传统的马克思主义到西方马克思主义,对这种欲望统治,尤其是物欲统治的批判一直存在。马克思用"商品拜物教"这个概念分析市场社会造成的"异化"现象。他认为,自从市场出现,人与其劳动产品分离,产品在使用价值之外多了个交换价值,使用价值只有在市场交换之后才能实现。这时,交换价值体现的就不再是一种非社会的关系,而是一种社会性的关系。马克思把这一现象称做"商品的拜物教"。这样,人与世界的创造关系就变成了某种在市场上供出售的东西,这就是异化。"从消费的角度看,资本主义造成的最严重的异化是人的需要的异化",因为,这时的需要是"由资本主义千方百计制造出来的,并完全从属于资本主义生产的需要"②,显然是一种异化的产物。"'商品拜物教'不仅使交换价值以一种自然的形式、以一种物的自然属性的形式呈现出来,而且使它的社会和文化价值也自然化了。"③

西方马克思主义的早期重要代表人物卢卡奇把马克思"商品拜物教"的观念扩展到资本主义的整个存在方式和生活方式,在他看来,生产劳动的

---

① 罗钢:《探索消费的斯芬克斯之谜》,载罗钢、王中忱主编:《消费文化读本》,中国社会科学出版社 2003 年版,"前言"部分第 1—2 页。

② 罗钢、王中忱主编:《消费文化读本》,中国社会科学出版社 2003 年版,第 14 页。

③ 同上书,第 15 页。

物化只是整个社会物化的一部分。另一位西方马克思主义思想家,法兰克福学派的马尔库塞从物化的角度对消费文化对人类的压抑进行了深刻揭露。马尔库塞承认人类社会的发展不可避免地需要某种"基本压抑"。这种压抑是在人类征服自然的能力相对低下的情况下,为了保证文明的发展而对本能实施的必要的压抑。但除此之外还存在着一种"额外压抑",这类压抑产生于"特定历史机构和统治的特定利益",它并不是必需的。马尔库塞认为,资本主义实施"额外压抑"的重要方式就是在需要的层面对人进行再结构,即制造一种"虚假需要"。在马尔库塞看来,物质需要并不是人的本质需要。人与动物的不同之处,就在于人非但不满足于物质享受,而且力图摆脱物的束缚,追求更加高尚的境界。而在现代社会,人们却把物质需要当成了自己最基本的需要。马尔库塞认为,这种不是基于人的本质需要的"虚假需要"是由资本主义社会强加给人们的。而人们一旦陷入这种物质至上的"虚假需要",就把自身的需要与商品体系"一体化"了。这种一体化集中表现为"需要的一体化"。现代资本主义社会的延续和发展,需要大量消费它生产的产品,现在它成功地把这种需要转化为普通人自身的需要,"社会的需要变成了个人本能的需要"。这种需要的一体化又产生了利益的一体化,因为,当个人把社会的需要变成自己的需要,也就同时把个人的利益同整个社会的利益结合在了一起。①

　　正如波德里亚所说,消费主义意识形态是工业文明的典型模式。它的核心就是对物质占有的无穷欲望,为物欲所控制。在这里,物成为了符号体系,对物的消费是社会结构和社会关系的唯一基础。这样的物欲关系,不仅是人与物的关系,也是人与人关系本身。这就是马克思所指出的资本主义创造的物的异化关系。消费主义意识形态,正是建立在这种物欲的关系基础之上的。在这种物欲关系中,个人的幸福、快乐和人生价值就都被物化了,可以度量了,即看其消费的能力有多强,可以占有和享受多少社会稀缺资源和象征资本。尤其是在一个传统的社会联系和阶级限制正在削弱的世界里,人们为了展现自己的社会身份,为了把自己和别人区别开来而进行的商品消费就更加普遍了。传媒通过把商品看做是一种符号,一种代表身份

---

　　①　参见罗钢、王中忱主编:《消费文化读本》,中国社会科学出版社2003年版,第19—21页。

或地位的象征,促使人们把物质消费看做是自我表达和社会认同的主要形式,看做是高生活质量的标志和幸福生活的象征,从而促成了这种物欲关系的顺利运转。符号消费有一定的合理性,因为,在美国行为科学家马斯洛的需要层次理论里,人类的欲望有五个层次:由生理需要而产生的需求欲望;由回避危险和恐惧等的安全需要而产生的安全保障欲望;渴望得到家庭、团体、朋友、同事的关怀、爱护、信任、理解而产生的各种欲望;渴望获得他人尊重而产生的对力量、权利、名誉等的追求的欲望;渴望实现自己的理想、抱负而产生的自我实现的欲望。这其中的第四种欲望就是符号消费的深层根源。所以,符号消费的动力是存在于人类本性里的。

正如前面所说,问题的关键是这种欲望的产生及其实现途径都已经被商业的力量控制了。商业操纵下的大众传媒通过符号消费的诱导,促使人们接受力量、名誉、声望、地位等是通过特定物品的消费来获得的观念,并且通过这种诱导激发人们的消费欲望。更糟糕的是,这种物质欲望与人生意义和生活幸福之间的联系很多时候还是在比较中实现的。凡勃仑对此曾作过精彩描述:人人都想争得荣誉,人人都不放过能在消费方面表现自己的机会,结果是每个阶层的成员,总是把他们上一阶层流行的生活方式作为他们礼仪上的典型,并全力争取达到这个理想的标准。制度经济学派的政治经济学家以维布伦(1934 年)的著作为基础,将兴趣投向研究欲望与维布伦所谓的"炫耀性消费"之间的关系。发现炫耀性消费即是对权力和地位的追求,它的动力不是来自主流经济学所描述的理性,而是来自深藏不露的非理性的冲动。2002 年 6 月 19 日《金陵晚报》曾经登载过这样一则消息:一个百万富翁为搞"面子工程",最后毁掉了家业,只能靠帮人擦鞋为生。这则消息为非理性冲动及其后果做了生动的注解。

在传媒消费主义制造的符号意义主宰的大众消费时代,人们遭遇到媒体的意识形态宰制。自发的或者被营造的符号消费作为最基本的生命冲动、存在体验和生活风格,第一次从历史片段中浮现出来;与之相伴的施加影响操纵公众行为的权力的运作方式也发生质变:它们从训育(discipline)蜕变为引诱(seduction)(Baudrillard)。① 大众传媒这种对符号消费不遗余

---

① 参见方文:《大众时代的时尚迷狂》,《社会学研究》1998 年第 5 期。

力地宣扬和渲染的结果,是人类生存的物质标准得到了广泛了解和认同,造成了消费主义文化的主宰。然而,对于人生的意义和价值、生活的满足和快乐,应该有物质的基础,但更不能缺乏精神的超越和提升。如果拥有和消费物质取代一切精神、思想、美德和灵魂的更高境界的追求而成为衡量人的价值的全部标准,消费主义的负面问题也就随之而来。在消费社会典型代表的美国,奢侈消费的增长速度是所有其他消费增长速度的4倍多①,抛开消费的贫富分化所造成的事实不公、物欲增长对人生存状态的实际影响等问题不论,从全球经济发展和环境问题而论,传媒消费主义所倡导的符号消费所引发的欲望问题就值得深入思考。因为,世界范围内消费模式的增长尽管是经济增长的一种反映,但它们同时也破坏了环境资源并加剧了全球性的不平等。比如,西方国家能源消费和原材料的消费大大高于世界其他地区。然而,由消费增长引起的环境破坏所造成的最严重的影响都是作用于穷人的。因为污染性和破坏性强的企业生产都被陆续转移到了贫穷的国家和地区。因此,尽管欲望和利己的肯定无疑是历史的进步,我们仍然需要特别强调欲望、利己与贪婪的区别。亚当·斯密在《国富论》中肯定了由欲望产生的利己的合理性,但他严格区分了利己与贪婪。他在另一部名著《道德情操论》中说明了利己的人应如何在社会中控制自己的私欲和行为,使得由利己的人构成的社会也是一个有道德的社会。他的这两部书描绘了既承认利己又要以道德克制贪婪的理想市场经济社会。在市场的"外部性"带来的"市场失败"越来越多的今天,适当地释放欲望而又抑制欲望的过度发展以致变成纯粹的贪婪,使欲望的发展不至于冲击社会基本的道德准则,都是媒体乃至全社会都应该严肃思考和反省的问题。

在我国,如今大部分媒体都要按照市场的商业模式运行,依赖广告的支持而生存和发展,而"商业模式倾向于侵蚀公共领域,并创建一种与民主秩序不相容的'娱乐文化'"②。这种"娱乐文化"制造的是层出不穷的欲望,其目的是利用人的欲望去掠夺人的钱袋。因此,探求隐藏在大众消费背后

---

① 参见罗伯特·弗兰克:《奢侈病》,蔡曙光、张杰译,中国友谊出版公司2002年版,第31页。

② 朱大可:《大众文化的解密时代》,载张柠:《文化的病症——中国当代经验研究》,上海文艺出版社2004年版,"序"部分第11页。

的欲望,以及这些欲望的起源和消除,它们的调控机制,等等,都是我们应该研究的内容。传媒消费主义文化研究的目标不是要消灭这种文化(事实上也是不可能的),也不是要成为它的语奴,而是要利用话语的有限功能,去识读它的秘密和修正它的偏差,并重建知识分子作为警醒的批判者的历史传统①。

媒体自产生以来,一直是在政府、市场和公众之间徘徊,三者都是它们必须面对的,三者都对媒体提出了要求,施与着压力。如今,随着媒体自身经济利益的凸显,使三者关系的处理原则,更多的是遵从媒体自身生存和发展的需要。传媒批判话语的主题,归根结底就是两个:媒体沦为政治的工具而忽视民众的自由和民主权利;媒体迎合市场而损害民众利益和社会的长远利益。对于传媒消费主义文化的批判话语,首先可以归结为对传媒的经济批判,是对传媒"市场失败"和"市场失灵"的担忧;其次也可以归结为一种政治批判,因为消费主义本身是符合坚持市场走向的政治目标的,和发展经济的主流意识形态实际上是一种共谋。这种共谋在世界范围和国内同样存在,因为,消费主义正是切合我国主流意识形态的"发展"话语的一种文化—意识形态。可以说,不管我们可能对媒体寄托了多少乌托邦式的幻想,它都并不必然是什么,而是在三种力量和传媒自身的价值取向的共同作用下走向它所能成为的状态。在中国近百年的新闻史上,曾经产生过三种主要的对传媒(报业)角色的认识,一是报业作为变革政治的利器,如康梁的"以报救国"。二是报业作为传播新闻的"社会公共机关",以徐宝璜、邵飘萍、戈公振等人为代表,本着以新闻为本位的思想,提出报业应以经济自立达到政治上的独立,使报业成为其理想中服务于整个社会的"公共机关"。三是报业作为党的指导机关,这是中共在特殊的历史时期、特殊的地理环境下确立的报业角色思想。② 这几种不同的定位都是在特定历史条件下各种历史合力作用的结果。目前我们所能做和该做的,就是时刻关注和观察特定社会历史环境下各种力量的对比关系,以社会公共利益载体为理想来审

---

① 参见朱大可:《大众文化的解密时代》,载张柠:《文化的病症——中国当代经验研究》,上海文艺出版社 2004 年版,"序"部分第 11 页。

② 参见丁未:《论中国新闻事业的三种角色定位》,《新闻与传播研究》2000 年第 1 期。

视传媒的价值取向和运作方向,看看我们能做点什么。就像有的学者所说的,找到并发展一个民主的媒体,从而取代以市场为导向或是单纯由政府控制的媒体,或许会成为这个时代的重要政治任务之一。① 面对这样一个"天育物有时、地生财有限、而人之欲无极"的消费主义时代,罗伯特·F.肯尼迪的话耐人寻味:"很少有人能伟大到使历史折腰;但是我们每一个人却能够通过自己的努力来改变事件的一小部分,这些行为的全部将谱写我们当代的历史。"②

---

① 参见爱德华·霍尔、罗伯特·麦克切斯尼:《全球媒体——全球资本主义的新传教士》,甄春亮等译,天津人民出版社 2001 年版,第 253 页。
② 张辉:《我国消费小康指数 69 分市民心态由将就变讲究》,新浪网,2005 年 6 月 30 日。

附录一　大众传媒消费主义文化研究调查问卷(受众版)

调查问卷一　受众眼中的传媒消费主义文化

本调查纯粹出于学术研究的需要,并无任何商业目的,也无需具名,请您配合填写真实情况,谢谢!

一、被调查者的基本情况

1.您的年龄:(　　)周岁

2.您的性别:(　　)

3.您的家庭月均收入(人民币,包括工资、奖金、福利、各种津贴等全部收入)

A.500元以下(　　)　　B.500—1000元(　　)　　C.1001—2000元(　　)

D.2001—3000元(　　)　　E.3001—5000元(　　)

F.5001—10000元(　　)　　G.10000元以上(　　)

4.您的家庭人口(同住并一同开伙):(　　)人

二、消费观念(请在相应项的括号内打"√",除非有特别说明,均为单项选择)

1.您对利用贷款等手段"花明天的钱"提前享受的超前消费的态度是

A.赞成(　　)　B.只要有偿还能力,未尝不可(　　)

C.不反对,但也不应该提倡(　　)　D.反对(　　)

E.其他(　　　　　　　　　　　　　　　　)(请自行填写)

2.您对奢侈消费的看法是(不定项选择)

A. 有钱人的自由,无可非议( )

B. 反对"打肿脸充胖子"的奢侈消费( )

C. 不应该提倡,因为节俭是美德( )

D. 应该反对,因为会引发一系列社会问题( )

E. 其他( )(自填)

3. 您对炫耀性消费的看法是(不定项选择)

A. 有钱就有这种自由,赞成( )

B. 能够表达身份和地位,可以理解( )

C. 社会上这种现象多了,见怪不怪( )

D. 反对,因为节俭是美德( )

E. 厌恶,因为败坏社会风气( )

F. 其他( )(自填)

4. 您对攀比性消费的看法是(不定项选择)

A. 有钱就有这种自由,赞成( )

B. 事关面子和自尊,可以理解( )

C. 这种现象比较普遍,见怪不怪( )

D. 反对,因为带来一系列社会问题( )

E. 厌恶,因为败坏社会风气( )

F. 其他( )(自填)

5. 您对名牌消费的态度是

A. 喜欢名牌,会尽量创造条件购买名牌产品( )

B. 条件允许,乐意买名牌( )

C. "只买对的,不买贵的"( )

D. 其他( )(自填)

6. 您觉得人们崇尚名牌主要是因为(不定项选择)

A. 名牌产品质量和服务信得过( )

B. 名牌产品和品位、格调相关( )

C. 名牌产品和身份、地位相关( )

D. 名牌产品和流行、时尚相关( )

7. 您对人们追求时尚的看法是

A. 展示个性的需要（　）　　　B. 自我认同的需要（　）

C. 热爱生活的表现（　）　　　D. 肤浅盲目的行为（　）

E. 其他（　　　　　　　　　　）（自填）

三、消费行为

1. 您有没有为了购买自己喜欢的名牌产品或高档商品而压缩其他方面开支的经历？

　　A. 有，而且比较多（　）　　　B. 偶尔有（　）

　　C. 有过，但是很少（　）　　　D. 从来没有（　）

2. 您有没有提出过在费用方面让家里感到为难的个人生活消费要求？

　　A. 有，而且比较多（　）　　　B. 偶尔有（　）

　　C. 有过，但是很少（　）　　　D. 从来没有（　）

3. 您有没有因为同学或朋友购买了某种名牌或高档物品而购买同样物品的行为？

　　A. 有，而且比较多（　）　　　B. 偶尔有（　）

　　C. 有过，但是很少（　）　　　D. 从来没有（　）

4. 您购买名牌产品的频率是

　　A. 只买名牌（　）　　B. 经常（　）　　C. 比较经常（　）

　　D. 偶尔（　）　　　　E. 很少（　）　　F. 从来没有（　）

5. 您购买服装时会比较关注商品的哪些特征（不定项选择）

　　A. 价格（　）　　　　　B. 品牌　　　　　C. 实用（　）

　　D. 符合自己的品位（　）　E. 表现自己的档次（　）

　　F. 是否时尚（　）　　G. 其他（　　　　　）（自填）

6. 您购买商品时首要关注的是商品的哪种特征

　　A. 价格（　）　　　B. 品牌（　）　　　C. 使用价值（　　　）

　　D. 符合自己的品位（　）　　　E. 表现自己的档次（　）

　　F. 是否时尚（　）　　　　G. 其他（　　　　　）（自填）

四、媒体接触

1. 您平均每天的媒体接触时间为

　　A. 15 分钟以下（　）　B. 15—30 分钟（　）　C. 30—60 分钟（　）

　　D. 60—120 分钟（　）　E. 120 分钟以上（　）

2. 您比较经常接触的媒体类型是(选择两项)

A. 报纸(　　)　　B. 电视(　　)　　C. 广播(　　)　　D. 时尚杂志(　　)

E. 电影(　　)　　F. 录像(　　)　　G. 其他(　　　　　)(自填)

3. 您比较经常观看的电视节目类型是(选择最经常观看的两项)

A. 新闻(　　)　　　　　B. 娱乐(　　)　　C. 电视剧(　　)

D. 谈话节目(　　)　　　E. 其他(　　　　　)(自填)

4. 您对媒体的时尚类信息

A. 很关注(　　)　　　　　B. 比较关注(　　)

C. 不太关注(　　)　　　　D. 一点也不关注(　　)

5. 您对媒体的名人明星报道

A. 很感兴趣(　　)　　　　B. 比较感兴趣(　　)

C. 不太感兴趣(　　)　　　D. 一点也不感兴趣(　　)

6. 对于媒体广告,您

A. 看了很多(　　)　　　　B. 看得比较多(　　)

C. 看得不多(　　)　　　　D. 看得很少(　　)　　　E. 从来不看(　　)

五、媒体理解

1. 您认为您所了解的大众传媒对下列几组对立的价值观和生活方式宣扬得更多是什么?

(1)消费主义(　　)　　　消费理性主义(　　)

(2)享乐主义(　　)　　　禁欲主义(　　)

(3)利己主义(　　)　　　利他主义(　　)

(4)个人主义(　　)　　　集体主义(　　)

(5)物质至上(　　)　　　精神至上(　　)

2. 在您的媒介接触经验中,您认为媒体对消费观念的态度主要是

A. 节制消费(　　)　　B. 倡导理性消费(　　)

C. 鼓励消费(　　)　　D. 诱导消费(　　)

3. 您所了解的媒体对超前消费的态度主要是

A. 反对(　　)　　　　B. 不提倡也不反对(　　)

C. 提倡(　　)　　　　D. 诱导(　　)

4. 您所了解的媒体对奢侈消费的态度主要是

A. 反对( )　　　　　B. 不提倡也不反对( )

C. 提倡( )　　　　　D. 诱导( )

5. 您所了解的媒体对炫耀性消费的态度主要是

A. 反对( )　　　　　B. 不提倡也不反对( )

C. 提倡( )　　　　　D. 诱导( )

6. 您觉得媒体倡导的消费观念会影响受众吗?

A. 肯定会,而且影响很大( )

B. 肯定会,而且影响较大( )

C. 肯定会,但影响不是很大　　　D. 不会( )

7. 如果您觉得媒体倡导的消费观念会影响受众,那么主要会是在哪个层面上影响他们?

A. 对产品和服务的认知和了解( )

B. 对产品和服务的态度和评价( )

C. 对产品和服务的购买和消费( )

D. 其他( )(自填)

8. 如果您觉得媒体倡导的消费观念会影响受众,那么下列哪种类型的人受的影响会最大?

A. 年轻人( )　B. 中年人( )　C. 老年人( )　D. 说不准( )

调查问卷二　大众传媒中的主体形象

1. 在您的媒介接触经验中,下列哪类人物您认为是最经常出现在大众传播媒体的?( )

A. 文体明星　　　B. 政治名人　　　C. 其他各领域的名流

D. 类名流(与重大或突发事件相联系或因与以上名人名流有特殊关系而被媒体关注的人)

E. "反英雄"(与传统价值相悖甚至违法犯罪而知名的人物)

F. 普通人　　　G. 其他( )(自填)

2. 上述人物形象在大众传播媒体的出现频率,如果要按从大到小排序,

您认为该怎么排? (　　　　　　　　　　　　　　　)

　3.下列哪些人物的信息您从大众传播媒体获得最多? (　　　　　　)
(选三个,按出现最多到最小的顺序排列)

　A.王菲　　B.陈水扁　C.钱学森　D.翁帆　E.沈长霞　F.张君

　G.范冰冰　H.温家宝　I.杨振宁　J.聂海胜　K.靳羽西　L.马加爵

　4.上述人物您最熟悉的是哪些? (　　　　　　　　)(选三个,按出现最多到最小的顺序排列)

　5.您觉得现今大众传播媒体中的主体人物形象对你起到的最重要的作用是(　　)

　A.提供道德启示　　　B.树立人生目标

　C.提供消遣娱乐　　　D.提供生活示范

　E.其他(　　　　　　　　　)(自填)

附录二　大众传媒消费主义文化研究
访谈提纲(纸质媒体版)

1. 请先介绍您参与策划和制作或重点介绍的栏目或版面类型(版面与栏目定位等)(或您在媒体的主要负责工作)。

2. 本栏目或版面有什么样的制作标准? 为了增强内容的吸引力,采取了什么方法? (选题、策划、采集、撰写、制度、人员等各方面)

3. 绩效考核的方式是什么样的? 这样的考核方式对栏目组及内容生产有什么影响? 举例说明。

4. 你们报纸的发发行量如何保证? 对内容生产有什么影响?

5. 你们栏目或版面的质量如何考核? 对内容生产有无影响? 什么样的影响?

6. 贵单位应该很重视经营,如何体现? 无法创收的内容和栏目类型、版面怎么办?

7. 内容的制作是否受到媒介经营的影响? 是怎么样的影响? 总编辑(内容负责人)和总经理(行政经营管理者)地位关系如何?

8. 对于一些有争议性的内容,怎样处理吸引力、轰动性和社会影响力之间的关系?

9. 内容生产如何处理经济效益和社会效益之间的矛盾? 举例说明。

10. 对于内容的吸引力(经济效益)和社会效果方面,记者编辑与管理层是否存在意见和分歧? 如存在,是如何协调统一的?

11. 现在很多人抨击媒体的低俗化现象,您怎么看这个问题? 属实吗? 表现在哪些方面? 是怎么造成的? 应该如何改进?

12. 您的新闻理想是什么? 理想与现实的差距在哪里? 您认为造成这

种差距的原因是什么?

13.您是否认为你们生产的媒介产品对受众的消费观念和生活方式会产生影响? 为什么? 在哪些方面、何种程度上产生什么样的影响? 请举例说明。

14.你们的节目是倾向于倡导更积极的消费生活方式还是更保守一些的呢? 为什么? 怎么实现?

15.对于目前媒体的新闻与娱乐之间的比重及关系,您是怎么看的?

附录三 大众传媒消费主义文化研究
访谈提纲(电子媒体版)

1. 请先介绍您参与制作或重点介绍的节目类型(节目样式、播出时间、受众定位)。

2. 这档节目有什么样的制作标准?为了增强节目的吸引力,采取了什么方法?(选题、制作、制度、人员等各方面)

3. 绩效考核的方式是什么样的?这样的考核方式对节目制作人员及内容生产有什么影响?举例说明。

4. 收视率如何考核?对内容生产有什么影响?

5. 贵单位应该很重视经营,如何体现?无法创收的内容和节目类型怎么办?

6. 节目内容的制作是否受到媒介经营的影响?是怎么样的影响?总编辑(内容负责人)和总经理(行政经营管理者)地位关系如何?

7. 对于一些有争议性的内容,怎样处理吸引力、轰动性和社会影响力之间的关系?

8. 内容生产如何处理经济效益和社会效益之间的矛盾?举例说明。

9. 对于节目的吸引力(经济效益)和社会效果方面,记者编辑与管理层是否存在意见和分歧?如存在,是如何协调统一的?

10. 现在很多人抨击媒体的低俗化现象,您怎么看这个问题?属实吗?表现在哪些方面?是怎么造成的?应该如何改进?

11. 您的新闻理想(做节目的理想)是什么?理想与现实的差距在哪里?你认为造成这种差距的原因是什么?

12. 您是否认为您们生产的媒介产品对受众的消费观念和生活方式会

产生影响？为什么？在哪些方面、何种程度上产生什么样的影响？请举例说明。

13. 你们的节目是倾向于倡导更积极的消费生活方式还是更保守一些的呢？为什么？怎么实现？

附录四　大众传媒消费主义文化研究 访谈提纲(网络媒体版)

1. 请问你们的新闻全部是转载的还是有少部分自采的? 这部分是什么? 新闻之外你们的原创内容是什么?

2. 你们希望政策能尽快允许你们拥有自己的采访权吗? 你们对限制网站采访权的问题是怎么看的?

3. 目前你们转载别的媒体的内容主要依据一些什么样的标准? 选择和决定以及编辑的流程是什么样的?

4. 从你们的网站内容来看,在栏目设置上有自己的特点吗? 是什么?

5. 对转载的新闻,你们加以编写的多吗? 还是照搬的多? 对于转载的东西如何编写,有没有一定的质量标准? 这些质量标准主要体现在哪些方面的要求?

6. 很多网站新闻标题不能概括新闻内容,而只是选择其中最能吸引眼球的一点来写,有时候甚至故弄玄虚,骗人上当,比如用"张学友　三个女人不偏不倚"来写张对歌舞剧《雪狼湖》中的三个女搭档的看法,你们允许这样制作标题吗?

7. 网站新闻更新非常快,编辑改编新闻后是不是都得由编辑部主任甚至总编辑等人审阅? 什么样的新闻需要更严格的审阅? 请举例说明。

8. 对于网络新闻来说,点击率非常重要。你们如何提高点击率?

9. 对于你们编辑的绩效考核是怎么做的? 主要的标准是哪些?

10. 对于单篇新闻稿件的摘编质量有无评价? 评价标准是? 这对内容选择与制作有何影响?

11. 你们重视经营吗? 经营内容主要是什么?

12. 对于一些有争议性的内容,怎样处理吸引力、轰动性和社会影响力之间的关系?

13. 内容选择与编辑如何处理经济效益和社会效益之间的矛盾? 举例说明。

14. 现在很多人抨击媒体的低俗化现象,你怎么看这个问题? 属实吗? 表现在哪些方面? 是怎么造成的? 应该如何改进?

15. 你们网站的新闻与娱乐之间的比重及关系如何?

附录五　湖南卫视娱乐节目的
生产与消费调研报告

一、本调研的背景与基本逻辑

近年来,电视节目的泛娱乐化和电视娱乐节目在数量和影响力上的崛起已经成为有目共睹的事实,据 CSM 调查显示,自 2001 年以来电视综艺娱乐节目的播出和收视比重呈总体上升趋势。整合历年《中国广播电视年鉴》中登载的全国市场各类节目收视份额数据可以发现 2002—2004 年,全国电视收视市场收视份额最高的三类节目是电视剧、新闻和专题,而在 2005 年之后,综艺娱乐节目逐渐取代专题,与电视剧、新闻并称为拉动中国电视收视的"三驾马车"(见表 1)。

表 1　2002—2007 年四大主要电视节目类型的收视份额和排名情况

节目类型＼收视份额和排名＼年份	2002 收视份额	2002 收视排位	2003 收视份额	2003 收视排位	2004 收视份额	2004 收视排位	2005 收视份额	2005 收视排位	2006 收视份额	2006 收视排位	2007 收视份额	2007 收视排位
电视剧	20.1	1	37.5	1	36.3	1	31.9	1	22.1	1	31.9	1
新闻	15.6	2	15.2	2	13.8	2	13.6	2	13.1	2	10.71	2
专题	10.9	3	6.8	3	7.1	3	7.1	3	9.7	4	8.08	4
综艺	5.5	4	5.7	4	6.7	4	9.1	3	10.6	3	9.98	3

CSM 调查还显示,电视娱乐节目的受众结构亦呈现与经验相反的特

点,即常常面临被批判为"媚俗"、"低俗"风险的综艺娱乐节目的观众与所有节目观众相比,拥有受教育水平更高(高中大学及以上)的观众群体,同时随着教育水平升高,收看比重增加。

电视娱乐节目在当今电视节目中所占比例越来越大,吸引人群越来越多,且逐步向高端人群扩散的事实,使我们不得不思考其对中国社会文化走向可能产生的深远影响。

本研究选取湖南卫视作为研究个案,其原因在于其在中国当代电视娱乐节目发展历程中具有不可忽视、不可替代的优势、典型性和代表性。湖南卫视是国内第一家提出"娱乐"立台的卫视频道,曾创造无数业界第一,被称为"中国娱乐地标"。湖南电视经验被写入大学管理课程的教案,主创人员被请上北大的演讲台。① CSM 数据显示虽然湖南卫视频道覆盖率在全国落后于多数中央级频道和部分省级卫视频道,位居第 16 位,但其市场收视份额却位居全国第 6 位,居地方卫视榜首,且超过第二名安徽卫视近 50%。有评价认为湖南电视成功突破了"传媒发展与经济水平的正相关原理、广告市场蛋糕论、由资源级差决定的受众市场区隔、传媒功能属性的传统框架和组织系统的无序状态"②,"若干年后如果中国也有成熟、独立的娱乐工业,湖南卫视将会是这个工业的巨子"③。

因此,研究者认为不仅湖南卫视具有个案研究的价值,而且通过对其进行深入分析与探讨将有助于我们理解当代中国电视娱乐节目的生产特点、受众的消费行为、心理动机,并为对消费行为的社会后果分析提供基础数据。

二、本调研的技术路径和方法

在已有文献中,从消费主义理论视角探讨湖南卫视电视现象的只有关

---

① 参见史可夫主编、《湖南广播电视年鉴》编辑委员会编:《湖南广播电视年鉴》,湖南省新闻出版局 2007 年版,第 39 页。

② 周红:《湖南电视想象的启示与前瞻》,《广播电视信息》2002 年第 10 期。

③ 转引自《穿越梦想——湖南卫视 2005 全记录》,长江文艺出版社 2006 年版,扉页。

于《超级女声》的个案研究,但研究深度不够、视域有限,如忽视消费主义文化的复杂内涵,而对之持简单的批判态度;忽略中国的特殊性,对各种复杂力量作用下的消费主义文化的生产机制缺乏分析。本研究将从宽度和深度上拓展对此问题的调查分析,首先分别将生产与消费作为独立的系统,从消费主义理论视域探讨电视娱乐消费文化的生成与消费的特点与规律,进而在此基础上探讨生产、消费、社会、媒介之间的复杂关系。

本研究主体部分采用实证研究方法,根据研究对象和问题的不同,并考虑可操作性,灵活组合了其他研究方法,具体而言包括以下内容。

(一)对湖南卫视综艺娱乐节目生产的研究结合了深度访谈、问卷调查、田野考察、文本分析和个案研究的方法

对湖南卫视一线生产团队,二线节目编排、管理、研究、资源支持、广告部门,三线人员管理和服务部门的工作人员均进行了深度访谈。

深访的节目生产团队有《天天向上》张一蓓团队、《快乐大本营》龙梅团队、《挑战麦克风》洪涛团队、《智勇大冲关》罗强良团队、《勇往直前》宋点团队、《快乐女声》马昊团队、《金牌魔术团》易骅团队、《背后的故事》阿义、罗旭明团队。湖南卫视共有 14 个娱乐节目生产团队(新闻生产团队除外),本次调查的 8 个样本是基于其制作节目的代表性进行选择的。其中《快乐大本营》创办于 1997 年,是湖南卫视的常青标志性栏目,历经多次改版,参与了湖南卫视娱乐立台的整个发展过程,至今依然经常保持全国同时段收视率第一,是一档综艺游戏类节目。《天天向上》创办仅一年多,就已经获得了全国同时段收视率前两名的成绩,预研究表明其对大学以上文化程度的人具有特别的吸引力。作为一档脱口秀节目,其节目设计,包括使用男性主持群、以娱乐的方式讨论高端话题等,在中国电视娱乐界均具有开创性。《挑战麦克风》为平民挑战音乐节目,《智勇大冲关》为体育游戏真人秀,《勇往直前》为明星挑战真人秀,《快乐女声》为经典的平民选秀节目,《金牌魔术团》为魔幻竞技节目,《背后的故事》为娱乐访谈类节目,这些节目基本囊括了目前活跃于电视屏幕的综艺娱乐节目类型。深访的对象主要是上述团队的制片人或执行制片人,他们大多数已经为湖南电视台工作近十年,非常熟悉湖南电视的发展历程,对电视综艺娱乐节目制作也很有经

验,如张一蓓团队之前一直制作湖南本土收视王牌脱口秀《越策越开心》。洪涛团队擅长音乐类节目,曾制作《音乐不断歌友会》、《超级女声》、舞蹈真人秀《舞动奇迹》。宋点曾任《快乐大本营》导演、制片人,曾执导湖南卫视春晚和金鹰节大型晚会,其团队目前正在制作家庭游戏竞技节目《全家一起上》。易骅团队也曾制作过《超级女声》、春晚、赈灾义演等多种主题综艺晚会。他们在访谈中为本研究提供了大量翔实、丰富的一线工作资料。此外,《天天向上》、《智勇大冲关》、《快乐女生》、《挑战麦克风》各有一至两位编导接受了访谈。《天天向上》、《金牌魔术团》、《快乐女生》、《挑战麦克风》的主持人接受了访谈。此外,湖南经视《越策越开心》的制片人、主持人、两位编导和《经视故事会》的制片人也接受了访谈。湖南经视是湖南卫视非常重要的生产者和节目模式来源,它们同属湖南广电总台,拥有相同的宏观媒介政策、地域文化背景和地域经济条件,对此样本的引入是希望将之与卫视的生产团队进行探索性比较研究,以帮助确认对湖南卫视综艺娱乐节目生产产生关键影响的因素。对一线生产团队的访谈主要是在了解节目模式和市场定位的基础上考察团队的创意来源、决策机制、生产流程、对节目的评价标准和对生产的影响因素。

访谈的二线部门包括湖南卫视总编室、调度中心、研发中心和广告部。总编室接受访谈的有一位主任、三位副主任及下属多个部门的负责人,包括品牌管理部、品牌推广部、规划编排部、形象工作室、外制节目部。调度中心、研发中心和广告部主任接受了访谈。对总编室的访谈主要关注湖南卫视综艺娱乐节目生产管理、编排播出、收视情况、品牌形象建构与维护、节目模式的引进与售卖等方面的情况。对调度中心的访谈主要了解湖南卫视综艺娱乐节目生产团队、技术支持、资源调度方面的情况。对研发中心的访谈主要关注节目创新机制。对广告部的访谈主要了解湖南卫视综艺娱乐节目的市场营销情况和广告市场与节目生产间的相互关系。

访谈的三线部门包括湖南卫视政治部、湖南广电总局规划改革办。政治部主任和人事管理负责人在访谈中介绍了湖南卫视的组织架构、人员构成和人员管理情况。局规划改革办的主任、副主任和两位工作人员提供了有关湖南卫视历史沿革、体制困境、规划发展方面的信息和材料。

除以上访谈内容外,还关注了所有受访者的工作职责、工作状态、自我身份认同、自我社会地位评价、工作动力和压力来源、对娱乐的理解、对媒介责任的理解和对媒介监管的理解。对受访者所属团队的工作模式、考核机制、文化氛围也做了详细了解。在正式访谈前研究者与四位编导,两位收视率研究人员和两位制片人进行了前期访谈,对正式访谈的要点和提问方式进行了修正。

几乎所有接受访谈的部门都接受了问卷调查(见表2),其中生产团队和总编室是湖南卫视综艺娱乐节目生产、编排、播出的核心部门,也是访谈和问卷调查的重点部门,其功能与地位将在第三章中详细报告。按照具体职务对样本进行分类可以发现部门主任、科室负责人和普通科员样本数比例为1:3:16;生产团队中主持人、制片人和编导样本数比例为1:1.5:18.5(见表3),这两组数字均与湖南卫视实际工作人员配置情况类似,说明了样本结构的代表性。

表2 《湖南卫视综艺娱乐节目生产调查》样本来源

样本来源	样本数量(份)	有效比例(%)	累计比例(%)
节目生产团队:罗强良团队	21	12.7	12.7
节目生产团队:宋点团队	18	10.8	23.5
节目生产团队:张一蓓团队	11	6.6	30.1
节目生产团队:阿忆团队	9	5.4	35.5
节目生产团队:洪涛团队	5	3.0	38.6
总编室编排科	10	6.0	44.6
总编室形象工作室	14	8.4	53.0
总编室品牌推广科	7	4.2	57.2
总编室品牌管理科	7	4.2	61.4
总编室节目外制科	4	2.4	63.9
调度中心调度办等科室	16	9.6	73.5
调度中心主持人	4	2.4	75.9
调度中心化妆师	1	0.6	76.5
广告部	17	10.2	86.7
人事及管理	6	3.6	90.4
经视团队:越策越开心	8	4.8	95.2
经视团队:经视故事会	8	4.8	95.2
总数	166	100.0	100.0

表3　湖南卫视综艺娱乐节目生产调查样本职务结构

样本职务类型	样本数量（份）	有效比例（%）	累计比例（%）
台领导及以上	1	0.6	0.6
部门主任	4	2.4	3.0
科室负责人	12	7.3	10.4
普通科员	63	38.4	48.8
制片人/执行制片人	6	3.7	52.4
导演/编导/制片	74	45.1	97.6
主持人	4	2.4	100.0
总有效样本	164	100.0	
缺失样本	2		
总样本	166		

　　《湖南卫视综艺娱乐节目生产调查问卷》分为三部分,第一部分主要考察受访者的信息关注类型和对政治、社会、生活、工作等不同事务的精力分配和参与程度,此外还考察了受访者的消费主义倾向和对生活的满意度。第二部分关注从业者对所属团队的评价、对自我创作的评判标准、工作压力和动力来源。第三部分收集了受访者基本人口信息,包括性别、年龄、婚姻状况、受教育程度、收入、工作岗位和职务级别。

　　上述对生产者的考察,除了第二部分外,都可与受众形成相互的对比项。正如目不识丁的人不可能教会别人写字,我们很难想象生活满意度低的人可以向生活满意度高的人售卖快乐;一个对政治疏离的群体会将唤醒另一个群体的民主自觉视作己任;一个被完全市场化、被消费主义溶蚀的群体能像另一群人那样倡导朴实的生活。因此将生产者和受众的一些重要信息进行比较研究既有助于进一步关照生产者的生存状态,又可辅助理解受众的收视行为与后果,同时也可为深入观察生产者与受众之间的关系提供更多的思考维度。

　　在进行正式测量前,此问卷根据前期访谈和23人的小样本预调查对问卷中部分问题的提问方式和选项进行了调整,并删除和新增了几个问题。正式调查根据不同部门工作时间安排分时、分批完成,均通过便利抽样的方法获取调查样本,问卷由访员当面发放,自填密封后回收,共发放问卷200

份,获得随机样本 166 个,有效问卷回收率为 83%。

研究者参与了两期《天天向上》、一期《智勇大冲关》、一期《越策越开心》的录制,在田野考察中主要关注两方面的情况,其一是工作人员的工作方式和状态;其二是参与嘉宾、选手和观众的反应。

本研究对湖南卫视生产的综艺娱乐节目和部分引进节目的原版模式进行了文本分析,主要考察节目形态、娱乐元素及其意义。节目资料由 PPS、土豆网、Youtobe 随机抽样获取。此外,《天天向上》和《快乐大本营》的制片人按照"最能代表团队创作意图,最能展现节目特点"的原则各推荐了数期节目。

(二)对湖南卫视综艺娱乐节目消费的研究主要采用了深度访谈、问卷调查、文本分析和文献分析的方法

通过便利抽样的方法随机选取了 23 位有电视收看习惯,并曾经收看过湖南卫视电视娱乐节目的受众进行深度访谈,主要了解其对湖南卫视综艺娱乐节目的收看习惯、对节目的喜好与评价、对节目的参与程度、收看的动机和对生活是否产生影响。正式访谈前对 10 位观众进行了预访谈,对访谈的要点和提问方式进行了调整。

问卷调查分为线下和线上两部分完成(见表4)。线下样本是在一期《越策越开心》、两期《天天向上》和一期《金牌魔术团》,共四场不同节目的录制现场,由参与观众中随机抽样产生。这些观众多数是节目组以社区、学校或公司、企业为单位组织而来,也有凭赠票或专程购票前往观看的个体。这些现场观众有的是参加集体活动,随大流;有的是为了看某位主持人或者节目中邀请的明星;有的将之当做纯粹的休闲娱乐项目;当然也有的是冲着节目本身而来。总体而言,他们对参与录制的节目没有必然的高忠诚度。反之,以其为母本进行抽样具有随机代表性。一期《越策越开心》的现场观众规模在三百人左右,一期《天天向上》的观众规模在五百人左右,《金牌魔术团》的观众规模在八百人左右。本次调查共发放问卷 400 份,获得随机样本 328 个,有效问卷回收率为 82%。

表4　湖南卫视综艺娱乐节目收看调查问卷来源

样本来源	样本数（份）	有效比例（%）	累计比例（%）
线下:《天天向上》 现场观众	139	23.4	23.4
线下:《金牌魔术团》现场观众	113	19.0	42.4
线下:《智勇大冲关》现场观众	17	2.9	45.3
线下:《越策越开心》现场观众	59	9.9	55.2
线上问卷星(www.sojump.com)	266	44.8	100.0
总　计	594	100.0	

　　考虑到参与节目录制的观众多来自湖南省内,对于面向全国和部分海外地区播出的湖南卫视而言,上述样本在地域代表性上存在不足,于是本研究又通过专业调查网站"问卷星"(www.sojump.com)发布《湖南卫视综艺娱乐节目收看调查》问卷,通过网站推荐、电子邮件邀请、QQ 邀请等方式获取随机样本 266 份,遍及全国 29 个省份。因为线上问卷设置了提交前必须确认填写完整的限制,受访者或者选择放弃填写,或者必须提交完整填写的问卷,因此,我们只能确认通过在线调查获得的样本数为 266,但无法知道有多少人曾经接触过问卷。有一种评价在线调查问卷有效性的方法是参考受访者完成问卷所消耗的时间,如果远低于正常速度填写问卷所需要的时间,则说明受访者的认真程度值得怀疑。完成《湖南卫视综艺娱乐节目收看调查》问卷所需要的正常时间是 8—10 分钟,数据显示有 12 位受访者在 4 分钟之内完成问卷,其中有 5 位在 3 分钟之内完成,其提供信息可信度均值得怀疑。但是具体分析中发现他们提供的信息并未出现明显不合理,在运算中对 266 个样本也未产生显著影响,因此本研究将它们均视做有效样本。

　　线上与线下共获取样本总数为 594,其中,女性较男性在有效样本中所占比例略高,分别为 64.1% 和 35.9%（见表5）,与湖南卫视收视调查中显示的女性观众比例略高于男性观众比例相符。① 样本年龄构成显示 78.2%

---

　　① 湖南卫视 2009 年 5 月收视分析表明其受众性别构成情况为女性占 64.1%,男性占 35.9%。数据来源:CSM。

的受访者年龄在 25 岁及以下,89.3% 的样本年龄在 30 岁及以下(见表 6),
与湖南卫视目标受众群偏年轻化相符。① 这两个数据说明本研究采集样本
与湖南卫视实际关注人群在性别和年龄上不存在明显结构性误差。

表5　湖南卫视综艺娱乐节目收看调查样本男女比例

样本类型	样本数(份)	有效比例(%)	累计比例(%)
男性样本	204	35.9	35.9
女性样本	364	64.1	100.0
总有效样本	568	100.0	
缺失样本	26		
总样本	594		

表6　湖南卫视综艺娱乐节目收看调查样本年龄构成

样本类型	样本数(份)	有效比例(%)	累计比例(%)
15 岁以下样本	26	4.6	4.6
15—20 岁样本	181	32.3	37.0
21—25 岁样本	231	41.3	78.2
26—30 岁样本	62	11.1	89.3
31—40 岁样本	48	8.6	97.9
41—50 岁样本	10	1.8	99.6
51—60 岁样本	0	0	99.6
61 岁以上样本	2	0.4	100.0
总有效样本	560	100.0	
缺失样本	34		
总样本	594		

　　线上问卷与线下问卷完全一样,均分为三个部分。第一部分测量受众
的信息关注、媒介使用和对电视娱乐节目的关注情况。第二部分测量受访
者的生活方式和生活状态。第三部分考察受访者的人口信息。包括所在地

---

　　① 湖南卫视 2009 年 5 月收视分析表明其节目在 4—23 岁年龄段的受众中平均收视率
最高,为 0.6%,此年龄段人群所占收视市场份额也最高,为 5.88%。数据来源:CSM。

区、性别、年龄、婚姻状况、受教育程度、收入、职务级别。

　　对受众的调查问卷在正式发放前进行了由 20 个样本组成的小规模预研究,对问卷中部分问题和选项的设置做了相应调整。在线下调查中,所有问卷由访员在节目录制现场当面发放,自填密封后回收。在线上调查中设置了一台电脑、一个 IP 地址、一个用户名均只能提交一次的填写限制。

　　除了深度访谈和问卷调查外,本研究还对观众反馈信息进行了文本分析,对相关新闻报道和研究文章进行了文献分析。观众反馈的获取渠道主要是湖南电视台网站、湖南电视台收视研究分析部门、各相关主题百度贴吧、相关主题网页和网站。新闻报道来自网络检索。研究性文章来自Google 学术检索、CNKI 检索、《中国广播电视收视年鉴》、《中国电视收视年鉴》、《湖南广播电视年鉴》、《收视中国》和多份湖南电视台内部研究分析性刊物。

　　其他相关重要数据,如观众构成、收视率、首选率等由 CSM 和湖南卫视收视研究部门提供。

三、湖南卫视电视娱乐节目的生产

　　"广播影视产品是高智力与高技术、高财力相结合的产物"[1],其产业特点之一是知识密集型,因此富有创意和执行能力的节目生产者成为湖南卫视的核心竞争力。从职业社会学角度对生产者的研究不仅关涉对职业及与之相关的组织结构的界定,而且关涉"职业领域的阶层分化和利益分配的种种影响因素,还关涉作为从业者的专业人士本身从工作态度到职业满意度的自我评价——其中,从业者与其存在的社会环境之间的关系是一个非常重要的考量向度"[2]。在 20 世纪 90 年代初期,有关东欧社会转型的职业社会学研究中,社会环境对生产者工作条件、工作目标和职业价值观的影响

---

[1]　史可夫主编、《湖南广播电视年鉴》编辑委员会编:《湖南广播电视年鉴》,湖南省新闻出版局 2001 年版,第 55 页。

[2]　陆晔、俞卫东:《社会转型过程中传媒人职业状况——2002 年上海新闻从业者调查报告之一》,《新闻记者》2003 年第 1 期。

均被纳入研究框架。① 马克思主义学者则关心生产者的社会身份、地位和
阶级属性,因为思想、观念、意识的生产最初是直接与人们的物质活动、与人
们的物质交往,与现实生活的语言交织在一起的,意义的生产者受着自己生
产力的一定发展以及与这种发展相适应的交往的制约,因此研究媒介是由
什么样的人控制运作,媒介产品是由什么样的人进行生产是进一步理解媒
介及其产品的社会消费后果的重要前提。以此为鉴,研究者将湖南卫视娱
乐节目生产者作为媒介泛娱乐化时代具典型意义的职业社会学研究群体,
力求通过下述分析,对其社会属性、工作状况、满意度等情况进行描述,并探
讨与之相关社会因素及其与生产行为间的关系。

1. 性别比例:除广告部门女性略少于男性外,其他部门女性工作者所占
比例均高于男性工作者。从科层级别角度来看,女性更多地集中于普通员
工,而担任干部的男性人数是女性人数的 2.4 倍。

2. 年龄:有效样本中年龄最小的 19 岁,最大的 47 岁,平均年龄为
29.706 岁。年龄与部门有显著相关性(见表 7),最年轻的是卫视生产团队
27.28 岁,其次是经视生产团队 28.77 岁,之后依次是卫视总编室 29.86 岁、
调度中心及行政 32.52 岁、广告经营 35.31 岁。此现象与不同部门的分工
有关联,湖南卫视的核心受众是 4 岁到 24 岁的年轻人,节目风格也以年轻、

表 7   受访者所属部门的年龄构成

	平均年龄以下(≤29 岁)	平均年龄以上(>29 岁)	合计
生产团队	43(70.5%)	18(29.5%)	61(100.0%)
总编室	22(59.5%)	15(40.5%)	37(100.0%)
调度中心及行政	7(30.4%)	16(69.6%)	23(100.0%)
广告经营	4(25.0%)	12(75.0%)	16(100.0%)
经视	6(46.2%)	7(53.8%)	13(100.0%)
合计	82(54.7%)	68(45.3%)	150(100.0%)

$\chi^2 = 18.019$, df = 4, $p = 0.001$.

---

① See Anthony Jones (ed.), *Professions and the State*, (Philadelphia) Tebmple University
Press, 1991.

时尚为主,而年轻的生产者一般来说在了解年轻观众的心态、需求、审美及流行文化动向等方面比年龄大的生产者更有优势,从精力、体力等方面考虑他们也更加适合一线的工作。调度中心、行政、广告对年轻人的需求没有那么明显,他们更需要成熟、有社会阅历的人来承担相应的工作。年龄与科层级别也存在明显关联。

3. 受教育程度:大学及以上的总体比例为98.8%,其中大专/本科所占比例比"97调查"(59.5%)高出近32个百分点,比"02"调查(87.6%)高3.4个百分点。硕士及以上学历工作人员全部集中在与生产联系最紧密的生产团队和总编室,这说明卫视的高端人才有向生产一线、二线倾斜的趋势。

4. 收入:受访者的平均月工资约为4500元左右,而长沙市职工社会月平均工资为2000多元①,前者高出后者两倍多。无稳定收入比例最高的是生产团队,这可能与其人员流动性最强,且其收入直接与收视率挂钩造成的。

5. 婚姻状况:样本中未婚比例高于已婚比例,前者占总样本人数的52.8%,后者占47.2%。受访者婚姻状况与其所在部门之间具有明显的相关性,生产部门的单身人数比例最高,超过部门人数一半以上,占79.0%,而其他部门基本上已婚人数都要多出未婚人数一倍左右。造成生产团队未婚比例如此之高的原因,一方面与生产团队中的生产者较为年轻有关,前面的分析已经表明生产团队受访者的平均年龄比较其他部门是最年轻的,一方面也与生产团队繁忙、无作息规律的工作性质有关。不少此部门受访者说他们没有时间谈恋爱,也没有足够的时间照顾家庭。

6. 信息关注度:本研究样本对各类信息关注度最高的前三类信息依次是"社会/民生"、"时尚/娱乐"和"政治/时事"。但是在样本内部,不同部门最关注的前三类信息存在差异(见表8)。

---

① 《长沙市社会保险平均缴费工资信息》, http://www.yuhua.gov.cn/ggfw/bjsswsb/ndsb/shbx/200804/t20080429_67093.htm;《长沙月平均工资2051元》,《潇湘晨报》2007年3月26日;《你的保险保障够不够?》,《长沙晚报》2009年5月13日。

表8　不同部门生产者关注度最高的前三种信息类型

	关注度第一的信息	关注度第二的信息	关注度第三的信息
生产团队	时尚/娱乐(5.25)	旅游/休闲(5.09)	音乐/美术(4.96)
总编室	社会/民生(5.00)	文化/教育(4.72)	政治/时事(4.71)
调度中心及行政	社会/民生(5.80)	时尚/娱乐(5.51)	文化/教育(5.34)
广告经营	社会/民生(5.81)	政治/时事(5.47)	文化/教育、音乐/美术(5.00)
经视	社会/民生(4.80)	音乐/美术(4.79)	时尚/娱乐(4.75)

注:本表中数值为受访者对各种信息关注度在7点李克特量表中的均值得分。1代表"完全不关心",2代表"不关心";3代表"不太关心",4代表"无所谓",5代表"比较关心",6代表"关心",7代表"非常关心"。

生产团队最关注的信息类型是"时尚/娱乐"(M值为5.25),而其他各部门最关注"社会/民生"类信息。值得注意的是卫视生产团队和经视生产团队最为关心的前三种信息类型中均无"政治/时事"类信息,且其对此类信息的关注度均为"无所谓"(M值分别为4.60和4.68)。调度中心及行政部门最为关心的前三种信息类型中也没有"政治/时事",不过其对此类信息的关注度为"比较关心"(M值为5.30)。广告经营部门对"政治/时事"类信息的关注度是所有部门中最高的(M值为5.47),其与调度中心及行政部门是样本中唯一对"政治/时事"类信息的关注度达到"比较关心"程度的部门,也是样本中对各类信息关注度普遍较高的部门。

7. 对时间和精力分配的情况

不同部门生产者在各项事务中对时间和精力分配情况的确存在不同。对所有人来说,工作都是投入最多的事务。

如图1所示,超过半数的受访者(51.2%)认为自己在工作上"极为"投入,接近1/4的受访者(23.2%)认为自己在工作上投入"多",接近1/5的受访者(17.7%)则认为"较多"投入于工作中。在余下的不足8%的受访者中,5.5%的人认为自己在工作上的投入程度为"一般",1.2%认为自己投入"较少",分别仅有0.6的受访者认为自己在工作上投入"少"和"极少"。

8. 社会参与程度和态度

虽然选举/投票是公众表达意见的非常重要且较为正式的方式,但是受

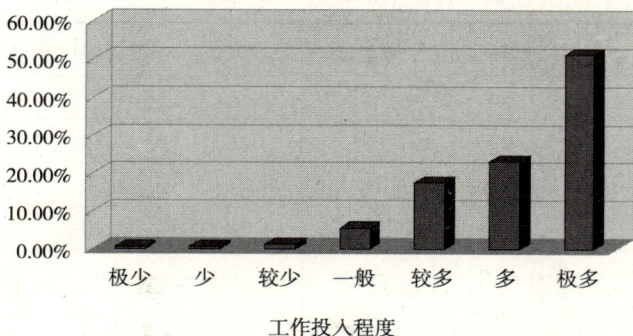

图1　受访者在工作上的投入程度（N＝164）

访者的参与频率非常低。参与频度最高的是对如是否将中秋节设定为法定节日的社会事务投票，但其参与度均值仅为"比较少参加"，在7点李克特量表中取值3.1104。

但参与投票的受访者的投票态度却比较认真，在3点李克特量表中取值2.31，表现为较为认真投票。这可能表明受访者并非对选举、投票这种表达公民意见的权力不重视，而是缺少表达的机会。受访者主动参与献血、扶助失学儿童、捐助灾区群众或任何弱势群体的公益活动的频率在4点李克特量表中取值2.58，介于"偶尔参加过几次"和"无规律地参加过多次"之间，表明受访者对参与社会公益事业有积极的认知和意愿，但实际参与度却并不高，远未成为有规律的常态行为。

数据分析还表明，受访者职务级别与其社会参与态度、行为间均无相关性，但是受访者所属部门与社会事务投票和娱乐休闲投票这两种投票行为显著关联。在各类选举行为中，除了生产团队对娱乐休闲类投票的参与度最高（得分2.73分）外，其他部门参与最多的都是社会事物投票，其中经视生产团队还最关心组织任用类选举投票。

9. 消费行为与态度

在休闲娱乐这一项中的投入程度是最高的。对慈善或公共事物以及政治事务这两种活动的消费投入是最低的，在1—7李克特量表上的均值仅为2.84和1.86（见表9）。

表9 生产者群体在 12 种支出项目中的投入程度

	N	最小值	最大值	均值（M）	标准差（SD）
休闲娱乐	164	1	7	4.35	1.51
生活必需品	165	1	7	4.29	1.51
文化用品	166	1	7	4.20	1.49
服饰用品	163	1	7	4.10	1.65
电子产品	165	1	7	4.01	1.58
社交应酬	165	1	7	3.92	1.40
储蓄	166	1	7	3.48	1.72
美容用品	165	1	7	3.40	1.93
房贷/车贷	164	1	7	3.11	2.23
运动健身	164	1	7	3.01	1.60
慈善或公共事务	166	1	7	2.84	1.43
政治事务	166	1	7	1.86	1.37

注:对于各种支出项目,其变异范围为1—7,其中 1 代表"投入比例很低",2 代表"投入比例低",3
代表"投入比例比较低",4 代表"投入一般",5 代表"投入比例比较高",6 代表"投入比例高",7
代表"投入比例很高"。

　　本研究以受访者如何评价商品品牌与社会地位、身份等象征性意义的
关系作为对消费主义倾向的一个测量指标。处于不同科层级别的受访者,
对于购买品牌的态度之间存在显著差异。在 1—6 李克特量表上,"干部"
群体对"选择名牌甚至奢侈品"的认同度为 3.23,而在"员工"受访者群体,
这一均值仅为 2.73,两个群体之间的差异是高度显著的($p=0.014$)。总体
而言,干部群体比员工群体更看重商品的品牌,前者尽量购买名牌,而后者
相对更看重物美价廉;不过,两个群体似乎均未表现出比消费商品本身更看
重消费商品意义的消费主义倾向。

　　所有部门中,只有广告经营部门对"选择名牌甚至奢侈品"的认同度超
过 3,为 3.43,其他均低于 3,虽然单因素方差分析表明不同部门员工之间
在此问题上的差异不是显著的($F=2.015,p=0.095$),但相对于其他部门受
访者而言,广告经营部门员工对"选择名牌甚至奢侈品"的态度取值要显著
地高。

10. 生产者工作压力来源

所有部门的生产者都感觉压力比较大,其中自我压力评价最大的是广告经营部门,在 7 点李克特量表中的取值为 5.4375,之后依次是调度中心及行政(M=5.4074)、经视(M=5.0625)、生产团队(M=4.9531)和总编室(M=4.9286),然而,单因素方差分析显示这种部门之间对自我压力评价的差异并不显著(F=0.650,p0.628)。

不过,不同部门生产者感受到的压力类型却不尽相同,对所有生产者来说,由"工作责任非常重"带来的压力都是非常显著和重要的,它是除经视受访者之外的其他部门受访者评价为最大的压力来源。生产团队、总编室和调度中心及行政部门的受访者在工作责任之外,感受到的最大压力是工作量太大和担心身体健康,只是排序略有差别,对生产团队,身体健康因素排名第二,工作量带来的压力排名第三,而总编室和调度中心及行政与之相反。广告经营部门在工作责任之外,感受到的最大压力是考核与收入(M=4.87)。他们也是唯一一个将工作难度评价为压力来源前三位的受访群体。对经视受访群体而言,工作责任带来的压力排名第三,他们最担心的是身体健康状况(M=5.25),心态不够稳定也给他们带来了一些困扰。

11. 生产者工作动力来源

各受访群体表现出了比较大的工作动力,在 7 点李克特量表中的总体平均值为 4.79,非常接近 5(表示"动力比较大")。具体而言,广告经营部门的动力最大(M=5.62),之后依次是生产团队(M=4.81)、经视团队(M=4.75)、调度及行政中心(M=4.73)、总编室(M=4.50)。单因素方差分析显示,不同部门之间工作动力的差异并不显著(F=4.268,p=0.003)。

由表 10 所示,受访者总体而言最大的工作动力来自于"为所在集体骄傲"而产生的集体荣誉感(M=4.73),其次,"对电视的热爱"(M=5.33)、"提升个人能力"(M=5.294)、"施展才华的自由"(M=5.292)、"成就感"(M=5.14)、"职业带来的社会地位"(M=4.79)都为受访者带来了比较大的动力。"奖励、激励机制"(M=4.56)、"归宿感"(M=4.54)和"领导的器重"(M=4.34)带来较为一般的生产动力。而"职位的升迁"(M=3.23)对所有从业者均无明显推动作用。

表10　受访者生产动力来源分析

	N	最小值	最大值	均值	标准差（SD）
为所在集体骄傲	164	1.00	7.00	5.56	1.44509
对电视的热爱	164	1.00	7.00	5.33	1.51588
提升个人能力	163	1.00	7.00	5.294	1.49457
施展才华的自由	164	1.00	7.00	5.292	1.51870
成就感	162	1.00	7.00	5.14	1.56126
职业带来的社会地位	164	1.00	7.00	4.79	1.56054
奖惩、激励机制	162	1.00	7.00	4.56	1.83459
稳定,有归宿感	164	1.00	7.00	4.54	1.79742
领导的器重	164	1.00	7.00	4.34	1.65577
职位升迁	163	1.00	7.00	3.23	1.71979

注:对生产工作动力来源的评价取值范围为1—7,其中1代表"动力极小",2代表"动力很小",3代表"动力比较小",4代表"动力一般",5代表"动力比较大",6代表"动力很大",7代表"动力极大"。

四、湖南卫视电视娱乐节目的消费

　　如果将电视娱乐节目视作一种文化工业商品,受众的消费将是生产者进行生产的最终目的,因为只有消费才能将生产中的劳动力转化为利润,实现其交换价值和使用价值。在此意义上,消费对于生产的作用是决定性的,这也使得对受众消费行为的研究与对生产者的生产研究密不可分。有学者认为"电视娱乐节目的出现既是一种自身演变的必然,又是对人本质天性的认知"。[①] 这种观点为我们理解受众的消费行为提供了一种基本假设,但是"天性"似乎无法解释受众选择观看电视娱乐节目的全部动因。那么到底是什么样的人为了何种目的消费湖南卫视的电视娱乐节目? 本文将以实证调查资料为依据试图回答这些问题,并以此为基础论述受众消费行为可

---

　　① 朱羽君、殷乐:《减压阀·电视娱乐节目——电视节目形态研究之一》,《现代传播》2001年第1期。

能发挥的社会功能和产生的社会后果。

　　本研究对受众收视动机的分析是以"使用与满足"理论为框架进行的,该理论的基本假设之一是受众是有目的地通过使用媒介来满足需求的(Katz,Blumer & Gurevitch,1974)。

　　根据前期预调查和预访谈及相关文献资料,在正式问卷调查中涉及了22种观看湖南卫视娱乐节目的可能体验和动机,请受访者在7点李克特量表中进行评价,对各种说法1表示"非常不赞同",4表示"中立",7表示"非常赞同",取值越大表示赞同程度越高。将所有收集到的有效数据通过SPSS软件分析后,对各种体验和动机进行排序,如表11所示,观众收看湖南卫视娱乐节目的最大动机是"分享他人成功或受挫的经验",在量表中取值5.20,这说明湖南卫视娱乐节目中"励志"的叙事模式得到了观众的认可,并成为吸引观众的最大因素。

　　在7点李克特量表中取值超过5的收视体验还有"感到快乐、愉悦、幸福"(M=5.18)和"分享他人的快乐与悲伤"(M=5.08),受访者对这两种说法都比较认同。

　　有三种收视体验的取值小于5.00,但超过4.50,其中受众对通过收看节目可以"缓解压力、消除烦闷情绪"(M=4.98)的说法表达了接近"比较赞同"的认可度,其次,他们认为通过节目可以发现值得学习的楷模和偶像(M=4.78),也在节目中体验和欣赏到了美丽(M=4.64)。

表11　受众收看湖南卫视娱乐节目的动机

收视动机	N	最小值	最大值	均值(M)	标准差(SD)
分享他人成功或受挫的经验	579	1	7	5.20	1.63
感到很快乐、愉悦、幸福	585	1	7	5.18	1.65
分享他人的快乐与悲伤的情绪	573	1	7	5.08	1.59
缓解压力,消除烦闷情绪	586	1	7	4.98	1.68
发现值得学习的楷模、偶像	580	1	7	4.78	1.78
体验、欣赏美丽	578	1	7	4.64	1.65
消息灵通、获得谈资	578	1	7	4.47	1.69
肯定社会普遍认可的价值观	576	1	7	4.43	1.69
希望社会像游戏节目一样更公平	579	1	7	4.36	1.89

续表

收视动机	N	最小值	最大值	均值（M）	标准差（SD）
满足好奇心	578	1	7	4.35	1.67
喜欢参与节目互动	584	1	7	4.35	1.92
看到坏人坏事被惩罚，更相信正义	580	1	7	4.33	1.78
打发、消磨时间	582	1	7	4.32	1.91
希望有机会展示自己，获得成功	580	1	7	4.09	1.97
更相信浪漫爱情	581	1	7	3.95	1.82
希望与明星成为好友或更亲密的关系	580	1	7	3.93	2.03
更相信奇迹和超自然的事物	583	1	7	3.90	1.82
无顾虑地体验极度狂喜/愤怒/悲伤/嫉妒等情绪	576	1	7	3.40	1.83
没有明确目的，只是习惯或陪伴他人收看	584	1	7	3.35	1.95
讨论禁忌，而不担心被指责或惩罚	577	1	7	3.27	1.74
看到别人出丑或犯错，并感到滑稽可笑	574	1	7	3.26	1.73
体验丑陋、丑恶	575	1	7	2.78	1.73

注：对受众收视动机评价的取值范围是 1 至 7,1 表示"非常不同意",2 表示"很不同意",3 表示"比较不同意",4 表示"中立",5 表示"比较同意",6 表示"很同意",7 表示"非常同意"。

　　在 7 点李克特量表中有 8 种收视体验的取值介于 4.00 和 4.50 之间，表明受众对这些体验的认可度比较中立，但偏向于比较认可，当然，取值越大，认可程度越高。这 8 种体验按照取值大小由高到低排序依次是："获得谈资"（M=4.47）、"肯定社会普遍认可的价值观"（M=4.43）、"希望社会像游戏节目一样更公平"（M=4.36）、"满足好奇心"（M=4.35）、"喜欢参与节目互动"（M=4.35）、"看到坏人坏事被惩罚，更相信正义"（M=4.33）、"打发、消磨时间"（M=4.32）和"希望有机会展示自己，获得成功"（M=4.09）。其中最后一项，"希望有机会展示自己，获得成功"的取值已经非常接近中间值 4，表明受众对这种说法既不赞同，也不反对。

　　还有 8 种体验的取值低于 4，按照取值由大到小，依次是"更相信浪漫爱情"（M=3.95）、"希望与明星成为好友或更亲密的关系"（M=3.93）、"更相信奇迹和超自然的事物"（M=3.90）、"无顾虑地体验各种极端情绪"

（M＝3.40）、"没有明确目的,只是习惯或陪伴他人收看"（M＝3.35）、"讨论禁忌,而不担心被指责或惩罚"（M＝3.27）、"看到别人出丑或犯错,并感到滑稽可笑"（M＝3.26）、"体验丑陋、丑恶"（M＝2.78）。

小于 4 的评价取值表明受众对这些说法都是倾向于不赞同的,其中对于因为观看湖南卫视的娱乐节目而更相信爱情、希望与明星建立亲密关系和更相信奇迹的说法,受访者虽然不赞同,但其态度非常接近不置可否或模棱两可。对于"希望与明星成为好友或更亲密的关系"的认可度在受访群体中标准方差为 2.03,是对所有收视体验评价的标准方差最大值,表明对此说法的评价在受访群体中存在的分歧也是最大的,可能有的人非常认同此说法,而有的人非常不认同。

对于取值低于 3.5 的各种说法,受众的态度是非常明确地予以否认。否认收看湖南卫视是"没有明确目的,只是习惯或陪伴他人收看"可能意味着受众的收视行为并不是消极、被动的,而是根据自己的需求和喜好主动选择的过程。在所有人群中,15 岁以下群体对"没有明确目的"的说法最不认同,在 7 点李克特量表中取值 1.61,达到很不同意的程度,对看节目的目的是"打发、消磨时间"这种说法的评价也是所有群体中取值最低的,仅为2.57。这说明 15 岁以下群体可能是对观看湖南卫视娱乐节目态度最为积极、目标最为明确的群体。

对于剩余各种说法（"无顾虑地体验各种极端情绪"、"讨论禁忌,而不担心被指责或惩罚"、"看到别人出丑或犯错,并感到滑稽可笑"、"体验丑陋、丑恶"）的否认表明节目吸引他们受众的并不是"体验极端情绪"、"讨论禁忌话题"、"看别人出丑"或"体验丑陋"这些以发泄情绪或满足某种情绪暴力欲望为主的快感获取模式。这一结果与湖南卫视提倡的阳光健康、积极向上的快乐理念是吻合的。

对上述 14 中受访者在 7 点李克特量表中的评价值超过 4 的体验进行分类归纳,可以看到更为清晰的 5 种收视动机:其一是以获得自我提升或激励为目的的"社会学习动机",包括"分享他人成功或受挫的经验"、"发现值得学习的楷模、偶像";其二是以调试情绪和心态为目的的"心理转换动机",包括"感到很快乐/愉悦/幸福"、"分享他人的快乐与悲伤的情绪"、"缓解压力/消除烦闷情绪";其三是以娱乐消遣和社交为目的"娱乐动机",

包括"体验、欣赏美丽"、"打发、消磨时间"、"满足好奇心"、"消息灵通、获得谈资";其四是以为自我行为提供参考和评价标准为目的的"个人认同动机",包括"肯定社会普遍认可的价值观"、"看到坏人坏事被惩罚,更相信正义";其五是以表达意见和展现自我为目的的"价值实现动机",包括"希望社会像游戏节目一样更公平"、"喜欢参与节目互动"、"希望有机会展示自己,获得成功"。

对上述分类有两点需要特别说明,第一,上述分类是以功能为划分标准进行的分类,而不是基于统计学因子分析的分类,也就是说同一个分类项内部的不同子项不一定在统计学上说明同一个问题。例如受众社会学习的目的有多种,有的人可能学习如何奋斗,有的人可能学习如何生活,在统计学因子分析中这两种动机很可能没有相关性,但它们在上述分类方法中都被归入"社会学习动机"类型。也正因为上述分类不是基于因子分析的结果,因此在接下来的分析中将依然使用原收视体验项作为测量因子。第二,"喜欢参与节目互动"这项体验确实同时具有表达意见和参与娱乐两种可能的动机,但在湖南卫视目前节目形态中,互动更多的是为支持某位选手或为自己赢取参加活动的机会而出现的,因此研究者将之归入"价值实现动机",而非"娱乐动机"。

进一步的分析将探讨收看动机与受众人口学特征之间的关系。研究表明男性受访者和女性受访者最重要的三种收视动机与他们作为整体认可度最高的三种动机在类型和排序上都是完全一样的,但女性比男性更能从节目中分享他人成功和受挫的经验(5.35 vs 4.97),更感到快乐、幸福(5.48 vs 4.62),也更能分享他人的快乐和悲伤等情感(5.28 vs 4.70),单因素方差显示,男女在上述收视体验上的程度差异是严格显著的($p \leqslant 0.008$)。

年龄也与三种收看动机均显著相关($p \leqslant 0.004$)(见表12),在所有受访者中50岁以上受访者中只收集到两个有效样本,其数据没有代表性,在讨论中将予以省略。31—40岁人群是所有年龄层中对各种收视体验赞同度最低的。综合前文所述此年龄段人群在收视频度上的表现,基本可以判断此年龄段人群是对电视娱乐节目收视行为和动机都最弱的群体。对于分享他人成功或受挫经验和快乐与悲伤情绪这两项动机,41—50岁人群的认可度最高,在7点李克特量表中的取值分别为6.77和5.88,而15岁以下群体是最能从观看节目的过程中感受到快乐和幸福的群体(M=5.96)。15—20岁和26—30岁群体对三种体验的感受度都非常接近(5.36 vs.5.35;5.35 vs.5.54;5.29 vs.5.15),而且均高于21—25岁群体对同种体验的评价。

表 12　受访者年龄与收视动机的相关性

		N	均值(M)	标准差(SD)	F(Sig.)
分享他人成功或受挫的经验	15 岁以下	26	5.50	1.77	3.253(0.004)
	15—20 岁	181	5.36	1.53	
	21—25 岁	228	5.13	1.65	
	26—30 岁	57	5.35	1.60	
	31—40 岁	46	4.56	1.72	
	41—50 岁	9	6.77	.66	
感到很快乐、愉悦、幸福	15 岁以下	26	5.96	1.42	3.754(0.001)
	15—20 岁	180	5.35	1.66	
	21—25 岁	231	5.00	1.68	
	26—30 岁	61	5.54	1.38	
	31—40 岁	47	4.46	1.73	
	41—50 岁	10	4.90	1.59	
分享他人的快乐与悲伤的情绪	15 岁以下	26	5.76	1.55	3.810(0.001)
	15—20 岁	179	5.29	1.47	
	21—25 岁	225	4.96	1.55	
	26—30 岁	58	5.15	1.81	
	31—40 岁	45	4.31	1.57	
	41—50 岁	9	5.88	1.96	

　　对比不同年龄段最重要的前 5 种收看体验可以更明显地发现不同年龄人群可能存在的收视动机上的差异。如表 13 所示,15 岁以下群体以在 7点李克特量表中很高的取值将"发现值得学习的楷模/偶像"(M=6.19)评价为收看湖南卫视娱乐节目时最重要的体验,这也许正是前文分析中发现以明星为核心的娱乐节目《快乐大本营》的最忠实观众也是 15 岁以下青少年的重要原因。在各年龄段人群中只有 31—40 岁人群没有将"发现楷模/偶像"评价为前五位最重要的收视体验中,而且该群体对此种体验的评价

也是所有人群中唯一低于中间值 4 的（M＝3.78），似乎表明只有这个年龄段的人不需要从电视节目中获得值得学习的榜样。将受众群体置于社会发展的宏观语境下，我们发现，现年 31—40 岁的群体正好是 20 世纪 70 年代出生的人，他们即没有更高年龄层群体对生产英雄的崇拜，又尚未陷入更低年龄群体对娱乐明星追逐，这可能是此群体对"发现楷模/偶像"的收视体验给予特殊评价的原因。不过，这个群体的特殊性并不能掩盖其他群体对明星的显著需求，这似乎为湖南卫视为什么在节目生产中大打明星牌，并热衷于平民造星运动提供了合理的解释。

此外，15 岁以下人群对"发现楷模/偶像"的评价明显高于其他认可此项体验的群体，而且在 30 岁以下人群中，对此项的取值是随着年龄的增加而递减的，这意味着对偶像的崇拜会随着年龄的增长而衰退。数据还显示，15 岁以下和 15—20 岁群体是所有受访者中仅有的对"希望与明星成为好友或更亲密的关系"给予肯定评价（即在 7 点李克特量表中取值大于 4）的两个群体，而且前者对此项的评价度高于后者（5.53 vs.4.50），这进一步证明了，年龄越轻的人越容易对明星抱有想象。

表 13 不同年龄段受众最显著前 5 种收视体验的比较

	第一位	第二位	第三位	第四位	第五位
15 岁以下	发现楷模/偶像(6.19)	感到快乐/幸福(5.96)	分享快乐/悲伤(5.76)	希望与明星建立亲密关系(5.53)	分享成功/失败(5.50)
15—20 岁	分享成功/失败(5.36)	感到快乐/幸福(5.35)	分享快乐/悲伤(5.29)	缓解压力(5.05)	发现楷模/偶像(4.94)
21—25 岁	分享成功/失败(5.13)	缓解压力(5.05)	感到快乐/幸福(5.00)	分享快乐/悲伤(4.96)	发现楷模/偶像(4.65)
26—30 岁	感到快乐/幸福(5.54)	分享成功/失败(5.35)	缓解压力(5.32)	分享快乐/悲伤(5.15)	发现楷模/偶像(4.93)
31—40 岁	分享成功/失败(4.56)	感到快乐/幸福(4.46)	分享快乐/悲伤(4.31)	看坏人受惩罚而更相信正义(4.23)	打发消磨时间(4.18)
41—50 岁	分享成功/失败(6.77)	分享快乐/悲伤(5.88)	肯定社会公认价值观(5.77)	看坏人受惩罚而更相信正义(5.66)	发现楷模/偶像(5.22)

　　41—50 岁群体在此问题上表现出了特殊性,他们虽然对"希望与明星成为好友或更亲密的关系"的评价是所有受访者中最低的(M=2.44),表明他们几乎已经不会对明星存在任何不可思议的幻想,但是他们对"发现楷模/偶像"的评价又很高(M=5.22),仅次于 15 岁以下群体。不过此年龄段与 15 岁以下人群相比,"发现楷模/偶像"的目的可能会非常不同。用 SPSS 软件对年龄层与节目喜好度评价的关系再次进行分析后发现,41—50 岁人群最喜欢收看的节目是《背后的故事》,这是一个讲述名人故事的访谈性节目,而他们对收视体验评价中最重要的一项是"分享他人成功或受挫的经验"(M=6.77),而且他们是所有人群中唯一一个收看电视娱乐节目却并认为"感到快乐、愉悦、幸福"是很重要的体验的群体(其取值并不低,为 4.9,但在此群体的各项体验中比较靠后)。在"分享他人成功或受挫的经验"之外,他们还看重"分享他人的快乐与悲伤的情绪"(M=5.88)、"肯定社会普遍认可的价值观"(M=5.77)、"看到坏人坏事被惩罚而更相信正义"(M=5.66)。这些都说明此群体对"发现楷模/偶像"的需要很可能是基于社会学习模式,而非情感满足模式的。

　　与 41—50 岁人群一样,将"分享他人成功或受挫的经验"评价为最重要的收视体验的还有 15—20 岁(M=5.36)、21—25 岁(M=5.13)和 31—40 岁(M=4.56)岁人群。而 26—30 岁人群认为最重要的体验是"感到快乐、愉悦、幸福",这在 20 岁以下和 31—40 岁人群中被认为是第二重要的体验,而在 21—25 岁人群中被认为是第三重要的体验。21—25 岁人群认为通过节目"缓解压力、消除烦闷情绪"对他们而言很重要,将之评价为第二重要的收视体验。此外,31—40 岁群体是唯一将"打发消磨时间"评价为前 5 名收视体验的群体,而且他们对前 5 种体验的评价认同度整体都低于其他群体。

　　受教育程度与 3 种重要收视体验的显著相关性表现在受教育程度越高的人,对各项体验的认可度越低($p \leqslant 0.029$)。而收入状况($p \geqslant 0.270$)、婚姻状况($p \geqslant 0.058$)和社会职务阶层($p \geqslant 0.332$)与 3 种最重要的收视体验之间都没有显著相关性。

五、电视娱乐节目消费的社会功能与代价

社会学家认为"功能"（functional）是指某事物对所属实体的维系与稳定发挥了作用，包括有意为之的显性功能和无意间形成的潜行功能。与之相对的概念是"破坏性功能"（dysfunctional），是指某事物具有不稳定或破坏性的作用。如果某事物对所属实体毫无影响，则称为"无功能"（nonfunctional）（阿瑟·阿萨·伯杰，2005）。这种"功能"的概念在本质上是中立的，它将发挥功能的事物及所属实体或系统均看做单纯的客观存在，但是当我们直接将之借鉴用于以传播政治经济学的视角探讨媒介效果的研究时，却似乎夹带了对现行社会制度的某种偏袒。因此本研究对"功能"的概念给予一定修正，将之界定为一个更为广义的概念，指某事物发挥的作用，它对所属实体的稳定性可能是增强，也可能是破坏的，与之相对的是"无功能"。而在论述收看电视娱乐节目消费的社会代价时则带有一定的批判主义色彩。

（一）电视娱乐节目消费的功能

虽然我们可以将娱乐节目对受众每种需求的满足都视作消费行为的功能，但研究者认为更有价值的探讨应该是在充分考虑到个体与社会间关系的基础上进行，而非仅关注受众的个体行为。在此框架下，研究者认为对湖南卫视娱乐节目的消费主要有三种功能，第一，提供社会学习；第二，提供防御机制；第三，作为神话和神话仪式。在此，电视娱乐节目最基本的娱乐、消遣的功能未被提及，原因在于它是对所有娱乐节目的消费中均可发挥的功能，而且是完全基于个体体验的功能。

1. 提供社会学习的电视娱乐节目

在前述对受众消费动机的分析中可以看到，社会学习的动机是最为强烈的。对 15 岁以下人群最重要的是发现值得学习的楷模和偶像，对 15—50 岁人群，除了 26—30 岁人群外，她们都最看重分享他人成功或受挫的经验。这说明虽然如前文对受众的人格形象分析中论述的那样，随着年龄的

增长,他们越来越具有独立性,盲目追随、依附他人的可能性越来越小,但不管是哪个年龄段的人都需要从他人的行为中获得经验,并很可能因此进行自我修正。1959年查尔斯·赖特在《大众传播:功能探讨》中,对拉斯威尔的"三功能说"做了补充,提出的第四项功能正是提供娱乐并起着社会化的作用。

研究者在访谈中接触到的一些80—90年代的受访者这样描述她们收看湖南卫视娱乐节目的行为:

"从小到大都看这个频道,已经习惯了。"

"没事儿就看湖南卫视,别的节目都没啥好看的。"

这表明湖南卫视的娱乐节目可能非常深地介入了这两个年龄段受众的个体成长中,因此不可避免地会对他们的人生观、价值观、性格、审美等产生影响,而且这种影响可能会是非常深刻的。

在已有的研究中,伴随个体童年成长的童话和神话故事都被认为具有社会学习的功能,如 Bettelheim 认为"童话通过处理一般性的人类问题,尤其是困惑孩子的那些问题,通过和正在成长的孩子进行自我交流,鼓励它的发展,同时消解前意识与潜意识的压抑。在故事展开的过程中,童话给予有意识的信任,让身体承受本我的压力,然后用各种方式满足自我和超我的需求。"[1]荣格精神分析学派学者 Joseph L. Henderson 认为,"英雄神话能够帮助个人培育他们的自我意识,让他们在长大以后能够处理难题。英雄形象以分离个人主义来帮助人们摆脱父母与监护人,这也是英雄形象在历史上随处可见,以及地位重要的原因。"[2]

而当我们考察20世纪80—90年代出生的受访者的成长经历可以发现,他们对大众文化产品的接触基本都是按照童话/神话故事→动画片→电视娱乐节目的顺序发展的(为了简化问题,此处排除了各种与本研究无关的文化、信息类型)。如果童话/神话故事确实能够帮助人们度过成长中的各种困境,教会人们看待世界和处理问题的方法,电视娱乐节目很可能也具

---

[1]　Bettelheim, Bruno, *The use of enchantment: The meaning and importance of fairy tales*, New York: Vintage, 1977, pp. 5-6.

[2]　阿瑟·阿萨·伯杰:《媒介分析技巧》,李德刚、何玉译,中国人民大学出版社2005年版,第113页。

备相似的功能。

那么观众到底能够从湖南卫视的电视娱乐节目中学到什么呢？在本研究中我们无法穷尽所有的可能，只能根据调查数据进行探索性的分析和论述。

在对生产者和受众的比较研究中，我们发现受众虽然在观念、想法上比生产者更自由、激进，但是他们对自己更缺乏自信，更容易退缩、放弃，而且受众的整体生活水平似乎比生产者略低一点。而在对湖南卫视媒介形象的评价中，生产者的自我评价是偏向草根，受众的评价偏向精英。这些差异可能说明虽然生产者在努力向受众靠拢，但对受众而言，媒介呈现的依然是比他们更高端的，很可能也是令他们更向往的世界。按照社会学的界定，"精英指的是社会金字塔上层的人，即上层阶级与低端上层阶级人士[1]，他们拥有权力、地位、财富，通常从事专业或主管的职务。与之相对应的则是普通男女。"[2]而阶级是有共同性的一群人，当被用在社会学语境中时，通常是指一个人在社会等级中所处的阶级层次或位置。它是由诸如教育、职业与收入、生活方式、价值观、社会阶层等多方面因素决定的。"我们之所以强调哈姆雷特和其他无数的那女主角，就是因为在潜意识中，我们认为他们的斗争就是我们的斗争，他们的困难就是我们的困难。"[3]这样看来，受众在观看湖南卫视娱乐节目的过程中可能会从他人成功/失败经验中学习如何获得某种令自己满意的社会身份或社会地位。[4] 这种学习可能是现实层面的，可以运用到个人奋斗中的方法、技巧，也可能是在精神层面的，获得激励或安慰，还有可能只是非常表层的，通过模仿偶像的服饰、谈吐、品味等，用这

---

[1] 社会学和人类学家 W. Lloyd Warner 认为美国社会存在六大阶级：高级上层阶级、低端上层阶级、高端中产阶级、低端中产阶级、高端下层阶级、低端下层阶级。其中"普通人"是由低端中产阶级和高端下层阶级构成。

[2] 阿瑟·阿萨·伯杰：《媒介分析技巧》，李德刚、何玉译，中国人民大学出版社 2005 年版，第 128 页。

[3] 同上书，第 98 页。

[4] 社会角色是后天习得的行为，与他人对本体的期望相关，也与具体情况相结合，还部分地由个人的社会地位所决定。社会地位是与社会角色相关的，指某人在团体或组织中的位置，以及与该位置相称的权力……它是社会中的强大力量，被以微妙的方式控制人们。（参见阿瑟·阿萨·伯杰：《媒介分析技巧》，李德刚、何玉译，中国人民大学出版社 2005 年，第 134 页。）

些可以体现生活方式①的标签将自己装扮成某种风格。这个过程可能还会在一定程度上塑造受众的价值观,它是指"人们关于他们所相信的可欲与不可欲的以及善和恶的态度,其范围涵盖广泛的社会现象,包括性、政治和教育等"②,这也正是媒介分析理论认为研究者必须关注大众媒介产品中人物的价值观,并审视这些价值观对于社会暗示的原因所在。

此外,现有的一些研究也认为受众从湖南卫视娱乐节目中可以获得的一些社会学习。如有观点认为 2005 年《超级女声》的冠军李宇春凭借中性形象颠覆了中国人对女性的传统审美标准,赢得了受众的青睐。有的女性支持者说"就凭她不准备讨好男人这一点,我们就喜欢她"。有评论认为"这场运动将是一次广泛的、深刻的女性主义自觉,一次女性自主意识的全民胜利"③。这意味着,受众可能从对李宇春的审美中获得了对女性形象、女性社会地位和两性关系等问题的新观念。

再如,有观点认为"竞争叙事"是湖南电视娱乐节目的一个重要关键词。④《超级女声》、《加油好男儿》、《谁是英雄》等对抗性娱乐节目都被认为是"竞争叙事"的代表。然而中国传统文化的价值观崇尚伦理道德,视竞争为"恶"。孔子说:"君子无说争"。老子认为"争"是忧患的根源。这种"恶竞争"的情结一直延续到近现代。康有为在《大同书》中也对竞争给予猛烈抨击。这种传统观念与市场经济中自由竞争、适者生存的法则存在深刻矛盾。因此电视娱乐节目将激烈的竞争搬上了舞台,将普通人在面对竞争时可能遇到的困惑、应对的态度和方法都投射于节目中,这为受众提供了生动而且不关乎切身利益的安全的学习。

2. 提供防御机制的电视娱乐节目

在精神分析学中,弗洛伊德关于心理结构的基本假设包括自我、本我和超我,"其中本我构成内心的欲望,自我形成个体与环境之间关系的功能,

---

①　生活方式描述一个人的生活格调,包括一个人在服饰、汽车、娱乐、文学等方面的品味,它与社会经济的阶级相关,并体现在个人"形象"上。(参见阿瑟·阿萨·伯杰:《媒介分析技巧》,李德刚、何玉译,中国人民大学出版社 2005 年版,第 130 页。)

②　阿瑟·阿萨·伯杰:《媒介分析技巧》,李德刚、何玉译,中国人民大学出版社 2005 年版,第 136 页。

③　穆丹:《"超女"的开天辟地》,《新民周刊》2005 年 8 月 12 日。

④　参见汪露:《电视娱乐节目的发展特点探析》,《中国电视》2005 年第 5 期。

超我形成心灵的道德戒律与理想期望"①。人的精神处于本我和超我永恒的争斗中,前者是寻找快乐的欲望和遭受惩罚的恐惧,后者是文明、良心,在两者之间是自我,它需要不断调和两者的冲突,因而备感焦虑(阿瑟·阿萨·伯杰,2005),于是,防御机制出现了,它"是对本能的自我控制,是化解焦虑的方法,我们经常使用这些机制,只是很少意识到而已"②。

对到底有哪些防御机制,在精神分析学阵营中存在多种分歧,较为被普遍认同的机制包括情感矛盾(ambivalence)、逃避(avoidance)、否认或否定(denial or disavowal)、执著(fixation)、认同(identification)、投射(projection)、理性化(rationalization)、反向(reaction formation)、回归(regression)、压抑(repression)和抑制(suppression)。

在对受访者观看湖南卫视体验的分析中可以发现,几乎对所有受访者而言,除了社会学习之外,最重要的动机就是以调试情绪和心态为目的的"心理转换动机",包括"感到很快乐/愉悦/幸福"、"分享他人的快乐与悲伤的情绪"、"缓解压力/消除烦闷情绪"。一些受访者表示,观看湖南卫视的娱乐节目可以让他们暂时忘掉烦恼,这是典型的"抑制"型防御机制,它通过把令人痛苦的事情排斥在心灵之外发挥作用,不过在此机制中,被抑制的事物很容易被唤回到意识层面,因此在娱乐节目中人们只能获得"暂时"的快乐。当人们"分享他人的快乐与悲伤的情绪"时,可能是"认同机制"和"理性化机制"在起作用,受众可能希望自己会象节目中的人一样幸运、快乐、坚强,也可能会在节目中为自己的软弱、退缩、放弃找到"合理"的借口。

此外,31—40岁人群还比较多地感到通过节目看到坏人坏事被惩罚,可以令他们更相信正义,41—50岁比较多认为节目肯定社会普遍认可的价值观。对这些受访者而言,他们对湖南卫视娱乐节目的观看体验是与"超我"联系在一起的。很可能人们在曾经的生活磨砺中,对什么是好的、正义的、道德的都产生过挣扎,在这种挣扎过程中,本我的欲望上升,令自我非常不安,甚至痛苦。此时,在节目中对正义和社会普遍认可价值观的体验使人

---

① Brenner, Charles, (1974). *An elementary text book of psychoanalysis.* Garden City, NY: Doubleday. p. 38.

② 阿瑟·阿萨·伯杰:《媒介分析技巧》,李德刚、何玉译,中国人民大学出版社2005年版,第103页。

感觉到来自社会文明的认同和融合,它通过增强"超我"的力量压制本我,令自我释然。

除了因为价值观的游移产生的痛苦外,在复杂的现代生活中,人们还可能面对多种多样的恐惧,如对理想迷失的恐惧、对碌碌无为的恐惧、对权力的恐惧、对不公平的恐惧,这些恐惧还可能与愤懑、无奈联系在一起。而在湖南卫视的娱乐节目中似乎能够找到对抗这些恐惧的力量,如前文对节目娱乐模式的分析中阐述的那样,其节目的励志元素不仅为受众提供了社会学习的榜样,而且通过认同机制让受众获得了精神上的动力和安全感。

同样以《超级女声》为例,节目通过各种电视艺术手法强化了选手艰辛却不放弃的奋斗历程,给予受众更多面对真实竞争的勇气;当看到选手失败时,受众可能将之投射于自己的经历,对人生中的挫折、不如意更能释怀;在参与投票的过程中,人们获得了表达意见的成就感、支配与权力的满足和参与集体行为的归属感;当然,还有一些观众认为她们看节目的时候不愿意想任何复杂的问题,不愿意动脑筋,也不愿意对电视里的选手投入太多的感情,只愿意享受单纯的快乐和放松。按照精神分析学理论,这其实正是回归(regression)的防御机制在发挥作用。这种机制是指"当面对产生压力或焦虑的情景时,回到人生或成长早期的过程"①。童年是单纯的、无忧无虑的,玩耍是最重要的事情,而长大之后的生活纷繁复杂,人们需要学习、工作、社交,常常会感觉疲惫,于是许多人追求返璞归真,希望能回到简单生活。沉浸于娱乐节目的快乐情绪中也正是为受众提供了一种回到童年,尽情玩耍的情境,使疲惫的身心暂得安歇。

研究者还认为对李宇春的审美也可能与群体性的心理回归相关。女性主义者将"中性形象"的李宇春解读为向男权社会中对女性传统审美形象的挑战,而香港心理学家素黑认为用"中性"来理解李宇春的外形并不准确。她认为李宇春备受青睐的原因在于"性别混杂"(hybridiyt)产生的暧昧力量,她身兼两性的假象满足了女性幻想变成男性的野心,同时也满足了她

---

① 阿瑟·阿萨·伯杰:《媒介分析技巧》,李德刚、何玉译,中国人民大学出版社2005年版,第104页。

们对完美情人的投射。李作为阴柔和刚烈的混合体,补足了男人不解温柔的缺陷。① 虽然上述两种解读的角度有所不同,但它们都肯定了李宇春的形象对公众的性别意识建构可能发挥的影响。

荣格在研究人的集体无意识时发现,无论男女,在无意识中都有一个异性的性格潜藏背后。他将女人的男性化一面成为"阿尼姆斯"(animus),将男人的女性化一面称为"阿尼玛"(anima),同指隐藏的灵魂之意。不管是用"中性"还是"性别混杂"来界定李宇春,都意味着她的形象是对典型女性或男性形象的模糊化,这似乎是对压抑于日常生活中人们"隐藏的灵魂"的一种释放。同时,从个体成长的经历来看,人只有在婴儿时期是没有性别的,因此对其形象的喜爱甚至崇拜可能暗含着在精神层面对生命早期状态的回归。无性别的婴儿时期是一种极乐状态,"在那个世界,他的母亲才是统治者"②,一切都是温暖的、安全的,满足的。在那个时期不可能有男性需要养家糊口、成就事业的压力,也不可能有所谓女性讨好男性,或向男性争取平等的考虑,而这不都是现实社会中成年人需要面对的烦恼来源吗? 因此研究者认为,对公众李宇春的追捧可能是他们在内心深处对与典型社会性别相关的种种责任、压力的厌弃,是对无性化的生命早期状态的渴望。

3. 作为神话和神话仪式的电视娱乐节目

按照符号学的观点,大众媒介包含着语言符码、美学符码、图像符码等多套意义体系,很容易在生产者和受众之间形成意义的误读,但前文分析已经表明生产者最想在节目中呈现的"励志"和"快乐"也正是受众在收视过程中最为明显的感受。符号学的观点还认为因为不同受众在文化结构框架上的差异非常容易形成分离的受众,但湖南卫视的电视娱乐节目拥有如此广泛的受众群体,一些从国外引进的节目模式也能广受欢迎,这些都说明,电视娱乐节目可能具有某种与神话类似的特质,足以跨越地域、文化的差异得到普遍的理解和认同。

2005 年超级女声以其在中国社会影响了五亿人的收视奇迹成为社会

①　《香港心理学家眼中的"超级女声"》,《羊城晚报》2005 年 8 月 26 日。

②　Henderson,J. L. (1968). "Ancient myths and modern man." In C. G. Jung with M.-L. von Franz,J. L. Henderson,J. Jacobi,&A. Jaffé,*Man and his symbols*. Garden City,NY:Doubleday, pp. 104–157.

各界广泛关注的焦点。全民狂热的情绪和随之而来的媒介管制让人不能不想到这个娱乐节目远远超过单纯娱乐的层面。参照阿瑟·阿萨·伯杰对职业橄榄球与宗教的比较框架，研究者发现《超级女声》与宗教之间也存在一些有趣的对比，如表 14 所示，《超级女声》的内容、形态、赛制都非常具有宗教仪式感。"节庆的基础始终是一定的和具体的自然（宇宙）时间、生物时间和历史时间观念。"①《超级女声》长达 4、5 个月的海选过程，每周播出的晋级比赛被认为是对狂欢时间的完美演绎，而人山人海的报名现场和镜头记录下的各种奇异多样的装扮、古灵精怪的表演呈现了身体作为狂欢主体的"怪诞性"。② 此外，在媒体的炒作和超女迷的追捧下，聚光灯下的舞台不断延伸，从现实的闹市街头，到虚拟的赛博空间，舞台与生活融为一体。

表 14　《超级女声》与宗教的对比

《超级女声》	宗教
草根明星	圣人
一周一次晋级赛（决赛段）	一周一次礼拜
投票	捐献
全国聚集	基督教整合运动
复杂的赛制	神学
超女走向成功之路	骑士寻找"圣杯"
主持人	牧师
《超级女声》比赛的舞台	教会
超女迷	教会会友

在 2005 年《超级女声》所呈现的宗教仪式感之下，人们发现它早已不再是一场单纯的"歌唱比赛"，而是负载了多种文化内涵与精神诉求，如实现梦想的舞台、温情欢乐的大家庭、民主公平的狂欢世界（刘琼，2006），这其中包含着一种新的关于建立社会秩序的神话。在这个神话结构中，决定

---

① 　夏忠宪：《巴赫金狂欢化诗学研究》，北京师范大学出版社 2000 年版，第 171 页。

② 　"身体作为狂欢的主体，具有三种基本属性，包括怪诞性；死亡与更新同在、正反同体；统一性。"（参见巴赫金：《巴赫金文论选》，终景韩译，中国社会科学出版社 1996 年版，第 117、123、227 页。）

命运的不再是阶层和权力,而是个人的才华与奋斗。如果按照法国人类学家克劳德·利瓦伊·斯特劳斯(C. Claude Levi-Strauss)对神话的观点(1967),认为神话是由基本的神话素(mythemes)构成,可以用简单的一句话来表达其重要关系,那么在2005"超女"中呈现出来的神话关系就是"无特权的人成功"。受众也正是在突破了社会原有的分层和晋升系统及其各种禁忌的过程中获得了巨大的快感。

"神话之所以重要,这不仅因为神话对相信它、讲述它的人们发挥着认可的功能,而且它是了解人类思维方式的关键所在。"[①]《超级女声》是以解构权威作为主要特点的:草根→奋斗→成功,以此完成了对平民英雄的塑造。在受众对"超女"神话的追捧中,我们可以看到的是普通民众内心对无特权的,真正平等的社会竞争环境的渴望。然而,以建立新的社会秩序为诉求的神话在现世社会中的生存是艰难的,她真的只能成为"神话"[②],被收编成为传统社会秩序提供庇护的神话仪式。现在的《快乐女声》依然保持着《超级女声》的基本风格,但在媒介监管下,已经不可能形成最初的真正的、无门槛的全民性参与,因此虽然它依然在生产草根明星,但却无法从新的角度去诠释"世界是如何诞生的"这个基本的神话学命题。

在湖南卫视的娱乐节目依然可以找到大量表演性的狂欢,而表演性狂欢是表达人类神崇拜和自然崇拜的基本仪式。德国的"自然神话学派"认为原始人对自然现象有着浓厚的兴趣,虽然该学派被批判为凭空假想了原始人对某些事物的兴趣(马林诺夫斯基,2006),但在中国的传统神话中确实可以看到人类因对自然的恐惧而产生出的崇拜。人们通过各种仪式消除恐惧,祈求平安。最早的狂欢文化可溯源到古罗马时代的农神节。为了庆贺丰收歌颂酒神的赐予,人们在每年农神节便会以新鲜的葡萄酒和丰盛的祭品献祭酒神,并穿戴上各种奇异的服饰、戴上面具、载歌载舞,举行酒神牺牲和复活的仪式。日常生活中严格的等级区分在面具的覆盖下被暂时取消,人们忘记了平日生活的辛劳与艰难,沉浸于无比的喜悦和快乐之中。在

---

① 阿瑟·阿萨·伯杰:《媒介分析技巧》,李德刚、何玉译,中国人民大学出版社2005年版,第38页。

② 此处的"神话"是指不会真实出现于实现中的传说。

劳动者被异化的现世社会,电视娱乐节目也成为消解由社会制度、社会文化和劳动关系造成的孤独感和社会恐惧感的方式,它以"万民狂欢"的文化样式给予人们一个假象,即社会是没有阶级之分,其乐融融的大家庭,每个人对社会都有公平的参与、分享、竞争的机会。

　　然而正如人类学功能学派的先驱之一马林诺夫斯基所说的那样,"神话既不是单纯的叙事,也不是某种形式的科学,或艺术或历史的分支,或解释性的故事",它的功能就是"巩固和增强传统,通过追溯更高、更好、更超自然的最初时间赋予传统更高的价值和威望"。① 在此意义上,神话被看做信仰的"社会宪章"。因此,作为现世社会神话意识的电视娱乐节目也不应该被理解为单纯的"快乐",它应该也具有驱散恐惧和维护社会传统与威望的功能。但是,我们是否有需要驱散的恐惧呢? 法国马克思主义学者亨利·列斐伏尔(Henri LeFebvre)对这个问题的答案是肯定的,他认为在有分层的社会中,"每个成员都是恐怖分子,因为每个人都渴望权力'体系对每个社会成员都有单独的控制力,使每个成员服从于整体,即服从于一种原则,一种隐蔽的目的,这种目标只有当权者才知道,没有人会提出质疑。'"② 为了逃避被异化的焦虑和孤独地恐惧,人们转向其乐融融的娱乐世界。在电视娱乐节目的观看中,人们感到快乐,感到自己的感受被重视,感到自己和他人融为一体,感到社会还是有公平之处的,感到能提供快乐的社会是合理的,于是社会的传统和威望得到保护,而它们又主要体现于现世权力阶级的文化和政治体制,于是人民安定了,社会祥和了。

　　但是,在由大众媒介倡导的文化中,人们依然在遭受"攻击",并产生新的恐慌,如"在时尚文化中变老的恐慌,在崇尚消瘦的文化中长胖的恐慌,在崇尚财富的文化中贫穷的恐慌"③。这些恐慌将人们的注意力引向私人领域,人们忙着美容、减肥、赚钱,几乎忘记了寻求娱乐的最初心理根源。唯

---

　　① 马林诺夫斯基:《神话在生活中的作用》,载阿兰·邓迪斯:《西方神话学读本》,广西师范大学出版社 2006 年版,第 238 页。

　　② LeFebvre, Henri, (1984), *Everyday life in the modern world*, New Brunswick, NJ: Transaction.

　　③ 阿瑟·阿萨·伯杰:《媒介分析技巧》,李德刚、何玉译,中国人民大学出版社 2005 年版,第 67 页。

一具有公共意义的是"在男权社会中女性的恐慌",但是这种恐慌的重要性远未在社会群体中达成共识。

在访谈中,多数受众认为娱乐节目与政治之间没有关系,他们从未想过这样的问题,少数受访者认为可能存在一些关联,但是他们的理解是让人担忧的:

　　　　娱乐节目里肯定不能有政治。

　　　　娱乐和政治有关系啊,比如有的娱乐明星会从政。

但是娱乐节目里为什么不能有政治? 娱乐节目里真的没有政治吗?

果真如此,又该如何理解媒介监管的政治含义呢?

电视娱乐节目的生产者不愿多想这样的问题,他们本质上是由需要安全和庇护的单薄的个体组成,他们需要养家糊口,也拥有对权力和财富的梦想,为什么要自不量力,自找麻烦呢? 他们也不可能多想这样的问题,中国一元化的政治体制和对媒介监管的制度保障不可能给予他们任何遐想的空间。

但是,他们又是受过良好教育,拥有专业理想和公民意识的个体,于是我们看到,湖南卫视的电视娱乐节目虽然在作为神话仪式的本质上是服从权威的,但与传统电视文艺节目为主流文化歌功颂德的方式不同,它以对政治、权力的疏离和遗忘作为主要特点,他们不断试探政策底线,不奉迎权威,万民狂欢,自娱自乐。如果我们抛却娱乐的虚假性,未尝不可在其中看到自由的曙光。

(二)电视娱乐节目消费的社会代价

葛兰西认为霸权的维系,须动员文化资源,取得文化领域的优势领导地位。[1] 在一个存在权力差异的社会中,即便受众对娱乐的态度是单纯的,我们也无法不反思此种文化形式存在并迅速发展的内在动因与社会后果。既然文化无法独善其身,娱乐节目也绝不可能只是提供快感的免费出演。如前所述,如果说湖南卫视电视娱乐节目的显功能(有意为之的功能)是提供

---

[1]　Gramsci, A.（1971）. *Selection from the Prison Notebooks*. New York：International Publishers.

娱乐,那么其潜功能(无意为之的功能)是将人们社会化。它为人们提供社会学习的榜样,为人们排遣社会生活带来的焦虑和不安,使之更能适应实际上并不令人满意的生活。它也使人们相信美好,相信公平,虽然社会根本不存在绝对的公平。

以平民选秀节目《超级女声》为例。有观点认为,超女的想唱就唱"不经意地照亮了当下公共生活中民主机制的匮乏和参与意识的萌动"①。超女的海选、复赛、决赛等一系列过程似乎很符合西方"三权分立"的宪政精神。决定超女命运的并不是组办方或赞助商,而是由大众评审、专家评委小组和场外短信投票的观众共同决定,他们构成了一种权力互相制约的稳定三角关系,象征性地契合了三权分立的权力架构。而"粉丝"(fans)团则酷似参加民主选举的公民。他们作为民主的公众的特征在于具有公开展示自己和表达意见的能力,"他们在公开的'自我表现'的过程中,确立与其他公众的关系和自己的特殊性,表明对某些价值的认同,对某种共好理念或世界观有所追求。他们因这些共同性的认同、理念或价值观形成公民团结。"②

然而这种所谓的民主并不能为公众带来真正的自由和平等。虽然选手的名次是由大众参与决定的,但其目的并不在于展现公众的话语权,而是要获得经过由公众组成的市场确认的最具市场价值的歌手。民主选举的后果是寄希望于被选举人能为公众争取利益,而在娱乐节目中,观众投入时间、精力、情感和金钱选出的人却是为了赚取他们的财富。北京大学社会学系的皓宗认为所谓的"民主"、"民意"不过是拥有投票的经济实力和参与热情的粉丝们对其他人,包括观看但不投票的一般观众的专政而已。超女整个过程的匿名参与中,缺乏专业规范和民主程序,最终演变成了"粉丝话语暴力",有些评委变成了这种"粉丝"专政的牺牲品。"与其说超女是一个大众化的娱乐节目,不如说是一个娱乐公司的经营项目。"③而那些在赛场上获得优胜的选手也只是节目中的一个娱乐元素而已。他们的个性被尊重,是因为观众需要个性化的文化,他们被给予展示的舞台,是因为有人愿意观

---

① 伍国:《超女现像是民主机制匮乏的一种象征》,《世纪中国》2005 年 9 月 7 日。
② 徐贲:《娱乐文化消费和公共政治——"超级女声"的公众意义》,http://www.cc.org./newcc/browwenzhang.pht? articleid=4825。
③ 《超级女声激发审美变革》,《北京青年报》2005 年 8 月 26 日。

看,他们被给予成功的机会,是因为他们将带来巨大的市场潜力。在此角度看来,当人们以为自己在被尊重、被给予机会、被民主地对待时,他们却正在被操纵、被消费,他们参与得越深,观看得越久,短信发得越多,就越具有商业价值,他们的短信投票成为电视娱乐节目新的利润增长点,他们付出的时间和注意力被转卖给了广告商,他们倾注的感情、眼泪、欢笑被制作成商品供人观看……然而他们对此却浑然不自知。研究者没有贬损受众的意思,也相信那些热心观看和参与"超女"的人们一定是感受到了真实的快乐和幸福。正如超女出身的一位歌手刘力扬在她的歌曲《崇拜你》中演唱的那样:"不管别人怎么笑我崇拜你好傻,但我还是乐在其中。"我们也承认电视娱乐节目和通俗、流行文化一样具有一定的审美性,而且偶像对于个体成长确实可以发挥积极作用。但是,正如世上没有免费的午餐,如果公众过多地投入于只具有虚假民主性的电视娱乐节目,将可能付出相应的甚至深刻的代价。

其一,按照马克思主义的观点,劳动使人异化(alienation)。"处于异化状态的人受到'虚假意识(false consciousness)'的折磨——也就是用意识形态的形式支配其思想的意识。不过除了这种虚假意识之外,异化可以说是无意识的,因为事实上人们并不承认自己是被异化的。原因之一可能是,异化无处不在,以至于人们反而不易察觉,难以掌握。"①但是劳动者能感受到异化所带来的隔阂、距离和焦虑,于是人们在一种"莫名"的情绪困扰中向媒介寻求短暂的慰藉。然而媒介却通过对欲望的刺激和意识形态的劝服引导人们更加努力地工作,人们在电视娱乐节目的消费中感到了放松,看到了只要努力就能获得自己梦想生活的假象却深受鼓舞,于是他们又信心百倍地投入到工作中去,可是工作会继续榨取他们的时间和经历,消耗他们的身体,于是异化感又加重了……如此周而复返,形成恶性循环,人们会在异化的焦虑中越陷越深,无法自拔。

为了逃避焦虑,也有一些人选择不回到现实,而是沉迷于娱乐节目或娱乐明星。这种方式通过在心理上退化到不用肩负太多责任的未成年时期实

①　阿瑟·阿萨·伯杰:《媒介分析技巧》,李德刚、何玉译,中国人民大学出版社 2005 年版,第 67 页。

现自我保护,但是按照精神分析的观点,退化往往与执著存在紧密的关系,因此这种退化有可能发展成为成瘾性精神官能症。它是一种强迫性冲动的行为,表面上看并无明显坏处,甚至表现为乐观的态度,如保持消息灵通,热衷团体活动,但这是一种很不健康、很不稳定的心理状态,如果加以煽动,则可能造成很大危害。刘德华的粉丝杨丽娟应该可以算做对娱乐明星成瘾的一个案例,这样的人往往会在真实生活中感到更深的无力和不适。

其二,拉扎斯菲尔德在对大众传播功能的研究中则提出现代大众传播的"负功能":它所提供的表层信息及通俗娱乐为受众带来了"麻醉作用",这意味着对娱乐节目的过度投入会导致民众批判与反抗意识的遗失。本研究前文论述中也发现,对娱乐事务的投入是与对政治的冷感显著负相关的。

电视娱乐节目使人忘却自己公民身份和公民权力的方式可能有两种:一种是焦虑替代模式;另一种是议程设置模式,这两种模式往往相互配合发挥作用。

在议程设置模式中,我们认为电视娱乐节目激发了受众的多种焦虑,例如对成功的焦虑、对美丽的焦虑、对财富的焦虑、对健康的焦虑,但是它却从不制造对政治、民主、权力和阶级地位的焦虑。反倒在有意或无意中产生了公平、民主的假象,使受众对真实社会困境的抱怨随之平复。

在焦虑替代模式中,电视娱乐节目通过生产新的焦虑将受众从现实的焦虑中引开,随后通过心理引导让人们对新的焦虑感到合理、释然,进而毫不怀疑、一心一意地致力于缓解这种焦虑,彻底忘记现实痛苦的根源。

这种机制可能是通过对本我的释放和对超我的安抚来使自我摆脱文明的压力和煎熬。弗洛伊德在《精神分析学导论》中这样描述"本我":"这些本能生机勃勃,但它们没有组织,没有统一的意志,仅仅依靠快乐原则来满足本能冲动的需要。"①有证据表明,对娱乐的选择是"冲动的",本能的(Zilman,1986),反过来,电视娱乐节目提供的种种快感正是对本我的释放和满足。这种快感体验在最开始时可能会让人们感到不安(例如害羞、觉

---

① Hinsie, L. E., & Campbell, R. J, (1970). *Psychiatric dictionary*, New York: Oxford University Press.

得荒废时间等),因为"文明的约束力强大无比,因此我们承受了巨大的心灵创伤"①,来自文明的约束通过超我与本我进行争斗,让本我深感煎熬。此时,娱乐节目通过观念引导让超我接受本我欲望的合理性,从而渐渐放弃与本我的对立,使自我获得安宁,并心安理得地被本我驱使,追求快乐,不问意义。

因此,在焦虑替代模式中,追逐快乐、尽情消费、关注个人都是无罪的,因为他们意味着更好的生活,是非常合理的,值得奋斗的目标。例如,电视娱乐节目中常常会讲述娱乐明星减肥的"艰苦"历程和经验,受众从中学习到肥胖是不美的,于是产生对肥胖的焦虑,他们还学到减肥成功是一种意志力的体现,于是对自己的减肥成绩产生成就感,在此过程中却忘了反问,为什么这种审美观就是合理的? 即便它是合理的,到底能有多重要? 电视娱乐节目生产出了不计其数类似的焦虑,并引导受众投入时间和精力,在没有任何负疚感的情绪下深陷其中,不再理会有关社会和生命的严肃议题。

也许我们不应该强求电视娱乐节目去涵盖严肃的政治、民主议题,但是在当今社会,电视娱乐确实占据了人们太多的私人时间,而"没有政治热情和参与意识的私人时间是没有政治意义的,它所需要、所激发的也是那种没有政治抵抗、政治批判意识的大众文化"(陶东风、徐燕蕊,2006)。但是正如"那些不知道历史与社会联系的人,不知道事件发生的前因后果及其影响的人,全新闻台完全是煽情的"②,被麻醉的,缺乏对政治和民主思考和社会运作基本知识,但却热情高涨的受众也将很易被驱使和煽动的,这是非常危险的。

其三,葛兰西曾指出意识形态是一个争霸过程(hegemonic process)③:主控势力通过各种文化机制,塑造一套道德共识或价值标准,以维护其既得利益;非主控势力也试图通过意识形态抗争,以松动甚至颠覆主控势力。"就此而言,意识形态是立场之战的抗争领域:提供一个论述空间,以供不

---

① Freud,S. (1962). *Civilization and its discontents*,New York:W. W. Norton.

② 阿瑟·阿萨·伯杰:《媒介分析技巧》,李德刚、何玉译,中国人民大学出版社 2005 年版,第 193 页。

③ Gramsci,A. (1971),*Selection from the Prison Notebooks*. New York:International Publishers.

同的利益团体对社会事件的意义加以解构或重构。"①如果包括娱乐节目在内的大众媒介通过各种方式将公众的注意力从现实社会状况转移,最终使之完全确定现行社会制度的合理性,那么作为论述空间的意识形态将失去价值。在此过程中,那些明了社会现实,又觉得无力改变现状的人,可能转向以犬儒主义的方式服从制度安排,公众也将完全丧失反抗能力。

附件一　湖南卫视电视娱乐节目生产调查问卷

亲爱的先生/女士:

非常感谢您接受这次调查。本次调查是一项学术性研究《湖南卫视电视娱乐节目的生产与消费》的一部分,主要考察湖南卫视娱乐节目的生产情况。本调查约需要占用您8—10分钟的时间,非常感谢您的配合! 您无须在问卷中填写真实姓名,您的答案和所有个人资料将会绝对保密。本调查问卷中的所有问题,答案没有对错之分,因此您亦无须担心自己的回答是否正确。如您对本研究有任何咨询,请联络本研究课题负责人武汉大学新闻与传播学院王琼博士,电子邮件:moqiying@126.com。

第一部分　您对媒介的使用和生活方式

1.您对以下各类信息的关心程度如何? 请在您认为最合适的答案(数字)上划"√"。

第1题 11 种信息 1 表示"完全不关心";数字越大表示关心程度越高;7 表示非常关心						
1—1 政治和时事	1	2	3	4	5	6	7
1—2 社会和民生	1	2	3	4	5	6	7
1—3 时尚和娱乐	1	2	3	4	5	6	7
1—4 汽车和房产	1	2	3	4	5	6	7
1—5 产业和财经	1	2	3	4	5	6	7

① 张锦华:《传播批判理论》,(台北)黎明文化事业公司1994年版,第77—78页。

续表

1—6 文化和教育	1	2	3	4	5	6	7
1—7 数码和 IT	1	2	3	4	5	6	7
1—8 旅游和休闲	1	2	3	4	5	6	7
1—9 运动和健身	1	2	3	4	5	6	7
1—10 游戏和网络	1	2	3	4	5	6	7
1—11 音乐和美术	1	2	3	4	5	6	7

　　2.您对下列事务投入时间和精力的情况如何？请在您认为最合适的答案（数字）上划"√"。

第2题7项事务　　1表示"极少投入"；数字越大投入程度越高；　7表示"投入非常多"							
2—1 公共事务	1	2	3	4	5	6	7
2—2 工作	1	2	3	4	5	6	7
2—3 家庭	1	2	3	4	5	6	7
2—4 学习	1	2	3	4	5	6	7
2—5 休闲娱乐	1	2	3	4	5	6	7
2—6 运动	1	2	3	4	5	6	7
2—7 社交	1	2	3	4	5	6	7

　　3.您参加政治事务、社会事务、组织任用或娱乐休闲方面的选举或投票的频率如何？请在您认为最合适的答案（数字）上划"√"。

第3题4种选举或投票 　1表示"从未参加"；数字越大参加的频率越高；7表示"经常参加"							
3—1 政治事务（如人大代表选举）	1	2	3	4	5	6	7
3—2 社会事务（如是否将中秋节设定为法定节日）	1	2	3	4	5	6	7
3—3 组织任用（如单位领导干部选举）	1	2	3	4	5	6	7
3—4 娱乐休闲（如超女选举、年度最佳球员投票等）	1	2	3	4	5	6	7

　　4.您参加上述选举或投票方式是怎样的？请在您认为最合适的答案（数字）上划"√"。

（1）很随意的投票（无具体原则或请他人代投）

（2）根据个人主观第一印象投票

（3）参考周围人的意见投票（随大流投票）

（4）综合各方面信息，深思熟虑后投票

5.您主动参加献血、扶助失学儿童、捐助灾区群众或任何弱势群体的公益活动的频率如何？请在您认为最合适的答案（数字）上划"√"。

（1）从未参加　　　　　　（2）偶尔参加过几次

（3）无规律地参加过多次　（4）有规律地经常参加

6.以下各项在您总收入中所占比例如何？请在您认为最合适的答案（数字）上划"√"。

第6题共12种开支： 1表示"投入比例很低"；数字越大投入比例越高；7表示"投入比例很高"							
6—1 生活必需品等日常生活开支	1	2	3	4	5	6	7
6—2 偿还房贷、车贷	1	2	3	4	5	6	7
6—3 储蓄	1	2	3	4	5	6	7
6—4 社交应酬	1	2	3	4	5	6	7
6—5 美食、电影、游戏、户外旅游等休闲娱乐项目	1	2	3	4	5	6	7
6—6 服装、箱包等服饰用品	1	2	3	4	5	6	7
6—7 化妆品、护肤品等美容用品	1	2	3	4	5	6	7
6—8 运动健身	1	2	3	4	5	6	7
6—9 报刊、杂志、书籍等文化用品	1	2	3	4	5	6	7
6—10 手机、电脑、MP3/MP4等电子产品	1	2	3	4	5	6	7
6—11 参与各种慈善事业或有益社会的公共事务	1	2	3	4	5	6	7
6—12 参与政治团体，从事政治事务	1	2	3	4	5	6	7

7.您对购买商品的品牌如何看待？请在您认为最合适的答案（数字）上划"√"。

（1）我从不买名牌，价格太高了

（2）我很少买名牌，总能找到合适且更物美价廉的好东西

（3）我会尽量选名牌，质量更有保证

（4）我会尽量选名牌，它们质量好，而且反映了身份、品位

（5）我喜欢奢侈品品牌，对仿版和正版都有兴趣

（6）我非常喜欢奢侈品品牌，只购买正品

8. 以下种种说法，您的同意程度如何？请在您认为最合适的答案（数字）上划"√"。

第6题共11小题 1表示"非常不同意"；数字越大同意程度越高；7表示"非常同意"

8—1 我的生活充满乐趣	1	2	3	4	5	6	7
8—2 我喜欢结交新朋友，兴趣爱好非常广泛	1	2	3	4	5	6	7
8—3 我总是很有目标，并有计划地实现目标	1	2	3	4	5	6	7
8—4 我从不向困难低头，挫折也是财富	1	2	3	4	5	6	7
8—5 我似乎错过了人生中的大多数机会	1	2	3	4	5	6	7
8—6 我的愿望总是很难实现	1	2	3	4	5	6	7
8—7 我感觉正处在自己的最佳状态	1	2	3	4	5	6	7
8—8 我完全可以胜任自己的学习或工作	1	2	3	4	5	6	7
8—9 我总是感觉忧郁和焦虑	1	2	3	4	5	6	7
8—10 我总是感觉孤独	1	2	3	4	5	6	7
8—11 我对自己的人生非常满意	1	2	3	4	5	6	7

第二部分 当前您的工作状态和工作模式

9.10.11. 以下种种说法，您的同意程度如何？请在您认为最合适的答案（数字）上划"√"。

以下第9、10、11题，共37小题
  1表示"非常不同意"；数字越大同意程度越高；7表示"非常同意"

9—1 我的工作压力很大	1	2	3	4	5	6	7
9—2 同事间的关系让我烦恼，感觉很消耗	1	2	3	4	5	6	7
9—3 我的工作量太大了	1	2	3	4	5	6	7
9—4 我的工作难度很高	1	2	3	4	5	6	7
9—5 考核和收入给我很大的压力	1	2	3	4	5	6	7
9—6 我感觉自己的工作没有社会价值	1	2	3	4	5	6	7
9—7 我感觉自己的付出得不到充分的认可	1	2	3	4	5	6	7

续表

9—8 我很担心自己的身体	1	2	3	4	5	6	7
9—9 我的心态不够稳定	1	2	3	4	5	6	7
9—10 我的压力还来自其他方面	请注明:						

1 表示"非常不同意";数字越大同意程度越高;7 表示"非常同意"

10—1 我感觉工作很有动力	1	2	3	4	5	6	7
10—2 我为自己所在的集体感到骄傲	1	2	3	4	5	6	7
10—3 我的工作非常稳定,有归宿感	1	2	3	4	5	6	7
10—4 我喜欢我的职业带给我的社会地位	1	2	3	4	5	6	7
10—5 我的工作动力是获得职位升迁	1	2	3	4	5	6	7
10—6 我的工作动力是提升个人能力	1	2	3	4	5	6	7
10—7 我的工作动力来自我对电视的热爱	1	2	3	4	5	6	7
10—8 我努力工作的动力来自成就感	1	2	3	4	5	6	7
10—9 我努力工作的动力来自领导的器重	1	2	3	4	5	6	7
10—10 这里施展才华的自由对我很重要	1	2	3	4	5	6	7
10—11 团队的奖惩、激励机制很有吸引力	1	2	3	4	5	6	7
10—12 我的工作动力来自其他方面	请注明:						

1 表示"非常不同意";数字越大同意程度越高;7 表示"非常同意"

11—1 我们团队成员间有充分良好的沟通	1	2	3	4	5	6	7
11—2 我们团队成员总能共同面对压力和问题	1	2	3	4	5	6	7
11—3 我们遇到困难时总是尽快寻找解决方法	1	2	3	4	5	6	7
11—4 我们团队有明确的工作目标和计划	1	2	3	4	5	6	7
11—5 我们团队具有很强的执行能力	1	2	3	4	5	6	7
11—6 我们的团队具有很强的创新能力	1	2	3	4	5	6	7
11—7 我们的团队具有很强的学习能力	1	2	3	4	5	6	7
11—8 我们拥有引以为荣的团队文化和精神	1	2	3	4	5	6	7
11—9 我们团队中女性的表现比男性更出色	1	2	3	4	5	6	7
11—10 我们团队取得的成绩来自大家的合作	1	2	3	4	5	6	7
11—11 我们的成绩更应归功于团队中的精英	1	2	3	4	5	6	7
11—12 团队中的优秀者总是受到大家的尊重	1	2	3	4	5	6	7
11—13 新的创意总能被耐心听取和尊重	1	2	3	4	5	6	7
11—14 我喜欢独自工作而不是与人合作	1	2	3	4	5	6	7
11—15 我认为我们团队的特点和价值是	请注明:						

第三部分　您的个人信息

12. 您的性别:(1)男　　(2)女

13. 您的年龄是:_____岁

14. 您的婚姻状况:(1)未婚　(2)已婚　(3)离异　(4)再婚

15. 您的受教育程度是:

(1)初中及以下　　(2)高中/中专　　(3)大专/本科

(4)硕士　　　　　(5)博士及以上

16. 您的月收入:

(1)没有稳定收入　(2)1000 以下　(3)1001—2000

(4)2001—3000　　(5)3001—5000

(6)5001—10000　　(7)10000 及以上(货币单位:人民币)

17. 您的具体职务是:

(1)台领导及以上　(2)部门主任　(3)科室负责人　(4)普通科员

(5)制片人/执行制片人　(6)导演/编导/制片　(7)主持人

18. 您的职务级别:

(1)高层干部　(2)中层干部　(3)基层干部　(4)普通职员

问卷到此结束。本问卷共 4 页,请检查是否有漏答的题目。衷心感谢您!

附件二　湖南卫视电视娱乐节目收看调查问卷

亲爱的女士/先生:

　　非常感谢您接受这次调查。本次调查是一项学术性研究《湖南卫视电视娱乐节目的生产与消费》的一部分,主要考察湖南卫视娱乐节目的消费情况。本调查约需要占用您 8—10 分钟的时间,非常感谢您的配合!

　　您无须在问卷中填写的真实姓名,您的答案和所有个人资料将会绝对保密。本调查问卷中所有问题的答案没有对错之分,因此您无须担心自己的回答是否正确。

如您对本研究有任何咨询,请联络本研究课题负责人武汉大学新闻与传播学院王琼博士,电子邮件:moqiying@126.com。

第一部分　您对媒介的使用和对电视娱乐节目的关注情况

1.您对以下各类信息的关心程度如何? 请在您认为最合适的答案(数字)上划"√"。

第 1 题 11 种信息
1 表示"完全不关心";数字越大表示关心程度越高;7 表示"非常关心"

1—1 政治和时事	1	2	3	4	5	6	7
1—2 社会和民生	1	2	3	4	5	6	7
1—3 时尚和娱乐	1	2	3	4	5	6	7
1—4 汽车和房产	1	2	3	4	5	6	7
1—5 产业和财经	1	2	3	4	5	6	7
1—6 文化和教育	1	2	3	4	5	6	7
1—7 数码和 IT	1	2	3	4	5	6	7
1—8 旅游和休闲	1	2	3	4	5	6	7
1—9 运动和健身	1	2	3	4	5	6	7
1—10 游戏和网络	1	2	3	4	5	6	7
1—11 音乐和美术	1	2	3	4	5	6	7

2.您收看湖南卫视电视娱乐节目的频率如何?

在假期:

一个星期中您一般有多少天会收看湖南卫视的综艺娱乐节目____天

一天中您收看湖南卫视的综艺娱乐节目小时数一般是_____小时

在工作日或学习日:

一个星期中您一般有多少天会收看湖南卫视的综艺娱乐节目____天

一天中您收看湖南卫视的综艺娱乐节目小时数一般是_____小时

3.湖南卫视的综艺娱乐节目中您最喜欢收看的是:_____

4.在湖南卫视举办第一届"超级女声"之后,国家广电总局曾出台针对真人秀节目的限制措施,但随后湖南卫视依然取得了"超女"、"快男"等节

目的举办资格,但在节目形式上有所调整。这当然是多方面协商的结果,但您认为其中最主要的原因应该是:(单选)

(1)监管部门体察民意

(2)湖南卫视勇于承担压力并善于面对压力

(3)商业利益取得最终胜利

其他:_____

5.下面是观看湖南卫视综艺娱乐节目时可能产生的体验,您对各种体验的同意程度如何? 请在您认为最合适的答案上(数字)划"√"。

第5项共23题　1表示"非常不同意";数字越大同意程度越高;7表示"非常同意"							
5—1 打发、消磨时间	1	2	3	4	5	6	7
5—2 缓解压力,消除烦闷情绪	1	2	3	4	5	6	7
5—3 感到很快乐、愉悦、幸福	1	2	3	4	5	6	7
5—4 体验、欣赏美丽	1	2	3	4	5	6	7
5—5 体验丑陋、丑恶	1	2	3	4	5	6	7
5—6 无顾虑地体验极度狂喜/愤怒/悲伤/嫉妒等情绪	1	2	3	4	5	6	7
5—7 讨论禁忌,而不担心被指责或惩罚	1	2	3	4	5	6	7
5—8 看到坏人坏事被惩罚,更相信正义	1	2	3	4	5	6	7
5—9 看到别人出丑或犯错,并感到滑稽可笑	1	2	3	4	5	6	7
5—10 分享他人成功或受挫的经验	1	2	3	4	5	6	7
5—11 分享他人的快乐与悲伤的情绪	1	2	3	4	5	6	7
5—12 满足好奇心	1	2	3	4	5	6	7
5—13 消息灵通、获得谈资	1	2	3	4	5	6	7
5—14 发现值得学习的楷模、偶像	1	2	3	4	5	6	7
5—15 希望与明星成为好友或更亲密的关系	1	2	3	4	5	6	7
5—16 希望有机会展示自己,获得成功	1	2	3	4	5	6	7
5—17 希望社会象游戏节目一样更公平	1	2	3	4	5	6	7
5—18 更相信浪漫爱情	1	2	3	4	5	6	7
5—19 更相信奇迹和超自然的事物	1	2	3	4	5	6	7
5—20 肯定社会普遍认可的价值观	1	2	3	4	5	6	7
5—21 喜欢参与节目互动	1	2	3	4	5	6	7
5—22 没有明确目的,只是习惯或陪伴他人收看	1	2	3	4	5	6	7

5—23 如果您收看湖南卫视综艺娱乐节目时还有其他体验,请予以说明:

6. 以下有 12 组意义相对的词语用来描述湖南卫视的形象,请您根据自己的印象,在您认为最合适的答案(数字)上划"√"。

第 6 题共 13 组词语
　1 表示非常赞同左边的形容词;4 表示中立;7 表示非常赞同右边的形容词

6—1 时尚	1	2	3	4	5	6	7	传统
6—2 大众	1	2	3	4	5	6	7	小资
6—3 责任	1	2	3	4	5	6	7	商业
6—4 真实	1	2	3	4	5	6	7	虚幻
6—5 精英	1	2	3	4	5	6	7	草根
6—6 高雅	1	2	3	4	5	6	7	媚俗
6—7 温暖	1	2	3	4	5	6	7	残酷
6—8 勇敢	1	2	3	4	5	6	7	懦弱
6—9 聪明	1	2	3	4	5	6	7	笨拙
6—10 公平	1	2	3	4	5	6	7	操纵
6—11 理想	1	2	3	4	5	6	7	现实
6—12 成熟	1	2	3	4	5	6	7	冒进
6—13 其他	请说明:							

第二部分　当前您的生活方式和状态

7. 您对下列事务投入时间和精力的情况如何? 在您认为最合适的答案(数字)上划"√"。

第 7 题 7 项事务　1 表示"极少投入";数字越大投入程度越高;7 表示"投入非常多"

7—1 公共事务	1	2	3	4	5	6	7
7—2 工作	1	2	3	4	5	6	7
7—3 家庭	1	2	3	4	5	6	7
7—4 学习	1	2	3	4	5	6	7
7—5 休闲娱乐	1	2	3	4	5	6	7
7—6 运动	1	2	3	4	5	6	7
7—7 社交	1	2	3	4	5	6	7

8. 您参加政治事务、社会事务、组织任用或娱乐休闲方面的选举或投票的频率如何？请在您认为最合适的答案(数字)上划"√"。

第 8 题 4 种选举或投票
    1 表示"从未参加";数字越大参加频率越高;7 表示"经常参加"

8—1 政治事务(如人大代表选举)	1	2	3	4	5	6	7
8—2 社会事物(如是否将中秋节设定为法定节日)	1	2	3	4	5	6	7
8—3 组织任用(如单位领导干部选举)	1	2	3	4	5	6	7
8—4 娱乐休闲(如超女选举、年度最佳球员投票等)	1	2	3	4	5	6	7

9. 您参加上述选举或投票方式是怎样的？请在您认为最合适的答案(数字)上划"√"。

(1)很随意地投票(无具体原则或请他人代投)

(2)根据个人主观第一印象投票

(3)参考周围人的意见投票(随大流投票)

(4)综合各方面信息,深思熟虑后投票

10. 您主动参加献血、扶助失学儿童、捐助灾区群众或任何弱势群体等公益活动的频率如何？请在您认为最合适的答案(数字)上划"√"。

(1)从未参加　　　　　　　　(2)偶尔参加过几次

(3)无规律地参加过多次　　(4)有规律地经常参加

11. 以下各项在您总收入中所占比例如何？请在您认为最合适的答案(数字)上划"√"。

第 11 题共 12 种开支
    1 表示"投入比例很低";数字越大投入比例越高;7 表示"投入比例很高"

11—1 生活必需品等日常生活开支	1	2	3	4	5	6	7
11—2 偿还房贷、车贷	1	2	3	4	5	6	7
11—3 储蓄	1	2	3	4	5	6	7
11—4 社交应酬	1	2	3	4	5	6	7
11—5 美食、电影、游戏、户外旅游等休闲娱乐项目	1	2	3	4	5	6	7
11—6 服装、箱包等服饰用品	1	2	3	4	5	6	7
11—7 化妆品、护肤品等美容用品	1	2	3	4	5	6	7

续表

11—8 运动健身	1	2	3	4	5	6	7
11—9 报刊、杂志、书籍等文化用品	1	2	3	4	5	6	7
11—10 手机、电脑、MP3/MP4 等电子产品	1	2	3	4	5	6	7
11—11 参与各种慈善事业或有益社会的公共事务	1	2	3	4	5	6	7
11—12 参与政治团体,从事政治事务	1	2	3	4	5	6	7

12. 您对购买品牌商品的态度如何？请在您认为最合适的答案(数字)上划"√"。

(1)我从不买名牌,价格太高了

(2)我很少买名牌,总能找到合适且更物美价廉的好东西

(3)我会尽量选名牌,质量更有保证

(4)我会尽量选名牌,它们质量好,而且反映了身份、品位

(5)我喜欢奢侈品品牌,对仿版和正版都有兴趣

(6)我非常喜欢奢侈品品牌,只购买正品

13. 您对以下种种说法的同意程度如何？请在您认为最合适的答案(数字)上划"√"。

第13题共12项　1表示"非常不同意";数字越大同意程度越高;7表示"非常同意"							
13—1 我的压力很大	1	2	3	4	5	6	7
13—2 我的生活充满乐趣	1	2	3	4	5	6	7
13—3 我喜欢结交新朋友,兴趣爱好非常广泛	1	2	3	4	5	6	7
13—4 我总是很有目标,并有计划地实现目标	1	2	3	4	5	6	7
13—5 我从不向困难低头,挫折也是财富	1	2	3	4	5	6	7
13—6 我似乎错过了人生中的大多数机会	1	2	3	4	5	6	7
13—7 我的愿望总是很难实现	1	2	3	4	5	6	7
13—8 我感觉正处在自己的最佳状态	1	2	3	4	5	6	7
13—9 我完全可以胜任自己的学习或工作	1	2	3	4	5	6	7
13—10 我总是感觉忧郁和焦虑	1	2	3	4	5	6	7
13—11 我总是感觉孤独	1	2	3	4	5	6	7
13—12 我对自己的人生非常满意	1	2	3	4	5	6	7

第三部分　您的性格特征和个人信息

14.您所在的城市/地区是:_____省_____(市/县)

15.您的性别:(1)男　(2)女

16.您的年龄是:_____岁

17.您的婚姻状况:(1)未婚　(2)已婚　(3)离异　(4)再婚

18.您的受教育程度是:

(1)小学及以下　　(2)初中　　(3)高中/中专

(4)大专/本科　　(5)硕士　　(6)博士及以上

19.您的月收入:

(1)没有稳定收入　　　(2)1000 以下

(3)1001—2000　　　(4)2001—3000

(5)3001—5000　　　(6)5001—10000

(7)10000 以上　(货币单位:人民币)

20.请问您的具体职务:

(1)高层干部　(2)中层干部　(3)基层干部　(4)普通职员

(5)自由职业　(6)无业　　(7)学生

问卷到此结束。本问卷共 4 页,请检查是否有漏答的题目。衷心感谢您!

主要参考文献

一、中文资料

（一）著作

1. 约翰·汤林森著，郭英剑译：《全球化与文化》，南京：南京大学出版社 2002 年版。

2. Michael Gurevitch 等著，陈光兴等译：《文化、社会与媒体》，台北：台湾远流出版公司 1992 年版。

3. 阿尔贝·杜鲁瓦著，逸尘、边芹译：《虚伪者的狂欢节》，北京：时事出版社 1998 年版。

4. 阿兰·斯威伍德著，冯建三译：《大众文化的神话》，北京：三联书店 2003 年版。

5. 艾伦·杜宁著，毕聿译：《多少算够？——消费社会与地球的未来》，长春：吉林人民出版社 1997 年版。

6. 爱德华·霍尔、罗伯特·麦克切斯尼著，甄春亮等译：《全球媒体——全球资本主义的新传教士》，天津人民出版社 2001 年版。

7. 安东尼·吉登斯著，赵旭东、方文译，王铭铭校：《现代性与自我认同》，北京：三联书店 1998 年版。

8. 安东尼·吉登斯著，赵旭东等译：《社会学》（第四版），北京：北京大学出版社 2003 年版。

9. 安东尼·吉登斯著，周红云译：《失控的世界》，南昌：江西人民出版社 2001 年版。

10. 安东尼·吉登斯著，田禾译：《现代性的后果》，上海：译林出版社 2000 年版。

11. 保罗·福塞尔著,梁丽真、乐涛、石涛译:《格调——社会等级与生活品位》,桂林:广西人民出版社 2002 年版。

12. 伯格著,姚媛译:《通俗文化、媒介和日常生活中的叙事》,南京:南京大学出版社 2002 年版。

13. 大卫·帕金翰著,张建中译:《童年之死——在电子媒体时代成长的儿童》,北京:华夏出版社 2005 年版。

14. 戴安娜·克兰著,赵国新译:《文化生产:媒体与都市艺术》,南京:译林出版社 2001 年版。

15. 丹尼尔·贝尔著,高銛、王宏周等译:《后工业社会的来临》,北京:新华出版社 1997 年版。

16. 丹尼尔·贝尔著,赵一凡、蒲隆、任晓晋译:《资本主义文化矛盾》,北京:三联书店 1989 年版。

17. 道格拉斯·凯尔纳编,陈维振、陈明达、王峰译:《波德里亚:批判性的读本》,南京:江苏人民出版社 2005 年版。

18. 道格拉斯·凯尔纳著,丁宁译:《媒体文化——介于现代与后现代之间的文化研究、认同性与政治》,北京:商务印书馆 2003 年版。

19. 多米尼克·斯特里纳蒂著,阎嘉译:《通俗文化理论导论》,北京:商务印书馆 2003 年版。

20. 凡勃伦著,蔡受百译:《有闲阶级论》,北京:商务印书馆 1964 年版。

21. 弗兰克·莫特著,余宁平译:《消费文化——20 世纪后期英国男性气质和社会空间》,南京:南京大学出版社 2001 年版。

22. 弗雷德里克·杰姆逊、三好将夫主编,马丁译:《全球化的文化》,南京:南京大学出版社 2002 年版。

23. 弗雷德里克·詹姆逊著,胡亚敏等译:《文化转向》,北京:中国社会科学出版社 2000 年版。

24. 弗雷德里克·詹姆逊,陈清侨译:《晚期资本主义的文化逻辑》,北京:三联书店 1997 年版。

25. 哈贝马斯著,曹卫东、王晓珏、刘北成、宋伟杰译:《公共领域的结构转型》,上海:学林出版社 1999 年版。

26. 赫伯特·阿特休尔著,黄煜等译:《权力的媒介》,北京:华夏出版社

1989 年版。

27. 赫伯特·马尔库塞著,刘继译:《单向度的人——发达工业社会意识形态研究》,上海:上海译文出版社 1989 年版。

28. 卡尔·雅斯贝斯著,王德峰译:《时代的精神状况》,上海:上海世纪出版集团 2005 年版。

29. 克里斯·罗杰克著,李立玮、闵楠、张信然译:《名流——关于名人现象的文化研究》,北京:新世界出版社 2002 年版。

30. 雷蒙·威廉斯著,刘建基译:《关键词:文化与社会的词汇》,北京:三联书店 2005 年版。

31. 雷蒙德·威廉斯著,吴松江、张文定译:《文化与社会》,北京:北京大学出版社 1991 年版。

32. 林南著,张磊译:《社会资本——关于社会结构与行动的理论》,上海:世纪出版集团、上海人民出版社 2005 年版。

33. 罗恩·史密斯著,李青藜译:《新闻道德评价》,北京:新华出版社 2001 年版。

34. 罗尔夫·詹森著,王茵茵译:《梦想社会——为产品赋予情感价值》,大连:东北财经大学出版社 2003 年版。

35. 罗杰·西尔弗斯通著,陶庆梅译:《电视与日常生活》,南京:江苏人民出版社 2004 年版。

36. 罗兰·巴尔特著,王东亮等译:《符号学原理》,北京:三联书店 1999 年版。

37. 罗兰·巴尔特著,敖军译:《流行体系——符号学与服饰符码》,上海:上海人民出版社 2000 年版。

38. 罗兰·巴特著,许蔷蔷、许绮玲译:《神话——大众文化诠释》,上海:上海人民出版社 1999 年版。

39. 马尔库塞、弗洛姆著,陈学明、吴松、远东编:《痛苦中的安乐——马尔库塞、弗洛姆论消费主义》,昆明:云南人民出版社 1998 年版。

40. 马克·J.史密斯著,张美川译:《文化——再造社会科学》,长春:吉林人民出版社 2005 年版。

41. 马克斯·韦伯著,彭京、黄晓强译:《新教伦理与资本主义精神》,西安:陕西师范大学出版社 2002 年版。

42.马克斯·霍克海默、西奥多·阿道尔诺著,渠敬东、曹卫东译:《启蒙辩证法》,上海:上海人民出版社 2003 年版。

43.马凌诺斯基著,费孝通译:《文化论》,北京:华夏出版社 2002 年版。

44.马泰·卡林内斯库著,顾爱彬、李瑞华译:《现代性的五副面孔》,北京:商务印书馆 2002 年版。

45.迈克·费瑟斯通著,刘精明译:《消费文化与后现代主义》,南京:译林出版社 2000 年版。

46.米切尔·J.沃尔夫著,黄光伟、邓盛华译:《娱乐经济——传媒力量优化生活》,北京:光明日报出版社、科文(香港)出版有限公司 2001 年版。

47.米歇尔·昂弗莱著,刘汉全译:《享乐的艺术——论享乐唯物主义》,北京:三联书店 2003 年版。

48.尼尔·波兹曼著,章艳译:《娱乐至死》,桂林:广西师范大学出版社 2004 年版。

49.尼古拉斯·阿伯克龙比著,张永喜、鲍贵、陈光明译:《电视与社会》,南京:南京大学出版社 2001 年版。

50.尼克·史蒂文森著,王文斌译:《认识媒介文化——社会理论与大众传播》,北京:商务印书馆 2001 年版。

51.皮埃尔·布迪厄著,刘晖译:《艺术的法则——文学场的生成和结构》,北京:中央编译出版社 2001 年版。

52.皮埃尔·布尔迪厄著,许钧译:《电视与权力》,沈阳:辽宁教育出版社 2000 年版。

53.齐奥尔格·西美尔著,费勇等译:《时尚的哲学》,北京:文化艺术出版社 2001 年版。

54.齐格蒙特·鲍曼著,郇建立译:《被围困的社会》,南京:江苏人民出版社 2005 年版。

55.乔纳森·弗里德曼著,郭建如译:《文化认同与全球性过程》,北京:商务印书馆 2003 年版。

56.乔万尼·阿瑞吉、贝弗里·J.西尔弗等著,王宇洁译:《现代世界体系的混沌与治理》,北京:三联书店 2003 年版。

57. 乔治·瑞泽尔著,谢中立等译:《后现代社会理论》,北京:华夏出版社 2003 年版。

58. 让·波德里亚著,刘成富、全志钢译:《消费社会》,南京:南京大学出版社 2001 年版。

59. 塞缪尔·亨廷顿、彼得·伯杰主编,康敬贻、林振熙、柯雄译:《全球化的文化动力——当今世界的文化多样性》,北京:新华出版社 2004 年版。

60. 苏特·杰哈利著,马姗姗译:《广告符码——消费社会中的政治经济学和拜物现象》,北京:中国人民大学出版社 2004 年版。

61. 韦尔伯·施拉姆著,金燕宁译:《大众传播媒介与社会发展》,北京:华夏出版社 1990 年版。

62. 维尔纳·桑巴特著,王燕平、侯小河译:《奢侈与资本主义》,上海:上海人民出版社 2000 年版。

63. 文森特·莫斯可著,胡正荣等译:《传播政治经济学》,北京:华夏出版社 2000 年版。

64. 西莉亚·卢瑞著,张萍译:《消费文化》,南京:南京大学出版社 2003 年版。

65. 约翰·多克著,吴松江译:《后现代主义与大众文化》,沈阳:辽宁教育出版社 2001 年版。

66. 约翰·菲斯克著,杨全强译:《解读大众文化》,南京:南京大学出版社 2001 年版。

67. 约翰·费斯克著,王晓珏、宋伟杰译:《理解大众文化》,北京:中央编译出版社 2001 年版。

68. 约翰·赫伊津哈著,多人译:《游戏的人——关于文化的游戏成分的研究》,北京:中国美术学院出版社 1996 年版。

69. 约翰·斯道雷著,杨竹山、郭发勇、周辉译:《文化理论与通俗文化导论》,南京:南京大学出版社 2001 年版。

70. 约翰·塔洛克著,严忠志译:《电视受众研究——文化理论与方法》,北京:商务印书馆 2004 年版。

71. 包亚明、亚宏图、朱志坚等著:《上海酒吧——空间、消费与想象》,南京:江苏人民出版社 2001 年版。

72. 陈刚著:《穿越现代性的苦难》,北京:中国工人出版社 2002 年版。

73. 陈刚著:《大众文化与当代乌托邦》,北京:作家出版社 1996 年版。

74. 陈昕著:《救赎与消费——当代中国日常生活中的消费主义》,南京:江苏人民出版社 2003 年版。

75. 程正民著:《巴赫金的文化诗学》,北京:北京师范大学出版社 2001 年版。

76. 戴锦华著:《隐形书写——90 年代中国文化研究》,南京:江苏人民出版社 2004 年版。

77. 葛红兵著:《障碍与认同——当代中国文化问题》,上海:学林出版社 2000 年版。

78. 胡大平著:《崇高的暧昧——作为现代生活方式的休闲》,南京:江苏人民出版社 2002 年版。

79. 扈海鹂著:《解读大众文化——在社会学的视野中》,上海:上海人民出版社 2003 年版。

80. 黄平著:《未完成的叙说》,成都:四川人民出版社 1997 年版。

81. 蒋原伦著:《媒体文化与消费时代》,北京:中央编译出版社 2004 年版。

82. 金元浦著:《叩问仿真年代》,济南:山东友谊出版社 2002 年版。

83. 蓝克林著:《20 世纪,谁创造了我们的时尚》,兰州:敦煌文艺出版社 2000 年版。

84. 李文成著:《精神的让度》,郑州:河南大学出版社 2000 年版。

85. 李希光著:《畸变的媒体》,上海:复旦大学出版社 2003 年版。

86. 陆扬等著:《大众文化与传媒》,北京:三联书店 2000 年版。

87. 闾小波著:《中国早期现代化中的传播媒介》,上海:上海三联书店 1995 年版。

88. 罗钢、刘象愚主编:《文化研究读本》,北京:中国社会科学出版社 2000 年版。

89. 罗钢、王中忱主编:《消费文化读本》,北京:中国社会科学出版社 2003 年版。

90. 孟繁华著:《众神狂欢——当代中国的文化冲突问题》,北京:今日中国出版社 1997 年版。

91. 孟繁华主编:《九十年代文存》,北京:中国社会科学出版社 2001 年版。

92. 南帆著:《双重视域——当代电子文化分析》,南京:江苏人民出版社 2001 年版。

93. 潘知常、林玮著:《大众传媒与大众文化》,上海:上海人民出版社 2002 年版。

94. 潘知常、林玮主编:《传媒批判理论》,北京:新华出版社 2002 年版。

95. 彭华明著:《消费社会学》,天津:南开大学出版社 1996 年版。

96. 陶东风等主编:《文化研究》第 1—4 辑,天津:天津社会科学院出版社 2001—2003 年版。

97. 汪晖著:《现代中国思想的兴起》,北京:三联书店 2004 年版。

98. 王逢振等编译:《电视与权力》,天津:天津社会科学院出版社 2000 年版。

99. 王宁著:《消费社会学——一个分析的视角》,北京:社会科学文献出版社 2001 年版。

100. 王宁编:《全球化与文化:西方与中国》,北京:北京大学出版社 2002 年版。

101. 王雅林主编:《城市休闲》,北京:社科文献出版社 2003 年版。

102. 吴庆余主编:《大众文化研究》,上海:上海三联书店 2001 年版。

103. 吴庆余主编:《全球化话语》,上海:上海三联书店 2002 年版。

104. 吴炫著:《中国当代文化批判》,上海:学林出版社 2004 年版。

105. 谢少波、王逢振编:《文化研究访谈录》,北京:中国社会科学出版社 2003 年版。

106. 杨魁、董雅丽著:《消费文化——从现代到后现代》,北京:中国社会科学出版社 2003 年版。

107. 尹世杰著:《消费文化学》,武汉:湖北人民出版社 2002 年版。

108. 中国社会科学杂志社编:《社会转型——多文化多民族社会》,北京:社会科学文献出版社 2000 年版。

109. 周宪著:《崎岖的思路——文化批判论集》,武汉:湖北教育出版社

2000 年版。

110.朱国华著:《权力的文化逻辑》,上海:上海三联书店 2004 年版。

(二)论文

1.毕日升:《九十年代中国"文化研究"的兴起现状及前景》,河北师范大学 2003 年硕士论文。

2.陈光兴:《文化研究学科的历史脉络》,《世纪中国》第 4 期。

3.陈胜:《消费新人类透视》,《青年探索》2002 年第 1 期。

4.陈新:《全球化背景下的大众传媒消费主义研究》,武汉大学 2003 年硕士论文。

5.陈燕谷:《文化研究与消费社会》,载陶东风主编:《文化研究》第 3 辑,天津社会科学院出版社 2002 年版。

6.程箐:《20 世纪 1990 年代女性都市小说与消费主义文化研究》,华东师范大学 2004 年博士论文。

7.邓向阳:《消费文化的生成与演进——兼论现代媒介传播的社会规范功能》,《当代传播》2003 年第 1 期。

8.范美霞:《现代"消费主义"与经济、政治的同盟》,《西北民族大学学报》(哲学社会科学版)2004 年第 2 期。

9.方文:《大众时代的时世迷狂》,《社会学研究》1998 年第 5 期。

10.傅其林:《后现代消费文化中的时装表演》,《文艺研究》2003 年第 5 期。

11.高丙中:《西方生活方式研究的理论发展叙略》,《社会学研究》1998 年第 3 期。

12.葛丰、吴洪霞:《新闻专业主义与传媒消费主义之张力分析》,《湖南大众传媒职业技术学院学报》2004 年 4 月。

13.桂勇:《论当代文化的消费主义化》,《复旦学报》(社会科学版)1995 年第 5 期。

14.韩秋红、李百玲:《新发展观的盲点:消费异化》,《哲学视界》2003 年第 1 期。

15.韩素梅:《广告与消费主义中心论》,《当代传播》2003 年第 6 期。

16.何辉:《跨国制作、商业电影与消费文化》,《当代电影》2002 年第

2 期。

17. 华昊:《媒介文化传播中权力结构的生成与变迁》,苏州大学 2002 年硕士论文。

18. 黄平:《面对消费文化,要多一份清醒》,《人民日报》1995 年 4 月 3 日。

19. 黄平:《生活方式与消费文化:一个问题、一种思路》,《江苏社会科学》2003 年第 3 期。

20. 黄应全:《大众文化的想象与精英文化的现实——文化研究》,《文艺研究》2003 年第 5 期。

21. 江怡:《法兰克福学派与中国大众文化研究》,华东师范大学 2004 年硕士论文。

22. 蒋道超:《消费文化、身份建构、现代化——美国二十世纪消费文化的流变》,《外语研究》2004 年第 2 期。

23. 李德、岳书亮:《论消费主义对我国主流意识形态的影响与对策》,《学术探索》2004 年第 3 期。

24. 李金蓉:《消费主义与资本主义文明》,《当代思潮》2003 年第 1 期。

25. 李骏:《对消费社会的一项社会学考察》,《理论导刊》2003 年第 5 期。

26. 李舒:《游戏精神与消费主义——当代中国新锐杂志透视》,《中国矿业大学学报》(社会科学版)2004 年 9 月。

27. 李文:《大众时代的时尚迷狂》,《社会学研究》1998 年第 5 期。

28. 林蔚:《年轻人渐成消费敢死队主力,百万负翁冷暖自知》,《中国青年报》2005 年 6 月 20 日。

29. 刘福森、蓝海:《消费主义文化价值观的后现代解读》,《自然辩证法研究》2002 年 9 月。

30. 刘晓君:《全球化过程中的消费主义评说》,《青年研究》1998 年第 6 期。

31. 陆道夫:《英美两国文化研究论争焦点评析》,《外国文学研究》2002 年第 2 期。

32. 罗钢、孟登迎:《文化研究与反学科的知识实践》,《文艺研究》2002

年第 4 期。

33．罗钢：《西方消费文化理论述评》（上、下），《国外理论动态》2003 年第 5、6 期。

34．罗慧：《消费主义的终极疯狂——论现代广告创意中的"拜物情结"》，《装饰》2005 年 1 月。

35．罗璞：《〈鹿鼎记〉中的市民话语与消费主义》，《成都教育学院学报》2004 年 8 月。

36．罗斯：《生活方式的类型学》，《国外社会科学》1981 年第 3 期。

37．马国香：《普遍受过高等教育维持较高消费水平感知时尚脉动引领社会潮流　新消费主义群体快速崛起》，《消费日报》2004 年 7 月 27 日。

38．秦志希、刘敏：《新闻传媒的消费主义倾向》，《现代传播》2002 年第 1 期。

39．孙沛东：《消费主义与广告———以罗兰·巴特的〈流行体系：符号学与服饰符码〉为例》，《广州大学学报》（社会科学版）2004 年 10 月。

40．唐未兵、尹向东：《消费文化要全面地发展——著名经济学家于光远谈消费文化问题》，《消费经济》1994 年第 6 期。

41．唐英：《女性时尚杂志与消费主义研究——以〈时尚〉为个案》，四川大学 2003 年硕士论文。

42．唐盈：《文化研究与中国当代电影的文化解读》，北京语言文化大学 2002 年硕士论文。

43．陶东风：《文化研究：西方话语与中国语境》，《文艺研究》1995 年第 3 期。

44．陶东风：《新媒介人批判》，《首都师范大学学报》2003 年第 3 期。

45．陶东风：《大众消费文化研究的三种范式及其西方资源》，《文艺争鸣》2004 年第 5 期。

46．汪晖：《韦伯与中国的现代性问题》，载《学人》第六辑，江苏文艺出版社 1994 年版。

47．王成兵：《消费文化与当代认同危机》，《江海学刊》2004 年第 2 期。

48．王代月：《试论消费主义的意识形态性》，《理论学刊》2004 年第 11 期。

49. 王德胜:《消费文化与虚拟享乐——当代审美文化批评视野中的广告形象》,《北京社会科学》1998 年第 2 期。

50. 王逢振:《关于文化研究的对话》,《文艺研究》2001 年第 1 期。

51. 王慧:《中国电视商业广告文化价值模式研究》,复旦大学 2003 年博士论文。

52. 王宁:《文化研究:西方与中国》,《外国文学》1999 年第 4 期。

53. 王宁:《消费与认同》,《社会学研究》2001 年第 1 期。

54. 王儒年:《〈申报〉广告与上海市民的消费主义意识形态》,上海师范大学 2004 年博士论文。

55. 王岳川:《全球化消费主义中的传媒问题》,载陶东风主编:《文化研究》第 1 辑,天津社会科学院出版社 2000 年版。

56. 王峥:《电视与消费文化——解读音乐电视(MTV)现象》,《现代传播》1994 年第 6 期。

57. 吴高泉:《当代中国大众文化研究的两种模式》,广西师范大学 2002 年硕士论文。

58. 肖鹰:《美学与流行文化》,《外国文学研究》2001 年第 5 期。

59. 薛富兴:《文化转型与当代审美》,《外国文学研究》2001 年第 3 期。

60. 杨伯溆、李凌凌:《资本主义消费文化的演变、媒体的作用和全球化》,《新闻与传播研究》2000 年 3 期。

61. 杨俊伦:《媒介文化及其对社会的影响》,武汉大学 2004 年硕士论文。

62. 杨魁、董雅丽:《消费主义文化的符号化解读》,《现代传播》2003 年第 1 期。

63. 杨魁、静恩英:《现代消费主义文化形成中的媒体及其作用》,《兰州大学学报》(社会科学版)2004 年 1 月。

64. 杨魁:《消费主义文化的符号化特征与大众传播》,《兰州大学学报》(社会科学版)2003 年 1 月。

65. 姚惠:《形象符号与认同——广告的审美文化研究》,南京师范大学 2003 年硕士论文。

66. 衣俊卿:《全球化的文化逻辑与中国的文化境遇》,《社会科学辑刊》

2002 年第 1 期。

67. 尹鸿:《"镜像"与现实——广告与中国社会消费文化的变迁以及有关现象与问题》,《现代传播》2001 年第 3 期。

68. 尹鸿:《世纪转型:当代中国的大众文化时代》,《电影艺术》1997 年第 1 期。

69. 尹权宇:《无确定性的解放——大众文化与中国社会的现代转型》,《社会科学辑刊》1996 年第 1 期。

70. 于文秀:《"文化研究"思潮中的反权力话语研究》,黑龙江大学 2002 年博士论文。

71. 俞海山、周亚越:《论消费主义的危害与对策》,《商业研究》2003 年第 8 期。

72. 俞海山:《中国消费主义解析》,《社会》2003 年第 2 期。

73. 张平功:《论文化研究的批判性》,《外国文学研究》2002 年第 1 期。

74. 张卫良:《20 世纪西方社会关于"消费社会"的讨论》,《国外社会科学》2004 年第 5 期。

75. 赵曙光:《电视消费主义研究》,中国人民大学 2004 年博士论文。

76. 郑彩:《当代中国肥皂剧的文化研究》,湖南师范大学 2003 年硕士论文。

77. 周宪:《视觉文化与消费社会》,《福建论坛》2001 年第 2 期。

78. 周宪:《文化研究:学科抑或策略》,《文艺研究》2002 年第 4 期。

79. 周小仪:《日常生活的审美化与消费文化》,载陶东风主编:《文化研究》第 3 辑,天津社会科学院出版社 2002 年版。

二、英文资料

1. Adolesc Health(2000), *Media and youth consumerism*, Valkenburg PM.

2. Appadurai, Arjun (1986), *The Social Life of Things: Commodities in Cultural Perspective*, Cambridge: Cambridge, University Press.

3. Baudrillard, Jean. (1975), *The Mirror of Production*, St Louis: Gallimard

4. Baudrillard, Jean(1988), *Selected Writings*, ed. by Mark Poster, Cambridge: Polity Press.

5. Bauman, Zygmunt (1987), *Legislators and Interpreters: on Modernity, Post Modernity and Intellectuals*, Cambridge: Polity Press.

6. Belk, Russell W. (1995), "Studies in the New Consumer Behaviour", Miller (ed.) *Acknowledge Consumption*, London: Routledge.

7. Bocock , Robert (1992), "Consumption and Lifestyle", in R. Bocock and K. Thompson , (ed.) *Social and Cultural Forms of Modernity*, Ch. 3, Oxford: Polity.

8. Bourdieu, Pierre(1984), *Distinction: A Social Critique of the Judgment of Taste*, trans. by Richard Nice, London: Routledge.

9. Campbell, Colin (1987), *The Romantic Ethic and the Spirit of Modern Consumerism*, Oxford: Basil Blackwell.

10. Corrigan, Peter (1997), *The Sociology of Consumption.* London: Sage.

11. Davis, Fred (1989), *Of Maids' Uniforms and Blue Jeans: The Drama of Status Ambivalence in Clothing and Fashion.* Qualitative Sociology.

12. Douglas, Mary & Baron Isherwood (1979), *The World of Goods: Towards an Anthropology of Consumption*, London: Routledge.

13. Ewen, Stuart (1976), *Captains of Consciousness: Advertising and the Social Roots of the Consumer Culture.* New York: McGraw-Hill.

14. Ewen , Stuart (1998), *All Consuming Images*, New York: McGraw-Hill.

15. Featherstone , Mike(1987), "Lifestyle and Consumer Culture", *Theory, Culture & Society*, vol. 4.

16. Featherstone, Mike(1987), *Consumer Culture, Symbolic Power and Universalism*, Frankfurt: Campus Verlag.

17. James B. Twitchell(1999), *Lead Us into Temptation: The Triumph of American Materialism*, Columbia University Press.

18. John Corner and Dick Pels(2003), *Media and the Restyling of Plitics: Consumerism, Celebrity, Cynicism*, Paperback.

19. Hochschild, A. R. (1983), *the Managed Heart: Commercialization of Human Felling.* London: University of California Press.

20. Lee, Martyn J. (1993), *Consumer Culture Reborn: the Cultural Politics*

of Consumption. London：Routledge.

21. Leslie Sklair（1995）, *Sociology of the Global System*, London：Prentice Hall/Harvester Wheatsheaf.

22. McCraken, Grant（1998）, *Culture and Consumption：New Approaches to the Symbolic Character of Consumer Goods and Activities*. Bloomington and Indianapolis：Indiana University Press.

23. McKendrick, Neil, et al.（1982）, *The Birth of a Consumer Society：The Commercialization of Eighteenth Century England*, London：Europe Publication.

24. Nava, Mica（1992）, "Consumerism and Its Contradictions". In *Changing Cultures：Feminism, Youth and Consumerism*. London：Sage.

25. O'Sullivan, Tim, etc. eds（1994）, *Key Concepts in Communication and Cultural Studies*, London and New York：Routledge.

26. Peter N. Stearns（2001）, *Consumerism in World History：the Global Transformation of Desire*, London; New York：Routledge.

27. R. Bocock and K. Thompson,（eds）*Social and Cultural Forms of Modernity*, Oxford, Polity：Open University Press .

28. Robert H. Frank（1999）, *Luxury Fever：Why Money Fails to Satisfy in an Era of Excess*, Free Press.

29. Roger Rosenblatt and others（1999）, *Consuming Desires：Consumption, Culture, and the Pursuit of Happiness*, Shearwater Books.

30. Tomlinson, Alan（1990）（ed.）, *Consumption, Identity, and Style：Marketing, Meanings, and the Packing of Pleasure*. London：Routledge.

31. Wakefield, M, Flay B, Nichter M, Giovino G, *Role of the Media in Influencing Trajectories of Youth Smoking*. Centre for Behavioral Research in Cancer, http://www. tshin. com.

32. Williams, Raymond（1976）, *Keywords：A Vocabulary of Culture and Society*, Oxford University Press.

后 记

　　所有的写作都是一次充满遗憾的尝试,当这本书稿终于要出版的时候,我深切地感受到了这一点。

　　本书是我和我的导师秦志希教授一起做的一个教育部重大课题的主要研究成果。作为教育部人文社科重点基地的武汉大学媒体发展研究中心2005年立项的重大课题,"当前我国传媒消费主义文化现象研究"曾经获得评审专家的一致认可。这种认可也许来自于我们对当前媒体的市场走向及其对媒体自身运作与社会文化影响的敏锐洞察。基于我们自己对知识分子的定位,我们从不停留于关注我们研究的领域,尤其是它们所代表的行业在某一方面的成功,而是与此同时一直把质疑的目光放在对这种成功的途径及其宏观影响的审视上。如果要说有什么理论贡献,我们认为对传媒消费文化的发现及其论述本身就是一种贡献,因为与当前传媒领域占主导优势的"发展话语"相比,我们敏锐地发现了"发展话语"之间的缺失,及时地把我们的研究话语转向了"价值话语"和"文化话语"。是的,媒介产品也是产品的一种,对它的购买和阅听也是无数消费中的一种。消费确乎在最基本的意义上就是对有形或无形物品的一种使用,似乎也可以看做是最简单的事情。然而,在全球消费社会的背景下,我们已经发现消费远远超过它表象中的"使用"之含义。消费本身变得越来越具有符号意义,而不仅仅是为了满足人的生理需求。当消费变得越来越与心理相关,与人的社会生存相关,消费主义的意识形态就呈现出它超强的控制能力。而这一现象,正为媒体意义的创造提供了必要和可能。如何生产符号意义,为谁生产特定符号意义,生产何种符号意义,不能不说是一个相当重要而值得引起关注的问题。

　　与社会围绕消费旋转,视消费为生活中的核心追求相比,我们更关心的是传媒在生产消费符号的同时,自身如何也变成了"消费中心"上的一环。传媒的"消费中心"不仅仅意味着它生产消费主义的价值观念,引导社会的消费心理和消费生活方式,促进了社会商品的消费;更重要的是它把自己定位于简单生产者的角色,为促进自己产品的消费而生产,这种"为消费而生产"的观念和模式与传统的文化生产模式乃至意识形态生产模式有何不同?它对传媒的生产运作带来了什么样的改变?这种改变又意味着什么?对传统文化、主流意识形态乃至大众文化有何影响?对个体的文化权益、对传媒公共领域功能的发挥又有何利弊?这些问题是我们更关注的,也是更值得引起我们注意的。遗憾的是,这一系列研究都需要更多地深入媒体的实际运作中去考察,也应该做更多的受众调查来辅佐分析。尽管这一方面的工作我们做得不少,但由于时间关系,对于收集来的数据和个案,我们还来不及做更加深入细致的分析和整理,因此,在传媒消费文化的研究中,可以说我们还只是开了一个头。这个头开得宝贵的地方就是我们自己的理论框架已经打起来,至于以后如何深入研究市场走向中传媒的商业价值与文化价值的冲突与协调问题,所幸本人申请的"文化产业发展中商业价值与文化价值的冲突与协调问题研究"已经获得 2010 年国家社科基金立项,为我们进一步研究消费文化背景下传媒的健康发展路径提供了便利。正如本书中所提出来的,我们也相信,市场与文化并非一对矛盾不可调和的"冤家",在市场机制、文化体制、传媒制度、法律规章、社会监督等各方面有效调整的前提下,文化与商业的共赢是完全可能的。一个相对成熟的市场,一个多元的市场,一个各方面监管规范到位的市场,一个正是我们下一步要期待和参与谋划的市场。

　　本书出版之际,我要再次感谢我的博士生导师秦志希教授,是他坚持带我做课题,才会有本书的出版,才会有我目前走得还算顺利的学术道路。尽管毕业已经四年,我对老师的感激与在校时相比却是一点也没有减少,而且我知道,对老师再造之恩的感激将与我的生命同在。我还要特别感谢我的责任编辑洪琼博士,我很庆幸有这样的一位校友和老乡,由于经过课题结题前的几番调整,本书初始线索很乱,是他的耐心与努力,才使本书得以成型出版;我还要感谢所有给我的写作提供材料和思想的作者和单位,特别感谢我在武汉大学的美女师妹王琼博士和岳璐博士,她们都参与了这个课题的研究,本书关于湖南电视的调研与写作就是王琼博士的贡献,而关于明星部分之"迷"一节就是岳璐博士的卓见。感谢《瑞丽》、《世界时装之苑》、搜狐、千龙网等期刊和网络给我提供的材料,谢谢你们对学术研究的支持。另外必须要说明的是,本人参加了秦志希教授新书《媒介文化新视点》的写作,撰写了第一章"媒介文化的消费主义转向",该书正由武汉大学出版社出版,因此本书中的某些观点和材料可能会出现在该书中,特此说明。

　　感谢所有的亲人和朋友,你们是我勇敢生活、坚持研究的所有力量来源。尽管本书是我学术生涯中最青涩的一枚果实,我还是要把它献给我最爱的女儿汀汀。就像你还是个懵懂的小女孩一样,妈妈的第一本著作也很稚嫩,但我相信妈妈的思想也会像你一样茁壮成长!

作　者

2010 年 7 月 5 日于南湖之滨